Prolog

Einige Patienten haben vor einer Hypnosetherapie Angst, ohne zu wissen warum. Andere befürchten, daß der Hypnosetherapeut mit ihnen machen kann, was er will und sie ihm hilflos ausgeliefert sind. Wieder andere glauben, daß die Hypnosetherapie alles heilen könne. Ein Teil der Ärzte und Psychotherapeuten steht dieser Therapie positiv gegenüber, ein anderer eher zwiespältig oder ablehnend. Im Laufe der Geschichte mußte und muss die Hypnose gegen viele Vorurteile kämpfen. Dazu tragen auch einige unqualifizierte Artikel in Zeitschriften und Journalen oder sensationslüsterne Schauhypnosen bei. Aber auch jede negative Kritik an der Hypnose ist eben ein deutlicher Beweis für ihre Wirkung, die Macht der Suggestion! Das, was sich ein Mensch selbst suggeriert oder suggerieren läßt, d. h. das Bild, das sich der Mensch beispielsweise von sich, von anderen, von Situationen oder Ereignissen macht, die Einbildung, wirkt sich auf seine Gedanken, sein Gefühl, seine Vorstellung, seine Stimmung und sein Verhalten - ja auf sein ganzes Leben aus. Jede Krankheit führt zu einer Reaktion des Organismus und des Menschen mit dem Ziel der Wiederherstellung, des Ersatzes oder der Bewahrung der Identität, wie die Mittel zu diesem Zweck auch sein mögen. Therapeutisch sollen die pathogenen Schäden behoben werden und/oder die Mittel zur Bewahrung der Identität gesucht und untersucht und gegebenenfalls auch sinnvoll beeinflußt werden.

Dieses Buch, das ich in Dankbarkeit meinen Hypnoselehrern, Herrn H. Binder (DGÄHAT, 10. 9. 1913 - 8. 4. 1990), Herrn H. - C. Kossak (DGH), Herrn O. Meiss (M. E. G.) und Herrn M. Prior (M. E. G.) widme, soll dazu beitragen, die Möglichkeiten und Grenzen der Hypnosetherapie zur Bewahrung der Identität zu veranschaulichen.

Zweite, aktualisierte Ausgabe, Hamburg, im Frühjahr 2001

Dr. med. Peter Halama, Facharzt für Neurologie und Psychiatrie-Umweltmedizin, Leiter des Oskar Vogt-Hypnose-Instituts in Hamburg, Rahlstedter Bahnhofstraße 20, 22143 Hamburg.

© Dr. med. Peter Halama
ISBN 3-00-007437-6

Geleitwort

Jaspers hat meines Wissens den Zustand der Hypnose am präzisesten definiert, wenn er sagt: „Die Hypnose ist dem Schlaf verwandt." Was dieser Zustand eigentlich ist, ist nicht aus einem bekannten Prinzip heraus zu begreifen, sondern nur unterscheidend zu begrenzen. Es ist keine begreifbare seelische Verwandtschaft, sondern im Zusammenhang wirkender Suggestion, ein vitales Geschehen eigener Art. Es handelt sich um ein Urphänomen des psychisch-physischen Lebens, das sich als Veränderung des Bewußtseinszustandes zeigt. Es ist der besondere Verdienst des Autors, diese philosophische Auslegung von Jaspers durch neurophysiologische und psychologische Erkenntnisse der modernen wissenschaftlichen Forschung zu analysieren und dem Leser begrifflich näherzubringen, auf welchen Wirkprinzipien die Hypnose beruht und warum die Hypnose eine wertvolle psychotherapeutische Methode darstellt, damit ihr Stellenwert auch richtig erkannt wird. Es wird klar, daß die Hypnose von viel unsinnigem Beiwerk befreit werden muss, daß die „klassische Hypnose" Wandlungen durchmacht, die besonders durch Erickson angeregt wurden und uns verständlich machen, daß Hypnose aufgrund eines „Urphänomens" Entwicklungen der geistigen Potentiale im seelisch-geistigen Bereich des Menschen ermöglicht. Möge dieses Buch viele aufgeschlossene Leser finden, zur Mobilisierung eigener kreativer Kräfte.

Hamburg-Wentorf, im Frühjahr 1990, H. Binder

Inhalt

Seite

Prolog 1
Geleitwort 2
Einleitung 5

1. Geschichte und Entwicklung der Hypnose

1. 1.   Die Zeit der Vor-Mesmer-Ära 6
1. 2.   Die Mesmer-Ära 8
1. 2. 1. Mesmerismus - Spiritismus 13
1. 2. 2. Mesmerismus - Hypnotismus - Psychoanalyse 13
1. 2. 3. Mesmerismus - Telepathie 14
1. 3.   Die Braid-Ära 14
1. 4.   Die Zeit der Alten Schule von Nancy 20
1. 5.   Die Zeit der Neuen Schule von Nancy (nach 1910) 29
1. 6.   Die „moderne" Ära 34
1. 7.   Hypnosemethoden 59
1. 8.   Tierhypnotismus 61
1. 9.   Zusammenfassung 63
         Literatur 150

2. Theoretische Aspekte der Hypnose

2. 1. Trance- und Suggestionsbegriff 66
   - Trance 66
   - Suggestion, 67
2. 2. Struktur des Gedächtnisses 73
2. 3. Psychophysiologie und Theorie der Hypnose 77
   - Psychologische Aspekte 77
   - Neurophysiologische Aspekte 78
2. 4. Arbeitshypothesen 79
2. 5. Halluzination oder Imagination? 82
2. 6. Die Persönlichkeit des Hypnotherapeuten 82
2. 7. Gefahren der Hypnose und juristische Aspekte 83
2. 8. Zusammenfassung 88
      Literatur 155

3. Praktische Anwendung der Hypnose

3. 1. Tranceinduktion 90
3. 2. Indikationen, 94
3. 3. Kontraindikationen 95
3. 4. Grenzen der Hypnose, 96
3. 5. Führung in der Hypnose 96
3. 6. Desuggestion 99
3. 7. Ratschläge für Anfänger und Fortgeschrittene 101

3. 8. Kasuistik und Behandlungsbeispiele   106
3. 9. Kombination der Hypnose mit Pharmakotherapie
       bzw. anderen Psychotherapien,   112
       - Pharmakotherapie   112
       - andere Psychotherapien   113
3. 10. Zusammenfassung   113
       Literatur   161

4.   Auswahl zur experimentellen Hypnose

4. 1. Ausgewählte Ergebnisse der Neurophysiologie   115
4. 2. Eigene Ergebnisse   120
4. 3. Zusammenfassung   123
       Literatur   166

5.   Kritische Anmerkungen, Vorschläge, Ausblicke

5. 1. Hypnose-Gesellschaften   124
5. 2. Derzeitige Ausbildungsrichtlinien   124
5. 3. Ausbildungsvergleiche mit anderen Ländern   129
5. 4. Vorschläge für Ausbildungsrichtlinien   130
5. 5. Ausblick   133
       Hypnose-Dokumentationsbogen   135
       Literatur   150
       Literaturhinweise   167
       Personenregister   140
       Sachregister   143

Einleitung

Jaspers nannte Hypnose ein „Urphänomen". In der Tat lassen sich Trance- und Suggestionsphänomene weit zurückverfolgen. Auch in unseren Tagen besitzt beispielsweise jedes politische, wirtschaftliche, philosophische oder theologische aber auch therapeutische Regelsystem seine „Regeltrance". Das heißt, wenn innerhalb einer Menschengruppe aus diesen Systemen nur eine Meinung gilt und sinnvolle Kritik negiert wird, kommt es zu einem Verhalten, das genau diese eigene Auffassung bzw. den damit einhergehenden Bewußtseinszustand bestätigt. Das nennt man dann die Kontextmarkierung, also die Meinung, die zur Zeit in diesem System gilt bzw. zu gelten hat. Dieses Buch soll helfen, den Kontext über die Hypnose bzw. deren Sichtweise des Menschen in der Psychotherapie und allgemein zu erweitern. Dazu ist unter anderem die Kenntnis der historischen Wurzeln und Entwicklungswege der Hypnose wichtig. Daneben werden theoretische Aspekte der Hypnose behandelt und Hinweise zur praktischen Anwendung gegeben. Anschließend wird ein kurzer Einblick in die experimentelle Hypnoseforschung dargestellt. Das letzte Kapitel befaßt sich vorrangig mit den Ausbildungskriterien zum Hypnotherapeuten.

1. Geschichte und Entwicklung der Hypnose

Eine vergleichende Gegenüberstellung medizinischer Behandlungsmethoden reicht alleine nicht aus. Sie muss durch die Betrachtung der historisch gewachsenen Entwicklung ergänzt werden, um sie so in die Zeitgeschichte einordnen und ihre Selbständigkeit besser erkennen zu können. Erst dann lassen sich die unterschiedlichen Hypnosemethoden und ihre dynamischen Verläufe darstellen und beurteilen und die Hypnotherapie als eigenständig entwickelte biologische psychosomatische Psychotherapiemethode werten.

1. 1. Die Zeit der Vor-Mesmer-Ära

Hypnose - oder besser gesagt Trancezustände sind älter als die Medizin. Sie wurden angewandt, noch bevor sich die Medizinmänner von den Priestern trennten. Es gibt Beweise, daß Trancezustände vor mehr als 3000 Jahren in Indien (z. B. Yoga) oder bei persischen Magiern benutzt wurden. Das Streben nach einer religiösen, philosophischen Erkenntnis und nach Bewußtseinsveränderung, also nach zwei anscheinend ganz heterogenen Zielen, beherrscht viele indische Priester und Mönche. Hypnotische oder autosuggestive Zustände ermöglichen einen höheren Grad der Erkenntnis.
Im alten Ägypten liest man auf dem etwa 2000 Jahre alten magisch-demotischen Papyrus, dessen Quellen wahrscheinlich wesentlich älter sind, unter anderem über Methoden zur Einleitung einer Hypnose bzw. einer Selbsthypnose mittels Fixation, um in einem solchen Bewußtseinszustand Kontakt mit den Göttern aufzunehmen und in die Zukunft blicken zu können. Dieser Trancezustand wurde nicht zu therapeutischen Zwecken benutzt.
Später wurde im antiken Griechenland und im alten Ägypten in den Tempeln die Behandlung von Krankheiten durch den „Tempelschlaf" durchgeführt. Die dafür angewandten Methoden und die Reaktionen waren mit dem hypnoiden Zustand vergleichbar. Beschrieben wurde er als Zustand „zwischen Wachen und Schlafen".
Vor gut 2000 Jahren fanden auch bei den Römern Heilungen durch den Tempelschlaf statt. Dabei assistierten dem Gott Aesculapius entweder seine heiligen Hunde oder seine (Aeskulap-) Schlangen, die die „Patienten" durch Lecken der erkrankten Körperstellen heilten. Aeskulap selbst heilte durch Handauflegen. Über Heilungen im Schlaf wird auch in frühchristlicher Zeit berichtet. Dabei heilten die Heiligen (keine heidnischen Götter!) durch Handauflegung. Letztere wurde später auch im Wachzustand von englischen und französischen Königen bzw. deutschen Fürsten (Habsburger) erfolgreich ausgeübt. Die Montanisten, eine christliche Sekte der ersten nachchristlichen Jahrhunderte, praktizierten autohypnotische Zustände. Man nannte sie auch „Taskodrugiten", weil sie beim Beten ihren Finger an Nase und Mund zu halten pflegten. Etwa zur selben Zeit wurden in den ägyptischen gnostischen Schulen während der gottesdienstlichen Riten die Augen geschlossen, dabei traten Sinnestäuschungen auf, besonders Erscheinungen von Göttern. Ähnliches geschah vom 11. Jahrhundert an in manchen christlichen griechi-

schen Klöstern: Die „Omphalopsychiker" hypnotisierten sich durch den Blick auf ihren Nabel (Fixationsmethode). In Abessinien wurden Kinder zu „Lebascha" abgerichtet, d. h., sie sollten im hypnotischen Zustand in der Lage sein Verbrecher zu entdecken, auch wenn sich letztere in großer Entfernung von ihnen aufhielten. Ein solches Kind soll einmal ohne Pause 16 Stunden lang gelaufen sein, bis sie an den Ort kam, wo sich der gesuchte Verbrecher befand. Bei Naturvölkern kommen ebenfalls hypnoide Zustände vor. Auf Westborneo beispielsweise werden autohypnoide Zustände von chinesischen Wahrsagern zum Hellsehen und zur Heilung benutzt. Bei der „Belian-Zeremonie" versetzt sich der Schamane in Trance, um dabei die Seele des Patienten vom Einfluß böser Dämonen zu befreien und sie dann einzufangen.

In Trance gelingt es dem Schamanen den Dämon zu „sehen", der die Seele des Patienten belästigt bzw. von ihr Besitz ergriffen hat. Der Schamane muss das Heilsgeschehen halluzinieren und sich dabei völlig von der „realen" Umgebung lösen, somit also über kognitive Fähigkeiten verfügen (Vorstellungs-, Absorptionsvermögen, Aufmerksamkeitsfokussierung), die nach Auffassung der modernen Hypnoseforschung auch die Personen auszeichnen, die den hypnotischen Zustand in besonderem Maße erfahren können (vgl. Bongartz und Bongartz 1987). Völkerpsychologische Beobachtungen zeigen: Hypnoide Zustände kommen sowohl bei Natur als auch bei Kulturvölkern vor. Auch der Glaube an persönliche Kräfte einzelner Menschen bestand und besteht noch bei gewissen Volksgruppen, z. B. was das Heilen durch Anblasen und Berühren anbelangt.

Für Paracelsus, alias Philippus Aureolus Theophrastus von Hohenheim (1493-1541), symbolisierte um 1530 der Magnet die kosmische Kraft im Menschen. Er setzte den Magneten auch in der Wundbehandlung ein (vgl. Lichtenthaeler 1982). Der Marburger Physikprofessor Coclenius (1572-1621) schrieb 1608 über die magnetische Heilung von Krankheiten. 1621 finden sich bei Van-Helmont (1577-1644) bereits Aufzeichnungen über magnetische Heilungen von Wunden bei Menschen, Tieren und Bäumen. Der englische Arzt und Rosenkreuzer (Anmerkung: Als „Rosenkreuzer" bezeichnete man eine Bruderschaft mit mystisch-reformatorischen Zielen) Fludd (1574-1637) unterschied einen geistigen und einen körperlichen Magnetismus. Sein Schüler, der Schotte Maxwell, erklärte um 1665 den Magnetismus zum Universalmittel (vgl. Trömner 1919). Kircher zeigte 1646, daß ein Huhn, das man mit gefesselten Beinen vor einen auf den Boden gezogenen Strich hinlegte, nach einiger Zeit regungslos wurde und in seiner Lage verblieb, selbst als man das Band entfernte und das Tier reizte (vgl. auch Czermak 1873).

Die Kunst, durch Handauflegen zu heilen, machte 1662 den irischen Soldaten Greatrake und Anfang des 18. Jahrhunderts den Italiener Santanelli berühmt. Santanelli erkannte bereits die Bedeutung der Einbildung! Der französische Priester Lenoble besaß 1771 in Paris ein großes Verkaufslager verschieden geformter Magnete. Mit diesen erzielte er manche Heilung bei bei nervösen Menschen (vgl. Trömner 1919). Interessant ist, daß schon 1774 der berühmte schwäbische Pfarrer Gassner (1727 - 1779) bei seinen

Versuchen die - nach seiner Meinung - vom Teufel herrührenden Krankheitsgeister durch Kreuzvorhalten und Beschwörungsformeln zu verbannen oder auszutreiben, förmlich hysterische Anfälle durch direkte Suggestionen hervorrief. So wie sie später auch der bekannte französische Nervenarzt Charcot beschrieben hat (vgl. Gassner 1775). Im „Archiv für thierischen Magnetismus" (1820) findet sich im Brief des Abbé Bourgois ein Beispiel dafür: Gassner fragte eine Nonne, die an epileptischen Anfällen litt, ob sie damit einverstanden sei, dass alles geschehen solle, was er befehlen werde. Als sie dies bejahte, sprach Gassner auf lateinisch (!) die Exorzismusformel: *„Wenn in dieser Krankheit etwas Unnatürliches ist, so befehle ich im Namen Jesu, daß es sich sogleich wieder zeigen soll!"* Die Nonne bekam sogleich Krämpfe. Für Gassner war das der Beweis, daß der böse Geist der Verursacher war. Er demonstrierte weiter seine Macht über den Dämon und befahl ihm wieder auf lateinisch (!), in den verschiedenen Körperteilen der Nonne Krämpfe hervorzurufen. Er rief nacheinander die äußeren Erscheinungsbilder von Albernheit, Gewissenszweifeln, Trauer, Wut etc. hervor (vgl. Bongartz und Bongartz 1988). Bei dieser Schilderung muss man sich fragen, ob die Nonne Latein verstand oder nicht. **Suggestionen wirken nur, wenn der Suggerierte diese versteht oder zu verstehen glaubt!** Das Stadium acceptionis hatte die Nonne, das Stadium suggestionis, wenn sie lateinisch verstand. Das Stadium effectionis war, jedenfalls dem Äußeren nach, vorhanden. In seinem Gutachten über die Handlungen Gassners kam Mesmer 1775 zu dem Schluß, daß Gassner zwar ein ehrlicher Mann sei, sich aber hinsichtlich des Wirkmechanismus des Exorzismus irrte (vgl. Bongartz und Bongartz 1988). In der „Phreno-Hypnose" (vgl. Braid) ist bekannt, daß die Versuchsperson dem Hypnotiseur alle ihr fremden Sprachen grammatikalisch exakt nachspricht, ohne auch nur ein Wort davon zu verstehen (vgl. Preyer 1889).

1. 2. Die Mesmer-Ära

Franz Anton Mesmer wurde am 23. Mai 1734 in Iznang/Bodensee geboren (Anmerkung: Preyer gibt Mesmers Geburtsort in Stein bei Weiler am Rhein an) und starb am 5. März 1815 in Meersburg. Er studierte Philosophie und Theologie an der Jesuiten-Universität in Dillingen. Nach einem kurzen Studium der Rechtswissenschaften wandte er sich der Medizin zu und promovierte 1766. Aufgrund von Intrigen und Enttäuschungen zog Mesmer, dem die Anerkennung seines Heilverfahrens durch die Schulmedizin versagt blieb, von Wien nach Paris.

In seiner Dissertation „De planetarum inflexu in hominem", aus dem Jahre 1766, formulierte er seine Grundidee. Analog zu Newtons physikalischer Schwerkraft nahm er eine „gravitas animalis", eine „belebte Schwerkraft", an. Demnach ständen die belebten Körper in einer kosmischen Wechselwirkung zueinander. Eine Disharmonie erzeuge demnach eine Krankheit. Diese Hypothese war für Mesmer maßgebend, als er 1774 eine Patientin, die an Krampfanfällen litt, mit einem Eisenmagneten therapierte.

Bald erkannte Mesmer: Nicht der Magnet heilt, sondern eine andere Kraft (der „tierische Magnetismus"), die lediglich durch den Magneten weitergeleitet wird. Mesmer glaubte, daß er diese Heilkraft selbst besitze. 1775 wurde er in die Münchner Akademie der Wissenschaften als Mitglied aufgenommen. Die kosmische Kraft, das kosmische Fluidum nannte er auch „Allflut". Durch Übertragung oder Mitteilen dieses Fluidums vom Magnetiseur auf den Kranken sollte letzterer in eine „heilsame Krise" versetzt werden. In der „magnetischen Kur" wurden sowohl einzelne Kranke durch Handauflegung oder magnetische Striche als auch Patientengruppen durch Einsatz des magnetischen Kübels („baquet") behandelt. Mesmers rituelles Gebaren wurde durch einen Spiegelsaal, Hintergrundmusik und einen violetten Talar verstärkt. Es gab weder festgelegte Vorschriften zur Behandlungstechnik noch definierte Indikationen im Sinne der modernen Medizintherapie.·

Mesmer schrieb dem „Schall" die Eigenschaft zu, eine „Flutreihe" oder Kraft von „unvergleichlicher Feinheit" mitzuteilen, weiterzuleiten und zu verstärken. Unter „Schall" verstand er in erster Linie Musik, die seiner Vorstellung von harmonischer Ordnung entsprach. Die Glasharmonika, ein von Franklin um 1760 entwickeltes Instrument, schien dafür besonders geeignet zu sein (vgl. Schott 1986). Bei diesem Instrument waren verschieden große Glasschalen oder Glocken, mittels Korken, auf einer horizontal liegenden Eisenspindel befestigt und wurden mit dem Fuß in Drehung versetzt. Der Spieler brachte die rotierenden Glocken zum Klingen, indem er sie an ihrem seitlichen Rand mit seinen nassen Fingerspitzen berührte. Der Tonumfang der Glasharmonika betrug anfangs zwei - später vier Oktaven.

Im Jahre 1785 traten auf Geheiß des französischen Königs in Paris drei Untersuchungskommissionen zusammen, um über den tierischen Magnetismus zu urteilen. Diese kamen zu dem Schluß, daß das „Fluidum" nicht nachweisbar ist und die beobachteten Phänomene auf Einbildung und Nachahmungen beruhen (vgl. Preyer 1890).

Diese Kontroverse um den tierischen Magnetismus hielt fast ein Jahrhundert an und reizte die Karikaturisten zu immer neuen Einfällen. Mesmers Anhänger blieben nach seinem Tod in Clubs oder Vereinen zurück. Der Arzt E. Perkins (1741 - 1799), aus Connecticut, ließ sich seine Erfindung, mit Metallhufeisen zu heilen, patentieren. Sein Sohn B. Perkins (1774 - 1810) propagierte den „Perkinismus" und grenzte ihn als physikalische Methode vom Mesmerismus ab, der seiner Meinung nach nur durch Einbildung heile. Beim „Phrenomagnetismus" versuchten manche Ärzte, bestimmte Stellen am Kopf gezielt zu magnetisieren, um damit bestimmte Gemütsveränderungen und Emotionen hervorzurufen. Der Phrenomagnetismus war also eine Kombination von Mesmerismus und Phrenologie, die vor allem in England und Amerika verbreitet war. Heute ist es - mit Hilfe der elektrischen transkraniellen Stimulation - möglich, die Bewegungen der Extremitäten zu induzieren (vgl. Claus 1989). Abbildung 1 veranschaulicht die damaligen Vorstellungen von Eigenschaften und „Pflege" des Magnetismus. In Deutschland wurde der Mesmerismus zunächst in zwei verschiedenen Gegenden bekannt. 1786, durch Lavater, in Bremen und durch Bröckmann

Abbildung 1: *Frühere Vorstellungen über die „magnetische Kraft"
(aus Flowers Kollektion).* **a)** *Zur Übung bereit, die Pflege des
magnetischen Auges.*

*b) Angehäufte Kraft zieht immer an. Kraft freilassen heißt, sie natu-
ralisieren und verschwenden.*

c) Der magnetische Mann heißt Begierden willkommen, die andere fürchten, weil er imstande ist, ihnen wertvolle Kraft zu entziehen.

in Karlsruhe bzw. Gmelin in Heilbronn, des weiteren auch durch Pezold in Dresden und Siemers in Hamburg. Später ließ Reichenbachs „Od-Lehre" den Magnetismus wieder aufleben: „Das Od ist ein dem Magnetismus und der Elektrizität analoges imponderables Agens, das jedoch mehr oder weniger davon abweichende Erscheinungen darbietet und seinen besonderen Gesetzen folgt" (vgl. Moll 1924). In Österreich-Ungarn traten die Grafen Szpary und Mailth, in England die Ärzte Elliotson und Ashburner und in Frankreich Lafontaine und Ochorowicz für den Magnetismus ein. Zu den wissenschaftlichen Magnetismus-Forschern gehören beispielsweise Kieser, Passavant, Kluge, Pfaff, F. Hufeland und C. W. Hufeland. Auch die katholische Kirche erhob im allgemeinen keine Einwände gegen den Magnetismus. Der Artillerieoffizier Marquis Chastenet Puységur (1751 - 1825) hatte am 4. Mai 1784 folgendes Erlebnis: Als Puységur einen jungen Bauern direkt magnetisierte, schlief dieser nicht nur ein, sondern fing an zu sprechen. Als die Gedanken des Bauern eine trübe Wendung nahmen, versuchte Puységur in ihm angenehme Gedanken zu erwecken - was ihm auch gelang (vgl. Preyer 1890). Puységur entdeckte die „hypnotische Suggestion", die man damals noch nicht so nannte.

Von einem Dilettanten und Verehrer Mesmers, ohne medizinische Vorbildung und Kenntnisse in Physiologie und Psychologie, wurde die hypnotische Automatie entdeckt! Puységur schreibt in einem seiner Bücher: *„Wenn sich jemand einbilde, mit Hilfe eines Somnambulen den Gedankengang eines anderen Menschen, entgegen dem Willen desselben, zu erkennen, so befinde er sich in einem großen Irrtum, da die erzielten Antworten dem Gange seiner eigenen Gedanken entsprechen"* (Puységur 1784). Der Mesmerschüler und Begründer des „künstlichen Somnambulismus", Chastenet Puységur, gilt als Entdecker der hypnotischen Suggestion und war Wegbereiter des tiefenpsychologischen Denkens. Er organisierte 1785 in Straßburg die „Societé Harmonique des Amis Reunis", die großen Einfluß auf die Entwicklung in Deutschland hatte.

Die Mitte des 19. Jahrhunderts betriebenen „galvanometrischen" Heilverfahren ähneln sehr den Kuren des tierischen Magnetismus und sind nicht immer scharf von diesen abzugrenzen. Der schwäbische Dichter und Arzt Kerner (1786 - 1862) wandte ab dem Jahre 1822 den Mesmerismus aktiv an. Kerner studierte an einer seiner Patientinnen das breite Spektrum der „magnetischen" Erscheinungen, angefangen von den feinsten leiblichen Selbstwahrnehmungen bis hin zu den „Tatsachen" des Geistersehens. Seine Beobachtungen schilderte er 1829 in seinem Buch „Die Seherin von Prevorst". Obwohl Kerner häufig als Okkultist und Spintisierer angegriffen wurde, trugen seine Ansichten dazu bei, das Unbewußte besser zu erfassen.

1. 2. 1. Mesmerismus - Spiritismus

1848 beginnt in Amerika die Geschichte des modernen Spiritismus. Dabei schienen Klopfgeräusche und Tischrücken den „Kontakt mit dem Jenseits" zu ermöglichen. Das „Wunder der tanzenden Tische" breitete sich schnell in Amerika und Europa aus. Der Mesmerismus war, da seine Phänomene in einen neuen Zusammenhang gebracht wurden, Wegbereiter dieser Bewegung. Der „somnambule Zustand" wurde nun als „Trance des Mediums" bezeichnet. „Geistersehen" oder „Hellsehen" (clairvoyance) wurden als besondere Fähigkeiten des Mediums angesehen. Durch das Seanceritual der Kettenbildung konnte das „Fluidum" hindurchströmen; das „Medium" äußerte die „Jenseitsbotschaften", die von „Kontrollgeistern" stammten, in automatischer Schrift oder sogenannten Trancereden. Die Erforschung dieser spiritistischen Phänomene mit naturwissenschaftlichen Methoden führte zur wissenschaftlichen Parapsychologie, zur Gründung der „Society of Psychical Research", im Jahre 1882.

1. 2. 2. Mesmerismus - Hypnotismus - Psychoanalyse

Von der wissenschaftlichen Medizin wurde der Mesmerismus abgelehnt. Der in Schottland geborene und in England lebende Chirurg Braid (1795 - 1860) führte 1843 als erster den Begriff „Hypnose" ein. Er glaubte, daß *nicht ein äußeres Fluidum, sondern die Vorstellungskraft" (Autosuggestion) „magnetische Zustände"* erzeuge. In den 80er Jahren des 19. Jahrhunderts führte der Internist Bernheim (1840 - 1919) den Hypnotismus (Braidismus) auf die „Suggestion" zurück. Damit begründete er die Suggestivtherapie als eine der wichtigsten Quellen der modernen Psychotherapie, insbesondere der modernen Psychoanalyse von Breuer und Freud. Sigmund Freud (1856 - 1939) war ein Schüler von Bernheim und übersetzte dessen Werk ins Deutsche. Freud, der mit seiner Psychoanalyse den Hypnotismus überwinden wollte, erkannte die Leistung der Bernheimschen Suggestivtherapie. Er gab die Hypnose auf, *„um die Suggestion in der Gestalt der Übertragung wiederzuentdecken"* (Mitscherlich, Richards, Strachey 1982a). In einem Brief an Zweig schrieb Freud am 7. Februar 1931: *„... am meisten harmonisch, gerecht und vornehm erschien mir Mesmer. Ich denke auch wie Sie, daß das eigentliche Wesen seines Fundes, also die Suggestion, bis heute nicht festgestellt ist, daß hier Raum für Neues bleibt"* (vgl. Schott 1986).
Freuds Schüler Reich (1897 - 1957) entwickelte in den 40er und 50er Jahren eine „Orgon"-Lehre, die auf der Annahme einer biophysikalischen kosmischen Energie beruhte und in ihrem ideologischen Ansatz an Mesmers Fluidum-Theorie erinnert. Seine Lehre ließ sich naturwissenschaftlich nicht begründen. Alle Heileffekte, einschließlich der „Wunderheilungen", die durch den Mesmerismus und seine Spielarten erzielt wurden, werden seit 100 Jahren auf die Wirkung der „Suggestion" zurückgeführt.

1. 2. 3. Mesmerismus - Telepathie

Schmitz erwähnt in seinen Ausführungen, daß durch die Untersuchungen des Psychologieprofessors Rhine (geb. 1895), der Direktor des Parapsychologischen Laboratoriums an der Duke University (Durham, N. C.) war, die Telepathie (Gedankenübertragung) experimentell unzweifelhaft bewiesen werden konnte (vgl. Schmitz 1951). Die Gesetze der Telepathie sind noch nicht bekannt und haben mit der Fluidum-Übertragung nichts zu tun. Dabei handelt es sich nicht um eine Energieübertragung, denn eine solche müßte sich mit dem Quadrat der Entfernung vermindern. Bei der Telepathie ist es jedoch genau umgekehrt! Nach Berichten ernsthafter Forscher soll die Telepathie in Indien und im Tibet vielfach der Nachrichtenübermittlung dienen. Ein Bergführer berichtete am gleichen Tag über ein Unglück, das sich 300 Kilometer (Luftlinie) weiter ereignet hatte. David-Neel, die fast ihr ganzes Leben unter den Yogis Tibets verbracht hat, berichtete, wie sie bei einem Lama zu Gast war. Ihm fehlte, als er sie einlud, die Teebutter. Daraufhin „bestellte" er diese per Telepathie (vgl. Schmitz 1951). Anscheinend kann man diese oder andere derartige Ereignisse nicht als bloßen Schwindel oder Betrug abweisen. Daß sich die Yogis in diesen Fähigkeiten des Unbewußten sehr viel besser auskennen, ist sicher durch die Jahrtausende alte Tradition erklärbar.

1. 3. Die Braid-Ära

Petetin vertrat 1787 die These, daß man durch das Mesmerisieren eine Starre, die „hypnotische Katalepsie", herbeiführen konnte. Er glaubte, daß diese Starre durch ein vom Operator ausgehendes magnetisches Agens verursacht werde. Um 1815 kam der Portugiese Abbé Faria nach Paris. Er wuchs in Indien auf und kannte die Welt der Fakire und Yogis. Faria erklärte mit Bestimmtheit, daß es kein magnetisches Fluidum gäbe. Dieses existiere nur in der Einbildung von dessen Anhängern. Man könne, außer bei wenigen Disponierten, keinen hellseherischen Schlaf hervorbringen. Die „Krisen" seien nicht immer heilsam, sondern produzierten schädliche Nebenwirkungen. Dieser Auffassung war auch Puységur. Faria schläferte die von ihm als geeignet erklärten Personen (Epopten) ein, indem er sie am Scheitel, an der Stirn, an der Nasenwurzel, in der Gegend des Zwerchfells sowie des Herzens und an den Knien und Füßen berührte.
De la Tourette, der diese Angaben alten Quellen entnahm, bemerkte, daß in der Darlegung Farias schon die spätere Auffassung vorgezeichnet sei. Faria versetzte jeden, der wollte, in Schlaf, indem er diesem nur das Wort „dormez!" (deutsch: „schlafen Sie!") nachdrücklich zurief. Es trat dann sofort die Hypnose ein. Du Potet, der ähnlich wie Faria arbeitete, gab 1848 die Zeitschrift „Journal du Magnetisme" heraus (vgl. Preyer 1890). Der Mediziner Huson nahm sich 1825 noch einmal des Mesmerismus an und formulierte dazu 30 Thesen, die für die damals herrschenden Ansichten charakteristisch waren. Gleichzeitig reflektieren jene, wie weit man von ärztli-

cher Seite schon mit den Ermittlungen der Tatsachen gekommen war. In diesen Thesen tritt der Hypnotismus schon als das Wesen im tierischen Magnetismus und Somnambulismus hervor. In Husons Thesen bedeutet nämlich das Wort „Somnambulismus" ausschließlich das, was später als „Hypnose mit Suggestibilität" bezeichnet wird. Wegen ihrer Bedeutsamkeit werden im folgenden Husons Thesen (1825) zusammengefaßt und - nach Preyer (1890) bearbeitet - wiedergegeben:

1. Die Mittel, die angewandt werden, um zu hypnotisieren, bzw. den Hypnotisierten suggestibel zu machen, sind Berührungen mit Daumen oder Händen oder gewisse streichende Bewegungen in einiger Entfernung vom Körper (Passes). Die Striche bzw. andere Manipulationen des Magnetisisten genügen, in vielen Fällen die Hypnose herbeizuführen.

2. Die äußeren Mittel sind nicht unbedingt notwendig, denn oft hat der Wille oder der scharf auf das Subjekt gerichtete Blick zur Hypnose genügt. Ohne vorherige Kenntnis des Hypnotisierten und allein durch den Willen des Hypnotisierten ist keine Hypnose möglich.

3. Der Hypnotismus äußert seine Wirksamkeit auf Personen verschiedenen Geschlechts und Alters. Das weibliche Geschlecht scheint im Allgemeinen empfänglicher zu sein. Die frühesten Altersstufen sind weniger empfänglich.

4. Die Zeitdauer hypnotische Zustände herbeizuführen schwankt zwischen einer Minute und einer halben Stunde.

5. Muskulöse Personen können wie schwächliche hypnotisiert werden.

6. Manchmal treten während des Hypnotisierens undeutliche, flüchtige Erscheinungen auf, die wir nicht nur auf die Rechnung des Hypnotisierens setzen können: Beklemmungen, Wärme, Kälte und nervöse Erscheinungen, die man sich auch ohne den Fluß eines besonderen Agens erklären kann beispielsweise durch die Erwartung oder Furcht, Voreingenommenheit und Erwartung eines unbekannten und neuen „Etwas", schließlich durch die Einbildung, die über einige Geister und Körper eine enorme Herrschaft ausübt.

7. Andere - physiologisch und therapeutisch genau feststellbare Erscheinungen - hängen wiederum vom Hypnotismus ab.

8. Die Wirkungen, die der Hypnotismus hervorbringt, sind verschieden. Die einen werden aufgeregt, die anderen ruhig. Anfangs zeigt sich eine Atmungs- und Pulsbeschleunigung, krampfartige Zuckungen der feinen Muskelbündel, eine mehr oder weniger tiefe Erstarrung, Betäubung oder Schläfrigkeit und in einer kleinen Anzahl von Fällen auch Somnambulismus.

9. Es gibt kein sicheres Mittel, den suggestiblen Zustand von anderen hypnotischen Zuständen symptomatologisch zu unterscheiden.

10. Der hypnotische Zustand enthüllt neue Fähigkeiten, z. B. Verfeinerung der Sinne. Die gesteigerte Muskelkraft beruht auf der Verstärkung rein psychischer, motorischer Impulse durch Suggestion.

11. Der Hypnotismus kann auch einem Scharlatan zu betrügerischen Zwecken dienen.

12. Ein nicht immer eintretender Erfolg des Hypnotismus ist der Schlaf, der mit mehr oder weniger großer Schnelligkeit und in mehr oder weniger tiefem Grade eintritt.

13. Der Schlaf wird unter Bedingungen hervorgerufen, bei denen der Hypnotisierte, wenigstens im allgemeinen, weiß, was um ihn geschieht.

14. Der Wille des Hypnotiseurs kann nie allein die Hypnose hervorrufen, der Hypnotisierte muss wissen, daß etwas, was ihn betrifft, vorgeht.

15. Beim Hypnotismus gehen auffallende Veränderungen in der Auffassung oder in den Fähigkeiten des Hypnotisierten vor. Einige hören nur die Stimme des Hypnotiseurs, andere geben deutliche Antworten auf Fragen der Umstehenden. Lärm wird meist nicht gehört. Die Augen sind geschlossen. Der Augapfel ist krampfhaft nach oben oder hin und wieder nach unten gegen die Augenhöhlen gestellt. Der Geruchssinn ist manchmal aufgehoben, z. B. wird Ammoniak nicht wahrgenommen oder als unangenehm empfunden. Die Berührungsempfindung ist bis zur Schmerzunempfindlichkeit aufgehoben.

16. Der Hypnotismus wird auf einer Entfernung von sechs Fuß oder sechs Zoll gleich empfunden.

17. Die Fernwirkung scheint nur bei schon früher Hypnotisierten möglich.

18. Bei der ersten Sitzung wird eine Person sehr selten somnambul.

19. Während des Anfangs- und Endstadiums der Hypnose sind Herztätigkeit und Atmung verändert.

20. Während der Hypnose verfügt der Hypnotisierte über alle Fähigkeiten, die er auch im wachen Zustand hat. Das Gedächtnis erscheint sogar zuverlässiger, denn er erinnert sich an alles, was in Hypnose geschehen ist.

21. Beim Erwachen geben einige Hypnotisierte an, alle Erinnerungen oder Eindrücke in Hypnose verloren zu haben. Es gibt Fälle, bei denen man durch Stichworte und äußere Zeichen die Erinnerung, deren man sich noch nicht voll bewußt ist, fördern kann.

22. Die Muskeln der Hypnotisierten sind manchmal erschlafft und gelähmt. Manchmal sind die Bewegungen nur behindert. Manche gehen wie Betrunkene, einige gehen Hindernissen aus dem Weg, andere nicht. Wieder andere sind beweglicher als im Wachen.

23. Zwei Hypnotisierte konnten bei scheinbar fest geschlossenen Augen Farben und Worte erkennen. Vermutlich waren die Augen doch nicht vollständig geschlossen.

24. Zwei Hypnotisierte konnten vorhersagen, wann ihre Krankheit (z. B.epileptische Anfälle) aufhören würde. Dabei ist zu bedenken, daß bei manchen erregbaren Kranken allein schon die lebhafte Vorstellung genügt, um einen Anfall zu produzieren oder von Kopfschmerzen befreit zu sein. Um so mehr kommt dies in Betracht, je häufiger darüber nachgedacht und gesprochen wird. Da es dabei nur um Vorgänge des eigenen Körpers handelt, sind diese objektiv schwer kontrollierbar.

25. Eine einzige hypnotisierte Frau soll Krankheitszeichen dreier anderer Kranker angegeben haben. Dabei ist zu bedenken, daß oft schon aus der Frage des Hypnotisierenden die Antwort für den Hypnotisierten klar ist.

26. Der Prüfungsausschuß hielt seine Beobachtungsreihe für zu klein. Die Beobachtungen sind zwar zahlreich genug, um die therapeutische Verwertung des Hypnotismus zu rechtfertigen, allerdings nur mit sorgfältiger Auswahl der Fälle.

27. Die Hypnose zeigte bei einigen Kranken keinen Erfolg, bei anderen vergingen die Schmerzen, einige fühlten eine Zunahme ihrer Kräfte. Bei einem Epileptiker kamen die Anfälle erst nach langer Zeit wieder, bei einem anderen heilte eine schwere, lange bestehende Lähmung.

28. Betrachtet man den Hypnotismus als Erzeuger physiologischer Erscheinungen oder als Heilmittel, so wäre er der medizinischen Wissenschaft zuzuweisen. Deswegen dürften ihn dann aber nur Ärzte anwenden bzw. müßten seine Anwendung überwachen, wie dies praktisch in den nördlichen Ländern durchgeführt wird.

29. Der Prüfungsausschuß hat andere Fähigkeiten der Hypnotisierten, die nach Angabe der Hypnotiseure vorhanden sein sollen, nicht als vorhanden bestätigen können, weil ihm keine Gelegenheit dazu geboten wurde. Aber die gesammelten und mitgeteilten Tatsachen sind wichtig genug, um dem Ausschuß den Gedanken nahezulegen, die Akademie habe die Pflicht, die Untersuchungen über den Hypnotismus, der ein sehr merkwürdiger Zweig der Physiologie und der Naturwissenschaften überhaupt ist, zu unterstützen.

Mit du Potet und Huson erreichte der Mesmerismus in Frankreich seinen Höhepunkt.

Dem in Schottland geborenen und in England lebenden Augenarzt Braid (1795-1860) verdanken wir die Entdeckung der Selbsthypnose. Der Franzose Lafontaine veranstaltete damals in England, wie viele andere Magnetisten, gegen Zahlung eines hohen Eintrittspreises, magnetische Sitzungen, die „Conversazioni" genannt wurden. Die Ärzte, die an diesen Treffen teilnahmen, wußten nicht so recht, was sie dazu sagen sollten. Sie meinten, es läge ein Betrug vor. Am 13. November 1841 nahm Braid an einer derartigen Abendgesellschaft teil. Auch er glaubte anfangs, es handle sich um ein abgekartetes Spiel. Nach der ersten Sitzung, war er aber anderer Meinung. Braid sah bei einer Versuchsperson eine eigentümliche zitternde Bewegung ihres Augenlides, bevor diese die Augen schloß. Er folgerte daraus, daß - sollte alles Verabredung sein - dieses Vibrieren nicht nötig gewesen wäre. Er stellte sich die Frage: Woher kommt das Vibrieren? Braid ließ in den folgenden Tagen einen jungen Mann in sein Arbeitszimmer kommen, sich hinsetzen und eine Flasche ansehen.

Dem jungen Mann fielen nach etwa drei Minuten zitternd die Augen zu, und er schlief ein. Braid weckte ihn nach vier Minuten wieder auf. Der junge Mann reagierte danach beunruhigt. Braids Frau erklärte, daß sie sich nicht so schnell alterieren lasse wie der junge Mann. Daraufhin ließ er sie eine Porzellanschale ansehen. Nach zweieinhalb Minuten schloß sie die Augen, und ihre Pulsfrequenz stieg auf 180 Schläge pro Minute. Sie wurde geweckt, als sie vom Stuhl zu fallen drohte. Danach mußte Braids Diener einen kleinen Löffel, der sich in einem Glas befand, ansehen. Braid sagte ihm, ein Funke würde herauskommen, da eine neue Arznei in diesem Glas bereitet werde. Nach einigen Minuten fiel auch der Diener in Schlaf und er wurde gescholten, daß er nicht einmal drei Minuten lang auf das Glas mit dem Löffel sehen konnte. Etwas später wurde ihm suggeriert, auf das Glas zu sehen und nicht einzuschlafen. Er schlief aber genauso schnell ein wie beim ersten Mal. So entdeckte Braid die Autohypnose (vgl. Preyer 1890).

Carpenter hielt 1853 in der Royal Institution in Manchester sechs Vorlesungen über die Physiologie des Nervensystems. Dabei würdigte er die von Braid gefundenen neuen Tatsachen. Andere Ärzte standen Braid ablehnend gegenüber, da sie es für eines Arztes unwürdig hielten, sich mit Quacksalberei zu beschäftigen. Braid hatte auch die Mesmeristen gegen sich, da er ihnen das „Fluidum" nahm. Die Theologen griffen Braid ebenfalls an, da sie meinten, er stelle die Unsterblichkeit der Seele in Frage. Braid konterte, daß er ein guter Christ sei und vielmehr durch den Beweis der früher unbekannten, außerordentlichen Macht des Geistes über den Körper neue Beweisstücke für die Immaterialität der Seele beigebracht habe.

Braids erste Schrift „Teufelei und Mesmerismus" erschien im Juni 1842. Darin verwendet er bereits die Begriffe „Neurohypnologie" und „Neurohypnotismus" vor. Sein Hauptwerk („Neurohypnology"), gleichsam ein Kodex des Hypnotismus, erschien 1843. Braid nannte den neuen Zustand zuerst einen „nervösen Schlaf". In diesem Werk schreibt er, daß kein Anhaltspunkt für die Annahme vorläge, daß etwas Psychisches vom Operator auf den Magnetisierten übergeht. Die Patienten können sich allein, ohne den Operator und in dessen Gegenwart, ohne und gegen seinen Willen, in diesen Zustand versetzen. Die Sinnesschärfe (z. B. der Geruchssinn oder der Gefühlssinn) nimmt in diesem Zustand zu. Ferner beschreibt Braid die Suggestibilität, die halbseitige Hypnose und die künstliche Katalepsie. Durch Selbsthypnose heilte er seine rheumatisch bedingten Schmerzen und fühlte anschließend profuse Schweißabsonderung und eine gewisse Steifheit. Den Zustand der Hypnose empfand Braid als willenlos, aber ohne Verlust des Bewußtseins. Die Ermüdung der Augenmuskulatur führte er auf eine Ausschaltung derjenigen Hirnteile zurück, die die Augenmuskulatur versorgen. Braid, der keine Versuchsperson vor deren Lidschluß berührte, schrieb 1846 „Die Macht des Geistes über den Körper". Er widerlegte unzweifelhaft die „Od"-Auffassung von Reichenbach.

Der Gelehrte Freiherr von Reichenbach (1788 - 1869) behauptete nämlich, daß man sehr häufig sensitive und hypersensitive Personen finde, die am Gefühl erkennen könnten, welches der Nordpol und welches der Südpol eines Magneten sei. Dafür sollten die „Imponderabilien" verantwortlich sein. Die Patienten beschrieben die „Od-Flammen", die sogenannten Magnetpolarlichter, auch wenn kein Magnet vorhanden war, sehr unterschiedlich (vgl. Preyer 1890). Die Suggestion und die entoptische Lichtempfindung sind es, auf die es hier ankommt. Beides hatte Reichenbach übersehen.

„Od" ist die geistige Kraft, die von einem Menschen auf den anderen übergehen kann. Im Jahre 1851 veröffentlichte Braid einen Vortrag mit dem Titel „Elektrobiologische Phänomene, physiologisch betrachtet". Dieser Ausdruck wurde damals wahrscheinlich von Amerika nach England importiert. Die beiden Amerikaner Darling und Stone gaben, zum Ergötzen der Zuschauer, den Hypnotisierten allerlei komische Aufträge. Die Hypnotisierten wurden ihres Gehör- oder Gesichtssinnes oder der Sprache beraubt. Sie wußten ihren eigenen Namen nicht etc. Andere Hypnotiseure gaben verrückte posthypnotische Aufträge, z. B. *„Sie werden sich verrückt* *fühlen!"* Dies tadelte Braid zu Recht. Braid wollte den Hypnotismus auch nicht als Universalmittel angewandt wissen. Er veröffentlichte eine Anzahl von Spuk- und Gespenstergeschichten, um die außerordentliche Macht der Suggestion und die Leichtigkeit, mit den Sinnestäuschungen hervorgerufen werden können, aufzuzeigen. Braid gelang es, verschiedene Beschwerden wie beispielsweise Rheumatismus, Neuralgien, Kopfschmerzen, krampfhafte Muskelkontraktionen, Kontrakturen, Schwerhörigkeit, Anosmie, Zittern, Schlaflosigkeit, Verdauungsstörungen oder Menstruationsanomalien zu beseitigen bzw. zu heilen. 1855 publizierte er einen Aufsatz über die Physiologie der Bezauberung oder Faszination. Er ging dabei vom Schlangenblick auf kleine Vögel aus und erörterte den Einfluß einer vorherrschenden Idee auf körperliche Tätigkeiten (Monoideismus).

Die Ablehnung des „Braidismus" in Deutschland basiert wahrscheinlich auf den Mängeln der Braidschen Veröffentlichungen, die in einem schwerfälligen Stil geschrieben waren und viele Wiederholungen enthielten. Dadurch entstand beim Leser der Eindruck einer gewissen Gedankenarmut. Braid unterschied anfänglich eine besondere Art des Hypnotismus, den sogenannten „Phrenohypnotismus". Er dachte dabei vermutlich an die alte Gall'sche Phrenologie und täuschte sich oder wurde von den Patienten getäuscht. Zwar findet man in Braids Schriften keine direkte Untermauerung dieser Irrlehre, aber seine Versuche, bei denen die Berührung mit der Hand oder dem Glasstab oder nur die Bezeichnung bestimmter, phrenologisch besonders bekannter Stellen der Kopfhaut entsprechende Mimik- und Gesichtsveränderungen zur Folge hatten, lassen diesen Eindruck entstehen. Später erkannte er in diesen Veränderungen klarer den Einfluß der Suggestion. Braid berichtete über Heilungen. z. B. nach langjährigen Lähmungen. Diese Aussage muss sicher skeptisch aufgenommen werden. Definitiv läßt sich freilich die Möglichkeit derartiger Heilungen nicht widerlegen, ihre Unwahrscheinlichkeit ist jedoch groß. Sein Plan, ein Werk über die „Psychophysiologie" zu schreiben, wurde nicht verwirklicht. Braids „Theorie" lehnte das mesmerische Agens und die unmittelbare Willensbeeinflussung ab. Es ist ihm nicht geglückt, den ersten richtigen Gedanken von der partiellen Ermüdung (vgl. S. 42 Vogt) des Gehirns zu Ende zu führen. Auch konnte er nicht die von ihm behauptete Übereinstimmung der Hypnose mit dem Nachtwandeln (Somnambulismus) aufzeigen. Er gab keine theoretische Zusammenfassung aller Hypnosephänomene, sondern sprach sich eher dafür aus, weitere Tatsachen zu sammeln.

Der Däne Hansen stellte 1879 ähnliche Experimente an. Viele Ärzte in Deutschland verhielten sich den Schaustellungen der Amerikaner und Engländer gegenüber anfangs gleichgültig. Einige behaupteten, alles sei eine abgekartete Sache gewesen, andere, z. B. Preyer, Heidenhain und Berger, konnten Braids Erkenntnisse bestätigen. Die meisten Physiologen kannten vor 1880 kaum Braids Werke. Charcot gab 1878 dem Braidismus einen neuen Anstoß. Diesem folgten z. B. der Arzt Liébeault und sein Schüler Bernheim ebenso wie der Physiologe Beaunis und der Jurist Liegois, beide Professoren in Nancy sowie die drei Professoren für Psychiatrie, Forel in Zürich, Binswanger in Jena und von Krafft-Ebing in Graz. Liébeault glaubte später irrtümlich an eine Übertragung vom Operator auf den Patienten. Die Theoretiker in den physiologischen Laboratorien in Deutschland gaben, durch die Beobachtungen an Tierversuchen, dem Hypnotismus neuen Anstoß (vgl. „Tierhypnotismus", S. 60ff).

1. 4. Die Zeit der Alten Schule von Nancy

Der Arzt Liébeault und sein Schüler Bernheim befaßten sich intensiv mit dem Hypnotismus. Liébeault wurde der große Praktiker, sein Schüler der große Theoretiker der sogenannten „Alten Schule von Nancy". Nach Liébeaults Erfahrungen erreichten ein Fünftel bis ein Sechstel der Patienten das Somnambulstadium, d. h. einen tiefen Schlaf ohne Erinnerung beim Erwachen. Bernheim berichtete, daß er gut die Hälfte seiner Patienten in dieses Stadium führen könne. Er wies darauf hin, daß der Hypnotismus keine Neurose analog der Hysterie sei, daß man aber in dem Hypnotisierten hysterische Äußerungen bzw. eine hypnotische Neurose entwickeln könne. Bernheim postulierte: *„Niemand kann hypnotisiert werden, der nicht daran glaubt, daß er hypnotisiert werden wird"* (Bernheim 1888). Ochorowitz, der Erfinder des „Hypnoskopes", bekämpfte diesen Satz lebhaft. Die Vorstellung bedingt die Hypnose, ein psychischer Einfluß bewirkt sie.
Gibert, Janet, Myers, Ochorowitz u. a. glaubten an die „Suggestion mentale", d. h. an die Gedankenübertragung. Suggerierbarkeit besteht auch im wachen Zustand, sie ist dann aber durch Vernunft, Aufmerksamkeit oder Urteilsvermögen vermindert oder aufgehoben. Im natürlichen oder provozierten Schlaf (Hypnose) sind diese Leistungen geschwächt oder ausgeschaltet. Es herrscht die Phantasie, alle Sinneseindrücke werden ohne Prüfung angenommen und vom Gehirn in Handlungen, Empfindungen, Bewegungen oder Sinnesbilder umgesetzt. Dieser neue Bewußtseinszustand macht das Gehirn einerseits gefügiger und suggestionsfähiger, andererseits steigert er das Vermögen, auf dem Wege der Hemmung und Bannung, die Funktionen und Organe des Körpers zu beeinflussen. Durch dieses gesteigerte Vermögen werden Heilwirkungen erzielt.
Der Alten Schule von Nancy kommt der Verdienst zu, diese Anwendungen des Hypnotismus auf die Suggestion zurückgeführt zu haben. Dabei war Liébeault bahnbrechend, Bernheim folgte ihm. Liébeault teilte die Hypnose in sechs Grade ein (nach Bernheim 1888). Beim ersten Grad empfinden die Hypnotisierten eine mehr oder minder deutliche Betäubung, Schwere in den Lidern und Schläfrigkeit. Die Schläfrigkeit kann verschwinden, wenn der Hypnotiseur mit der Beeinflussung aufhört. Bei manchen Versuchspersonen kann sie bis zu etwa 30 Minuten danach weiter anhalten. Die Versuchspersonen (im folgenden abgekürzt mit VP) verhalten sich meist regungslos. Andere bewegen sich, ohne aus der Somnolenz zu erwachen. In den folgenden Sitzungen kann sich dieser Grad wiederholen oder in einen höheren Grad übergehen. Manche VP geraten nicht in die Somnolenz, sondern halten nur ihre Lider geschlossen und können diese nicht öffnen. Sie können sprechen und auf Fragen antworten. Diesen Zustand hielt Liébeault

für eine Unterart des ersten Grades, der öfter von Frauen erreicht werden soll. Während des zweiten Grades halten die VP ihre Lider ebenfalls kataleptisch geschlossen. Ihre Glieder sind schlaff, sie hören alles, was man ihnen sagt und was in der Nähe gesprochen wird, sind aber dem Willen des Hypnotiseurs unterworfen (dies trifft nach heutiger Auffassung nicht zu!). Ihr Gehirn befindet sich in einem Zustand, den die Magnetiseure Hypotaxie oder „Berückung" nennen. Für diesen Grad ist die suggestive Katalepsie charakteristisch: Die VP ist mit schlaffen Gliedern eingeschlafen. Der Hypnotiseur hebt einen Arm der VP und dieser bleibt in dieser Stellung. Die Glieder behalten die Stellung bei, die man ihnen erteilt. Dieses Phänomen des kataleptiformen Zustandes hält mit der psychischen Empfänglichkeit für die Hypnose Schritt. Der kataleptiforme Zustand kann schwach ausgebildet sein oder nur Gliedteile erfassen, z. B. statt des ganzen Armes nur den Unterarm oder nur die Hand bzw. die Finger. Bei einigen VP werden ihre vom Hypnotiseur gehobenen Arme schnell wieder gesenkt.

Hält der Hypnotiseur den Arm aber etwas länger in der Luft, so bleibt er stehen. Auch die Suggestion kann helfen: *„Jetzt bleiben Ihre Arme/Beine so, wie ich sie stelle."* Die VP, welche die ihnen angegebene Stellung ruhig beibehalten, solange man ihnen nichts sagt, die sich aber zusammennehmen, ihren eingeschläferten Willen wecken und das erhobene Glied senken, sobald man sie dazu auffordert, befinden sich zwischen dem ersten und zweiten Grad. Die Regel ist aber, daß die Hypnotisierten mit all ihrer Anstrengung die ihnen gegebene Stellung nicht verändern können. Man kann am Verhalten der Katalepsie die allmähliche Ausbildung der Suggestionsfähigkeit verfolgen. Kommt die VP nicht über den zweiten Grad hinaus, so sagt sie oft nach dem Erwachen, sie habe nicht geschlafen, weil sie sich an alles erinnern könne, was gesagt worden sei.

Die suggestive Katalepsie ist ein besonderer psychischer Zustand, der die Widerstandsfähigkeit des Gehirns verringert, das dadurch für die Suggestion zugänglicher wird. Auch diese These trifft nach heutiger Auffassung nicht zu. Beim dritten Grad hört der Hypnotisierte noch alles, was man zu ihm sagt. Die Sensibilität ist „betäubt". Außer der suggestiven Katalepsie zeigen sich automatische Bewegungen, z. B. wenn der Hypnotiseur beide Arme der VP faßt, sie umeinanderdreht und sagt: *„Ihre Arme laufen jetzt so fort, Sie können sie nicht aufhalten."* Bei manchen VP genügt allein der Anstoß der Drehbewegung seitens des Hypnotiseurs. Bei diesem Grad kann auch eine suggestive Kontraktur erzeugt werden. Der vierte Grad bezeichnet die suggestive Katalepsie, automatische Bewegungen, suggestive Kontraktur und Verlust der Beziehungen zur Außenwelt. Der Hypnotisierte hört nur noch das, was der Hypnotiseur ihm sagt, aber nicht das, was andere Personen zu ihm sagen. Seine Sinne können aber in Relation zur übrigen Welt gesetzt werden. Zum fünften Grad zählt der leichte Somnambulismus, darunter versteht man partielle Amnesie, Aufhebung der Sensibilität, suggestive Katalepsie, automatische Bewegungen und suggestive Halluzinationen. Der sechste Grad steht für den tiefen Somnambulismus, das bedeutet Amnesie für alles im Schlaf Vorgefallene. Die VP kann auch nicht selbst wach werden. Der Hypnotisierte ist ein Befehlsautomat des Hypnotiseurs geworden.

Bernheim konnte die Beobachtungen Liébeaults bestätigen. Er teilte die Hypnose ebenfalls in Stadien ein und gab dem Begriff Hypnose eine ausgedehntere Bedeutung als die des „künstlichen Schlafes". Er schlug den Begriff „hypnotische Beeinflussung" vor. Anhand von Beobachtungen unterschied er drei Gruppen von Patienten, je nachdem, was sie während der Hypnose zeigten bzw. empfanden (Bernheim 1888). Die erste Gruppe von Versuchspersonen zeigte nach der Hypnose keinerlei Erinnerung an das Vorgefallene. In dieser Gruppe ist auch die Suggestionsfähigkeit am besten ausgebildet. Sie zeigen Katalepsie, automatische Bewegungen, Analgesie, Sinnestäuschungen, Halluzinationen während der Hypnose sowie häufig, aber nicht immer, posthypnotische Halluzinationen, bzw. nur einzelne der eben beschriebenen Symptome.

Die zweite Gruppe erinnerte sich nur teilweise daran, was in Hypnose geschah. Die VP hörten Gespräche, erinnerten sich jedoch nicht daran, was gesprochen wurde beziehungsweise sie erinnerten sich nur daran, was der Hypnotiseur sagte, jedoch nicht daran, was andere sagten. Bei der dritten Gruppe blieb die Erinnerung an alles erhalten. Einige glauben, daß sie eingeschläfert und betäubt worden waren, obwohl sie alles hörten. Andere stellen den Schlaf in Abrede und geben an, daß sie ganz klar gewesen seien. **Jede Person erweist sich als suggestive Individualität!** Bernheim teilte die Hypnose in folgende Stufen ein (vgl. Bernheim 1888): *Stufe eins:* Die VP zeigt ruhige, geschlossene Augen und verspürt einen mehr oder minder starken Betäubungsgrad. In diesem Zustand kann Wärme in bestimmten Körperteilen suggeriert werden. Man kann damit manche Schmerzen aufheben und erzielt therapeutische Wirkungen, z. B. bei Muskel- und Nervenschmerzen. Es besteht also Suggerierbarkeit. *Stufe zwei:* Im Gegensatz zur ersten Stufe kann die VP jetzt nicht mehr aus eigenem Willen die Augen öffnen. *Stufe drei:* Die VP zeigt suggestive Katalepsie und bleibt in der Stellung, die ihr suggeriert wird. Bei *Stufe vier* zeigt sich eine starke suggestive Katalepsie, automatische Drehbewegungen der Arme durch anstoßende Bewegung oder durch Suggestion. Manche VP kann durch Aufforderung die Katalepsie unterbrechen. Bei *Stufe fünf* kann es außer der suggestiven Katalepsie, mit oder ohne automatische Bewegungen, zur suggestiven Kontraktur kommen. Die VP soll z. B. den Arm beugen oder die Hand öffnen, sie kann es aber nicht.

Stufe sechs: Die VP zeigt mehr oder minder automatischen Gehorsam. Sie ist, wenn man sie sich selbst überläßt, unbeweglich. Auf Suggestion hin geht sie oder setzt sich etc.. Sinnestäuschungen oder Halluzinationen lassen sich nicht hervorrufen, es besteht keine Amnesie. Bei *Stufe sieben* besteht Amnesie beim Erwachen. Es gibt keine Halluzinationen, aber Katalepsie, automatische Bewegungen, Kontrakturen sowie automatischen Gehorsam. Das eine oder andere Phänomen kann fehlen. Als *Stufe acht* bezeichnet man die suggestive Katalepsie, mit automatischen Bewegungen, Kontrakturen, automatischem Gehorsam, Halluzinationen während der Hypnose und Amnesie beim Erwachen. Es gibt keine posthypnotischen Halluzinationen. *Stufe neun* ist ähnlich wie Stufe acht, allerdings mit zusätzlichen posthypnotischen Halluzinationen. Diese Halluzinationen können qualitativ und quantitativ unterschiedlich ausgeprägt sein. Bei manchen VP bleiben in allen Stufen Intelligenz und Sinnestätigkeit wach. Es ist nicht einfach, den psychischen Zustand der VP zu durchschauen. Beobachtung und Analyse der einzelnen Stufen ist eine heikle Aufgabe. Auch Simulation (vgl. „Potier-Syndrom": Der Student Potier simulierte vor Abbé Faria einen hypnotischen Zustand) ist möglich! Bei allen neun Stufen der Hypnose ist suggestive Anästhesie oder Analgesie anzutreffen. Gemäß der suggestiven Individualität gibt es in der Hypnose bei verschiedenen Individuen mannigfache Arten von Beeinflussung. Bernheim definierte die Hypnose folgendermaßen: **Die Hypnose ist die Hervorrufung eines besonderen psychischen Zustandes, in dem die Suggerierbarkeit gesteigert ist. Der Kernpunkt der Hypnose ist die Suggestion!** Er widerlegte damit die Auffassung der Schule der Salpêtrière, d. h. von Charcot, der hauptsächlich mit nur zwölf Hysterischen jahrelang gearbeitet hatte. Charcot faßte die Hypnose als echte Neurose auf, die in der Abfolge von drei Phasen oder Perioden, nämlich der Lethargie, Katalepsie und dem Somnambulismus voranschreitet. Charcot glaubte, daß der Arzt imstande sei, mit Hilfe gewisser Kunstgriffe, die VP nach Belieben aus dem einen in den anderen Zustand zu versetzen: *„Man kann den Somnambulismus in Katalepsie verwandeln, indem man der VP die Augen öffnet, oder in Lethargie, indem man die Augen verschließt oder einen leichten Druck auf sie ausübt." Diese drei Phasen sollten das darstellen, was man den „grand hypnotisme"oder die„große hypnotische Neurose"* nannte (vgl. Bernheim 1888). Bernheim konnte, wie andere Hypnotiseure auch, die Existenz der Charcotschen Beobachtungen nicht bestätigen. Die neuromuskulären Lidentladungen stellen sicher keine Lethargie dar. Um die Glieder der VP in Katalepsie zu versetzen, ist das Augenöffnen nicht notwendig. Das Reiben auf dem Scheitel der VP, um den somnambulen Zustand zu erzeugen, ist unnötig. Bernheim stellte folgende Forderungen auf:

1. Die in der Hypnose hervorgerufenen Eindrücke sind im Moment ihres Entstehens immer bewußte Vorgänge.

2. Die Erinnerung an diese Eindrücke in der Hypnose, die nach dem Erwachen erloschen erscheint, kann jederzeit durch eine einfache Behauptung wiedererweckt werden.

3. Latente Erinnerungen aus dem hypnotischen Zustand können in gewissen Zuständen ähnlicher psychischer Konzentration freiwillig erwachen.

4. Die Vorstellung einer Suggestion auf lange Sicht bleibt nicht bis zum Verfallstage latent. Das Bewußtsein der während der Hypnose ins Gehirn eingegebenen Vorstellung kann, wie alle latenten Erinnerungen, in den oben erwähnten Zuständen von psychischer Konzentration zeitweilig erwachen.

Der Mediziner Beaunis bestritt Bernheims Thesen. Er sah in allem nur Erscheinungen der unbewußten Hirntätigkeit. Den Ausdruck „unbewußte

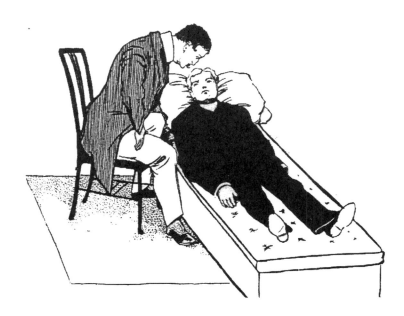

Abbildung 2: Hypnosemethoden der damaligen Zeit (aus Flowers Kollektion). **a)** Der starrende Blick.

b) Die mittels eines geschriebenen Befehls herbeigeführte Hypnose.

c) Der glänzende Gegenstand als Hilfsmittel.

Hypnoseeinleitung und -führung (aus Filiatre)

3a) Fixation

3b) - d) Berührung und Handbewegungen

3c)

3d)

Hirntätigkeit" konnte Bernheim nur auf die Phänomene des vegetativen Lebens, wie Zirkulation, Atmung etc. beziehen. Sobald es sich um Vorstellungen handelt, kommt auch immer der Vorgang des Bewußtseins in Betracht. Der Hypnotisierte, der durch die Suggestion *„stehle dies oder das....“* stiehlt, weiß, daß er das auch gegen seine eigentliche moralische Vorstellung tut. Einen Einblick in damals gebräuchliche Hypnosemethoden geben die Abbildungen 2 und 3.

Erst ab dem Jahre 1860 findet sich die Lehre von der Suggestion befreit von fremden Beimengungen, die sie noch bei Braid verdunkeln. De Gros und Abbé Faria wandten die einfache Suggestion durch die Rede zur Induzierung des hypnotischen Zustandes an. Liébeault setzte die Verbalsuggestion zu therapeutischen Zwecken folgendermaßen ein: Er hypnotisierte den Kranken mittels Suggestion in einen heilsamen Schlaf. War der Kranke in Hypnose, so sprach Liébeault mit lauter Stimme mit ihm und behauptete, seine Beschwerden würden aufhören. Im Kranken versuchte er die Überzeugung zu festigen, daß seine Beschwerden vergangen seien, z. B. daß der Schmerz verschwunden sei oder verschwinden werde. Der hypnotische Zustand verschafft eine Gehirngefügigkeit, eine gesteigerte Gläubigkeit, eine ideomotorische, ideosensitive und ideosensorielle Reflexsteigerung, um heilbringende Reflexe hervorzurufen, um das Gehirn aufzufordern alles, was in seinen Kräften steht, zur Umsetzung der gegebenen Vorstellung in die Wirklichkeit zu tun. Liébeault ist der Urheber der Methode der therapeutischen Verwertung der Suggestion. Seine Methode blieb anfangs, auch bei den Ärzten in Nancy, unbeachtet. Bernheim selbst begann erst 1882 mit Liébeaults Methode zu arbeiten. Die therapeutischen Bemühungen sollen nie folgendes außer acht lassen: **Eine funktionelle Störung kann ihre Ursache oder organische Läsion, von der sie herrührt, überleben!**

Nach den Vorstellungen der Schule von Charcot oder der Salpêtrière, in Paris, gibt es - ohne Vermittlung von Vorstellungen - eine direkte hypnagoge Einwirkung der Metalle und Magnete auf das Nervensystem. Ebenso glaubte man an einen „Transfert" (das Überspringen einer Lähmung, Katalepsie, Hemianästhesie etc. von einer Körperseite auf die andere durch Magneteinwirkung), eine direkte Reizung der lokalisierten Hirnzentren durch Streichungen der Kopfhaut etc. Diese Schule glaubte weiterhin, durch verschiedene mechanische Reizungen (1. Fixation des Blickes, 2. Hebung der Lider, 3. Streichungen der Stirn) typische verschiedene Stadien oder Arten von Hypnose (Lethargie, Katalepsie und Somnambulismus), mit spezifischen eigenen Reaktionen der Muskeln und der Sensibilität, hervorzurufen. Die Charcotsche Schule glaubte, in der sogenannten Lethargie seien die Hypnotisierten völlig bewußtlos und könnten nicht durch Suggestionen, die man ihnen vermittelt, beeinflußt werden. Die Schule war der Meinung, daß fast nur Hysterische der Hypnose zugänglich seien, und rechnete die Hypnose zu den Neurosen.

Chazarain und Dècle nahmen an, eine Polarität des menschlichen Körpers entdeckt zu haben. Sie leiteten sowohl die hypnotischen Erscheinungen als auch die Erfolge der sogenannten Metallotherapie von derselben ab (vgl. Forel 1889). Ein Hauptfehler der letztgenannten Auffassungen (Charcot,

Chazarain und andere) war, daß diese Ergebnisse sich einseitig auf Beobachtungen bei Hysterischen stützten. In Nancy wurden von Liébeault und Bernheim mehrere tausend geistig gesunde Personen hypnotisiert. Wetterstrand hypnotisierte 1887 in Stockholm 718 Personen. Nur 19 Personen (ca. drei Prozent) ließen sich nicht hypnotisieren. Van Renterghem hypnotisierte in Amsterdam 178 Personen, davon 16 (ca. zehn Prozent) ohne Erfolg. Fontan und Ségard hypnotisierten 100 Personen mit nur ganz wenigen Mißerfolgen. Forel hypnotisierte 205 Personen, darunter auch Geisteskranke. 34 Personen (ca. 18 Prozent) wurden nicht beeinflußt. Von weiteren 105 Personen blieben elf Prozent unbeeinflußt. Ringier hatte in der Schweiz bei 60 Personen nur drei bis vier Mißerfolge (ca. fünf Prozent). Trotz dieser internationalen Erfolge protestierte am 2. November 1887 Professor Ewald in Berlin gegen die therapeutische Verwertung des Hypnotismus, besonders gegen dessen Bezeichnung als „ärztliche Behandlung", weil angeblich in Paris jeder Schäferknecht, Schuster und Schneider hypnotisieren könne.

Wie sagte er allerdings nicht (vgl. Forel 1889). Angesichts der umfassenden Erfahrungen in ganz Europa in Sachen Hypnotismus, stehen die nicht viel mehr als ein Dutzend hysterischen Personen an der Salpêtrière in Paris recht kümmerlich und einseitig da. Freud wurde ebenfalls von Charcot ausgebildet! Der schwedische praktische Arzt Wetterstrand behauptete, daß die meisten Menschen durch eine richtig angepaßte Methode hypnotisch beeinflußt werden könnten, zuweilen seien dabei Geduld und Ausdauer erforderlich. Nach seiner Statistik wurden von 1880 bis um 1887 von Liébeault, von Renterghem, van Eeden und ihm selbst 4573 Personen (100 Prozent) hypnotisiert. Von diesen Personen konnten 143 (3,1 Prozent) nicht hypnotisiert werden. Ein Patient kann sich an dem einen Tage weniger empfänglich, an einem anderen Tage empfänglicher für Hypnose zeigen. Es war schon damals bekannt, daß es gewisse psychische Zustände gibt, die das Eintreten der Hypnose verhindern können. Wetterstrand widersprach der Schule von Paris (Charcot) auf das entschiedenste, hielt das dortige Vorgehen eher für eine „Dressur", mit äußerst einseitiger Sichtweise.

Das Temperament einer Person spielt für die Hypnotisierbarkeit kaum eine oder keine Rolle, wohl aber deren Persönlichkeit. Kinder sind vom dritten bis zum 15. Lebensjahr für Hypnose gut empfänglich. Männer und Frauen sind gleich hypnotisierbar. Nicht immer gelang es, eine Person in den somnambulen Zustand zu versetzen, indem man diese zuvor chloroformierte. Den Erfolg dieser Methode propagierte Herrero (Medizinische Fakultät Valladolid) auf dem „Ersten internationalen Kongreß des experimentalen und therapeutischen Hypnotismus", der 1889 in Paris stattfand. Wetterstrand hielt sich hinsichtlich der Gradeinteilung der Hypnose an Liébeault, der sechs Grade benutzte (vgl. Forel 1889). **Die Hypnotherapie ist zwar kein Universalmittel, gelingt aber recht oft in den Fällen, wo andere Methoden mißlingen.** Wetterstrand machte auch von der Massenhypnose Gebrauch. Am Nachmittag empfing er in seinen Räumen bis zu 40 Patienten. Er fing mit denjenigen an, die schon gute hypnotische Erfahrungen hatten und von denen er wußte, daß sie schnell hypnotisierbar waren. Diese so schnell und sicher „eingeschläferten" Patienten übten dann eine ansteckende Wirkung auf die anderen aus. Auch Forel machte auf die gewaltige Wirkung aufmerksam, die man im Rahmen einer Gemeinschaftshypnose auf den einzelnen ausüben kann. Wetterstrand behandelte mit Hypnose erfolgreich verschiedene Erkrankungen, z. B. Schlaflosigkeit, habituellen Kopfschmerz, Neuralgien, Epilepsie, spastische Zuckungen, Stottern, Neurasthenie, leichte Psychosen, Hysterie, rheumatische Erkrankungen, Asthma, Magen-Darm-Beschwerden, Herzkrankheiten und Menstruationsbeschwerden. Er erzielte eine Schmerzreduktion bei Operationen und Entbindungen und Erfolge bei Suchtproblemen, wie chronischem Alkoholismus, Morphinismus, Nikotinismus und Kokainismus. Bei den Süchtigen führte er in kleinen Behandlungshäusern eine tage- bzw. wochenlang dauernde Hypnose (Dauerhypnose) durch. Zwischenzeitlich wurden die Kranken vom Pflegepersonal betreut. Der Erfolg dieses Verfahrens soll ausgezeichnet gewesen sein. Nach Wetterstrands Ansicht sind funktionelle Nervenkrank-heiten am besten für die Suggestionstherapie geeignet. Wie lange hält nun der therapeutische Erfolg an? Diese Frage kann nur derjenige beantworten, der wirklich Einsicht in den Hypnotismus hat, die er durch mehrjährige Erfahrung erworben hat. Es ist deshalb ganz unberechtigt und leichtsinnig, diese Frage mit der kategorischen Behauptung abzufertigen, daß die Heilerfolge nur scheinbar und vorübergehend seien.

Liébeault, der 30 Jahre und Bernheim, der ebenfalls mehrere Jahre Erfahrung in der Hypnosetherapie hatte, behaupteten, daß sich in manchen Fällen die Gesundheit dauerhaft erhielt. Van Renterghem und van Eeden verglichen die Hypnosetherapie, was Stabilität und Dauer der Erfolge anbelangt, mit einer chirurgischen Behandlung. Forel wies ebenfalls darauf hin, daß die Resultate der Hypnotherapie von anhaltender Dauer sein können. Wetterstrand machte gleiche Erfahrungen, räumte aber ein, daß zuweilen Rückfälle vorkämen (vgl. Forel 1889). Aber sind wir denn jemals sicher vor Rückfällen egal, welche Psychotherapie angewandt wird? Wenn bei der Suggestivtherapie Rückfälle auftreten, so darf nicht die Methode angeklagt werden, sondern eher die Beschaffenheit der Erkrankung. Der Widerstand, auf den die Suggestivtherapie stößt, hat seinen Grund teils in der Unwissenheit über diese Methodenanwendung, teils in der Tatsache, daß man die Suggestion als einfache Einbildung abtun will. In der damaligen Zeit, in der die Medizin glaubte, alle Geheimnisse des Lebens durch mechanische, physikalische oder chemische Gesetze zu erklären, basierte die Hypnotherapie auf einer psychischen Behandlung des Menschen.

1. 5. Die Zeit der Neuen Schule von Nancy (nach 1910)

Der Apotheker Emile Coué (1857 - 1926) , der als Begründer der „Neuen Schule von Nancy" gilt, stammte ursprünglich aus der sogenannten „Alten Schule von Nancy". Coué legte sein Hauptgewicht auf die Erziehung zur Selbstsuggestion. Er erwarb zwei wissenschaftliche Grade (Wissenschaft, Literatur) und besuchte anschließend, da ihm das Geld für ein höheres Studium fehlte, in Paris die Schule für Pharmazie und wurde Apotheker. Nachdem er in seinem Geburtsort Troyes eine Apotheke übernommen hatte, befaßte er sich etwas später mit dem Studium der Psychologie. Anfänglich hypnotisierte er nach dem Vorbild der Alten Schule von Nancy, bis er erkannte, daß jede Art von Suggestion, wenn sie wirksam werden soll, sich unbedingt in Autosuggestion verwandeln muss! Es gelang ihm, durch Aufdeckung der inneren Vorgänge, Gesetze zu formulieren. Zur Neuen Schule von Nancy zählt man die Gesamtheit der Ärzte, Psychologen und Erzieher, die unmittelbar aus der Nachfolge Coués hervorgegangen sind. Coué hielt Vorträge in Europa und Amerika. Er entdeckte, daß nicht der Wille, sondern die Einbildungskraft die führende Kraft ist. Er stellte nie Diagnosen oder Prognosen, sondern sagte nur: *„Wenn es in der Möglichkeit Ihrer Natur liegt, werden Sie gesund."* **Die Anwendung von Autosuggestion ist kein Ersatz für die ärztliche Behandlung, sie ist aber für Arzt und Patient eine wertvolle Hilfskraft.** Die Grunderkenntnis der Couéschen Lehre ist: *Jeder Gedanke, der uns erfüllt, muss sich verwirklichen! Je klarer wir die Zielvorstellung ausprägen und je stärker diese unser Gedankenleben erfüllt, desto wahrnehmbarer und bedeutender muss deren Realisierung sein; in desto kürzerer Zeit muss auch Wirklichkeit geworden sein, was zuvor nur Vorstellung war.* Darum lehrte Coué, sich in eine Vorstellungswelt hineinzuleben, die so beschaffen ist, als ob das ersehnte Ziel tatsächlicher Zustand wäre. Dieser „Als-Ob-Charakter" zeigt Wirkung. Die Philosophie des „Als-Ob" stammt von dem Universitätsprofessor Vaihinger. Der deutsche Gelehrte veröffentliche sein Lebenswerk „Philosophie des Als-Ob" 1911 (zitiert nach Lambert 1936/1937) und übte damit in der Folgezeit auf alle Wissenschaften größten Einfluß aus. In seinem Buch schreibt er, daß der Mensch auf allen Gebieten, auf denen er seinen Verstand gebrauchen muss, oft zu „Fiktionen" seine Zuflucht nimmt. Mit Fiktion bezeichnet Vaihinger alle diejenigen Begriffe, mit deren Hilfe man zwar weitestgehend denkt, aber das obwohl man weiß, daß sie der Wirklichkeit bestimmt nicht entsprechen.

Das fiktionale Denken spielt in Wissenschaft und Alltag eine große Rolle. Diesen Trick wendet der Coué-Anhänger an. Vaihingers „Als-Ob-Philosophie" stand die Lehre Schillers vom Spieltrieb, als dem Grundelement des künstlerischen Schaffens und Genießens, Pate. Vaihinger hat bei seiner „Als-Ob-Fiktion" die unbedingte Unwahrheit klar vor Augen. Er dachte aber - im Gegensatz zu Coué - nicht an die Verwirklichung dieser Fiktion. Folgende Verhaltens- und Denkweisen empfiehlt Lambert (vgl. Lambert 1936/1937), der Meisterschüler von Coué: Begreife, daß dein Wesen geistiger Art ist und daß der Geist den Stoff beherrscht. Erkenne, daß

deine Gedanken eine Macht darstellen und einen entscheidenden Einfluß auf dein Leben ausüben. Lerne nach innen zu hören, und laß dich von dort aus führen. Räume deinem Verstand keine führende Stelle ein. Er soll dein Diener, aber nicht dein Herr sein. Erkenne, daß dein Glaube schöpferisch, gestaltende Kraft ist. Und wenn es dir schlecht geht, dann glaube um so mehr an das Gute, um es zu gestalten. Mache dir klar, daß es gleichgültig ist wie dein Glaube erzeugt wird. Hauptsache, du glaubst an das Gute. Erinnere dich daran, daß Suggestion dasselbe ist, wie die Auswirkung deines Glaubens. Halte fest, daß der Gedanke, der dich erfüllt, sich verwirklicht, wenn es menschenmöglich ist - im Guten, wie leider auch im Bösen. Begreife, daß deine Einbildungskraft oder dein Glaube stets deiner Willenskraft überlegen ist, wenn die beiden in Widerstreit geraten. Hüte dich vor Willensanstrengungen, solange du einen Funken Furcht in dir hast, denn Furcht ist Glaube an das Schlimme. Wille und Glaube müssen eins sein. Lerne zu denken: Ich will und ich kann. Bekämpfe die Furcht, sie ist der Glaube an das Negative, Glaube jedoch schöpferische, gestaltende Kraft. Wer fürchtet, gestaltet das Schlimme. Vergiß nicht dich auch mit der Flüstertechnik, mit guten Gedanken, zu erfüllen. Formuliere deine Autosuggestionen kindlich-naiv, aber möglichst bildhaft, und laß dich nicht stören, wenn sie unlogisch sind. So wie eine Mutter zum Kinde spricht, so voller Liebe, Güte und Überlegenheit, so sprich auch zu dir.
Sei nicht ungeduldig; die Ungeduld erzeugt eine Willensanstrengung, die den Erfolg verhindert. Gib dich lieber einer stetigen freudigen Erwartung hin. Erkenne, daß deine Ausdauer entscheidend für deinen Erfolg ist. Erziehe dich autosuggestiv zur Ausdauer. Vermeide jede zweifelnde Selbstbeobachtung und bringe dem Guten kein Mißtrauen entgegen. Sprich nicht über Krankheiten. Begreife den Wert der bedingten Suggestion „wenn - dann". Du kannst damit viel Gutes erreichen und manches Böse vermeiden. Sei stärker als dein Schicksal, und behalte stets deinen Humor. Sei dir, anderen und auch Kindern gegenüber immer positiv. Verschone Kinderohren mit Krankheitsgesprächen, erzeuge keine Furchtgedanken in ihnen. Überzeuge schon das Kind, daß schlimme Gedanken schlimme Früchte, gute Gedanken gute Früchte bringen müssen. Glaube eisern an deinen wirtschaftlichen Aufstieg, und laß dich hierbei von deinem Inneren führen. Erziehe dich zur Zufriedenheit und zur All-Liebe, denn über diesen Weg werden deine Autosuggestionen den besten Erfolg haben. Lerne in die Stille zu gehen, um dich eins zu fühlen mit dem All-Geist. Vergiß nicht, daß die Anwendung der Couéschen Methode nicht den Arzt ersetzt, sondern ergänzt. Bleibe deinem Glauben treu.

Die drei Gesetze lauten:
1. Jede Vorstellung, jeder Gedanke, der uns erfüllt, wird Wirklichkeit, wenn die Verwirklichung dieser Vorstellung, dieses Gedankens menschenmöglich ist.
2. Wenn Wille und Glaube im Gegensatz zueinander stehen, unterliegt immer und ausnahmslos der Wille; immer siegt der Glaube.
3. Gesetz der verwandelten Anstrengung: Wir tun das Gegenteil von dem,

was wir tun wollen! Der Schlaflose will schlafen, kann es aber nicht. Der Stotterer will flüssig sprechen, kann es aber nicht. Der Zwangskranke „will" von seinen Zwangsgedanken los, kann es aber nicht. Der Wille sagt *„ich will"* und die Einbildungskraft, der Glaube, sagt *„ich kann nicht"*. Das dritte Gesetz, „das Gesetz der das Gegenteil bewirkenden Anstrengung." wird 1924 nach Baudouin benannt. Nicht nur, daß diese Anstrengung nichts hilft, sie verdirbt sogar alles. Die Absicht und die Wirkung sind offenbar durch eine tiefe Kluft getrennt. Nicht immer steht die Anfangserregung zum Enderfolg in einer geraden Beziehung.

Die „Neue Schule von Nancy" wurde durch den Ausbruch des Ersten Weltkrieges in ihrer Ausbreitung behindert. Dem Praktiker Coué kam der Theoretiker Baudouin zu Hilfe, der sich klar und wissenschaftlich mit den Angriffen seitens der Psychoanalyse auseinandersetzte: *„Beachtenswert ist der Einwand, die Gefährlichkeit der Suggestion bestehe darin, daß sie Veränderungen bewirke, indem sie - der Vorwurf kehrt hier wieder - eben nur Symptome beseitige, während die Psychoanalyse, die vor allem Verdrängungen aufheben wolle, das Übel wirklich an der Wurzel packe. Wer nur auf die Psychoanalyse eingeschworen ist, wird immer mit diesem Einwand kommen. Ich gebe gern zu, daß die Autosuggestion allein sich oft als unzureichend erweist, nervöse Störungen zu beheben; ich glaube auch, daß sich in diesen Fällen eine psychoanalytische Behandlung nicht umgehen läßt. Aber ich glaube nicht, daß man gegen das Zu-sammenwirken beider Methoden Stichhaltiges vorgebracht hat. Was immer man dagegen einwendet, scheint vorgefaßten Meinungen zu entspringen, gewissen Dogmen der psychoanalytischen Theorie, die als Arbeitshypothesen recht brauchbar sein mögen, aber deren absoluter Wert durchaus unbewiesen ist. Hier wird nur die Erfahrung Entscheidendes lehren. Die ersten Versuche, beide Methoden zusammenwirken zu lassen, scheinen mir zu den schönsten Hoffnungen zu berechtigen."* (vgl. Baudouin 1924).

Zur damaligen Zeit waren drei Lehren maßgebend. Einerseits betont auf dem Gebiet des Gefühlslebens die Psychoanalyse (Freud) das Vorhandensein von Gefühlskomplexen, von Gemütsbewegungen und Trieben, die sich dem Blick des Bewußtseins entziehen und uns ständig leiten, ohne daß wir es merken. Andererseits hat Bergson, was das Gebiet des Vorstellens anbelangt, seine Philosophie auf der Unterscheidung zwischen Intelligenz und Intuition aufgebaut. Letztere schlummert in der Tiefe unseres Wesens; sie scheint im Besitz einiger Erkenntnisse zu sein, die dem Geheimnis des Lebens besonders nahekommen und durch ihre Befragung könnten wir einige Probleme lösen, bei denen die Intelligenz nicht zuständig erscheint.

Gleichzeitig mit dem psychoanalytischen Grundgedanken, wie er in verschiedener Gestalt von Breuer, Freud und der Zürcher Schule entwickelt wurde, aber unabhängig von diesen, läßt sich parallel dazu der Ansatz der „Neuen Schule von Nancy" sehen, in das wenig erkundete Gebiet des Unbewußten einzudringen. Diese Schule trägt so auch zur Erneuerung der Psychologie, Medizin und Pädagogik bei. Die beiden Gesichtspunkte ergänzen sich so ideal, daß man sagen könnte, das psychoanalytische Verfahren verhalte sich zum suggestiven Verfahren der Hypnose wie die Algebra

(Lehre von mathematischen Gleichungen) zur Arithmetik (Rechnen mit Zahlen). Einfache Aufgaben erscheinen dadurch verwickelt, verwickelte aber werden so vereinfacht (vgl. Baudouin 1924). Diese drei Lehren, die einander vervollständigen, erhärten auf jedem Gebiet des Seelenlebens das Vorhandensein tiefer, verborgener Schichten, die, mit einem Werturteil gemessen, durchaus nicht untergeordnet sein müssen, sondern vielmehr oft Erkenntnisse vermitteln können, die außerhalb ihres offensichtlichen Wirkungsbereichs liegen. Diese Lehren entdeckten auf drei unabhängigen parallel verlaufenden Wegen das Unterbewußte und seinen tiefsinnigeren Gehalt. Bergson, Coué und Freud bezeichnen das Unterbewußte meist als „Unbewußtes", wohl deshalb, damit man darin nicht notwendigerweise ein „untergeordnetes" Bewußtsein vermutet. Vergleichende Untersuchungen zwischen den drei Lehren könnten sehr weit getrieben werden, besonders hinsichtlich der Abgrenzung des Seelischen bei Bergson und bei Coué. So wie die durch Suggestion ermöglichte Herrschaft über den Organismus nur ein altes Erbgut des Lebewesens zu sein scheint, das sich im Verlauf der Entwicklung verloren hatte, so trifft auch die Bergsonsche Intuition, in ihrer tiefsten Wurzel, mit dem Instinkt zusammen. Auch sie ist weniger zu erobern, als vielmehr wiederzuerobern.

Im Verlauf der Menschheitsentwicklung haben wir diese Kräfte nur deswegen eingebüßt, weil unsere Aufmerksamkeit durch nach außen gerichtetes Tun immer mehr von uns selbst abgelenkt wurde. Dieser Verlust war eine Anpassung an neue Lebensnotwendigkeiten. Die Suggestion bzw. die Hypnose gehört sicherlich zur Gruppe der Ethnopsychotherapien. Sigmund Freud (1856 - 1939) fühlte, als er 1873 die Universität Wien bezog, eine deutliche Enttäuschung, insbesondere durch die Diskriminierung, als Jude minderwertig zu sein. In den Jahren 1882-1885 verfasste er sechs Arbeiten über Histologie, Pharmakologie und Klinik, so daß er 1885, mit 29 Jahren, die Privatdozentur für Neuropathologie erwarb. Im gleichen Jahr traf Freud, der 1886 in Wien eine Praxis eröffnete, in Paris mit Charcot zusammen. Schlußpunkt seiner bis dahin rein neurologisch-hirnpathologisch ausgerichteten Arbeiten war seine Veröffentlichung über Sprachstörungen und Hirnerkrankungen, worin er aber 1891 schon kritische Zweifel an einer nur auf Gehirnfunktion bezogenen Erklärung psychischer Störungen anmeldete (vgl. Freud 1891). 1902 wurde ihm der Titel eines außerordentlichen und 1920 der eines ordentlichen Professors für Neuropathologie in Wien verliehen. Er übersetzte das grundlegende Werk von Bernheim über Hypnose ins Deutsche und übte anfangs selbst Hypnose zu Heilzwecken aus. 1926 schrieb Freud: *„Als ich ein junger Dozent der Neuropathologie war, eiferten die Ärzte in der leidenschaftlichsten Weise gegen die Hypnose, erklärten sie für einen Schwindel, ein Blendwerk des Teufels und einen höchst gefährlichen Eingriff. Heute haben sie dieselbe Hypnose monopolisiert"* (vgl. Freud et al. 1926). Für jeden Therapeuten, auch für den Hypnotherapeuten, ist Selbstvertrauen wichtig. Freud war unsicher und ging auch nicht auf dieses Problem ein. Jones schrieb: *„Freud vertrat die Sache des Hypnotismus mit dem ihm eigenen Eifer"* (vgl. Jones 1960). Freud erzielte mit der Hypnose zwar Einzelerfolge, war jedoch - per saldo - kein guter Hypnotiseur. Ihm fehlte die Zuversicht. Wenn sein Patient nicht nach ein bis drei Versuchen somnambul wurde, wußte Freud bereits, daß ihm dies überhaupt nicht mehr gelingen würde. Seine ängstliche Erwartung, d. h. seine Befürchtungen („Versuch"), verwirklichten sich aber gemäß den Suggestionsgesetzen. Freud erklärte, daß er das Problem der Hypnose für ungelöst hielt. Seine Hypnosetheorie besagt, daß der Hypnotiseur, in typischer Weise, durch seinen Blick hypnotisiert. Er behauptet, im Besitz einer geheimnisvollen Macht zu sein, die dem Subjekt den eigenen Willen raubt, oder, was dasselbe ist, das Subjekt glaubt dies von ihm (vgl. Freud et al. 1921). Freud sah im hypnotischen Zustand etwas, das in einer unbewußt erhaltenen Disposition aus der Urgeschichte der menschlichen Familie begründet ist, kurz, in der Stellung zum Vater (vgl. Freud et al. 1921). Er schuf den Begriff der Regression besonders im magischen, animalischen Denken. Kennzeichend ist die „Allmacht der Gedanken". Freud begnügte sich zu rasch, dies als verdrängte Todeswünsche zu deuten.

Dieses Denken des Naturmenschen, des Kindes, ist jedoch auch positiv. Freuds zweite Theorie der Hypnose beruht auf der „Verliebtheit in den Hypnotiseur". Die Beobachtung Bernheims hätte ihn vorsichtiger überlegen lassen müssen. Bernheim hatte ihm in Nancy erzählt, daß er seine schönsten Erfolge mit Hypnose nicht in der Einzelbehandlung, sondern in der Gruppenbehandlung erziele.

Diese Beobachtungen werden auch von Liébeault, Wetterstrand, Völgyesi oder Langen bestätigt. Freud ging von falschen Voraussetzungen hinsichtlich des Hypnotismus aus. Es ist deshalb kein Wunder, wenn er bekennt: „*Als ich aber die Erfahrung machte, daß es mir trotz aller Bemühungen nicht gelingen wollte, mehr als einen Bruchteil meiner Kranken in den hypnotischen Zustand zu versetzen, beschloß ich, die Hypnose aufzugeben*" (vgl. Mitscherlich, Richards, Strachey 1982 b). Daß Freud nicht erfaßt hat, worauf es bei der Hypnose ankommt, zeigt folgender Bericht (vgl. Freud et al. 1895): Ein Mädchen litt seit einem halben Jahr an einer schweren Gehstörung. Sie kam zum Arzt, den einen Arm auf den ihres Vaters, den anderen auf einen Regenschirm gestützt. Obwohl sie eine ausgezeichnete Somnambule war, richtete bei ihr der hypnotische Befehl gar nichts aus. Freud wurde eines Tages unwillig und schrie sie an: „*Das ist jetzt die längste Zeit so gewesen. Morgen Vormittag schon wird der Schirm da in deiner Hand zerbrechen und Sie werden ohne Schirm nach Hause gehen müssen, von da an werden Sie keinen Schirm mehr brauchen.*"

Freud kommentierte sich: „*Ich weiß nicht, wie ich zu der Dummheit kam, eine Suggestion an den Regenschirm zu richten; ich schämte mich nachträglich und ahnte nicht, daß meine kluge Patientin meine Rettung vor dem Vater, der Arzt war, übernehmen würde.*" Am nächsten Tag zerbrach sie wirklich den Schirm auf der Ringstraße und Freud bemerkte: „*Sie hatte natürlich keine Ahnung davon, daß sie selbst mit soviel Witz eine unsinnige Suggestion in eine glänzend gelungene verwandelt hatte.*" Im Gegenteil, Freud hatte keine Ahnung, warum seine Suggestion bei dem Mädchen wirkte! Er schämte sich, weil er in seiner Praxis einmal zu intuitiv vorgegangen war, wie dies auch ein ausgebildeter Hypnotiseur tun würde. Freud gab einen posthypnotischen Befehl, war sich dessen aber nicht bewußt. Er wollte bei seinen Hypnosen den Erfolg erzwingen und versagte, da das Gesetz der das Gegenteil bewirkenden Anstrengung prompt eintrat. Sein Gefühl der eigenen Unzulänglichkeit verstärkte die Willensanstrengung. Doch je mehr der Wille eingesetzt wird, um so geringer ist der Erfolg, da die Angst dadurch nur gesteigert wird. Für Breuer und Vogt waren die von Freud bevorzugte Überbetonung des Sexuellen und die in diesem Zusammenhang von Freud entwickelten psychoanalytischen Hypothesen praktisch-klinisch, wie theoretisch, unbefriedigend. Vogt vertrat die Auffassung, *„daß Freud sich theoretisch von vornherein so verrannt hat, daß er nicht jene Objectivität besitzt, die in diesen delicaten Fragen dem Experimenter eigen sein muss"* (vgl. Luthe 1972).

1. 6. Die „moderne" Ära

Dem Anhänger der Hypnose empfiehlt Levy-Suhl 1908 zur Trance-Induktion den farbigen Simultankontrast. Die Kontrastfarbe beginnt naturgemäß an den Rändern aufzutreten, je nach Anordnung, Helligkeit und Fixation etwa nach fünf bis 20 Sekunden und breitet sich nach ein bis zwei Minuten über den ganzen Streifen aus. Dieses Verfahren kann auch bei einer hemmenden Autosuggestion „nicht hypnotisierbar zu sein", erfolgreich angewandt werden. Forel empfahl bei Skeptikern die Formel: *„Sie brauchen gar nicht zu schlafen. Ich spreche nicht zu Ihrem bewußten Ich, sondern zu ihren unterbewußten Nervenzentren, die meine Worte ohne Ihr bewußtes Zutun durch Ihr Gehirn übermitteln werden. Kümmern Sie sich nicht um mich und versuchen Sie auch nicht, mit zu helfen"* (vgl. Forel 1889).
Beide Methoden haben noch heute ihre Gültigkeit, besonders bei Zweiflern (Erickson und Rossi 1981). Wagner-Jauregg prägte nach dem Ersten Weltkrieg den Ausspruch: *„Bei der Hypnose weiß man nie, wer den anderen betrügt, der Hypnotiseur den Hypnotisanten oder umgekehrt"* (vgl. Kihn 1950). Die Aussage des Satirikers Karl Kraus Anfang dieses Jahrhunderts: *„Die Psychoanalyse ist die Krankheit, für die sie sich hält"* (vgl. Kraus 1913) sollte sorgfältig - ohne Polemik - überdacht werden. Für manchen Patienten ist sie ein Prokrustesbett - die Hypnotherapie kann sich wesentlich besser anpassen. Zweig schrieb in seinem Werk „Balzac": - *„Psychologie kann (dies ist eine der zweifelhaften Auffassungen der Psychoanalyse), auch wenn sie sich selbst durchleuchtet, die fehlerhaften Anlagen wohl erkennen, aber nicht beseitigen. Erkennen ist nicht gleich mit Überwinden, und immer wieder sehen wir die weisesten Menschen ohnmächtig gegen ihre kleinen Torheiten, die jeder andere belächelt"* - (vgl. Zweig 1989).
1923 gaben Hypnotisierte Haupt gegenüber an, daß sie, wenn er ihnen seine Hand auf die Stirn legte (Stirnhand), einen vertieften, beruhigenden hypnotischen Zustand verspürten, der durch die Entfernung der Stirnhand wieder aufgehoben wurde. Haupt wollte diesen Einfluß der Stirnhand verstärken, indem er seine andere Hand in den Nacken der Versuchsperson (VP) legte (Nackenhand). Die VP sagten ihm, daß das gleichzeitige Auflegen der Stirn-

und Nackenhand intensiver wirke. Die Entfernung einer Hand hebe die günstige Wirkung auf und schon die Entfernung einer Hand, besonders die der Stirnhand, wirke sich nachteilig aus. Wirkliches Erwachen trat immer erst nach Entfernung der Hände vom Kopf ein.

Haupt beschrieb die sogenannte „Desorientierung", die sich auf die Umgebung und die ganze Situation des Hypnotischen bezog: *„Es ist gewissermaßen so, als ob der Zugang zu diesen Kenntnissen versperrt wäre; sie selbst sind natürlich noch vorhanden; der Desorientierte ist sich dessen nur nicht bewußt. Waren nun meine VP desorientiert, wenn beim Befehl zum Erwachen die Stirn- und Nackenhand liegenblieb, so schilderten sie stets ein Phantasiezimmer, auch wenn ihnen der tatsächliche Aufenthaltsraum sehr wohl bekannt war; sie verhielten sich also so, wie ohne 'Desorientierung', nur in einem ihnen unbekannten Raume... . Das Zimmerphänomen tritt nur bei tiefer Hypnose ein und auch nicht bei allen"* (vgl. Haupt 1922). Die VP merkte sofort beim Anlegen der Hände Empfindungen: Ruhe, Wärme und Bewegung. Diese Empfindungen gingen entweder von der Nackenhand aus zirkulär bis zur Stirn oder von der rechten Hand aus. Die Empfindungen traten auch trotz dazwischengelegter Materialien (z. B. Stoff, Papier, Holz) auf, jedoch mit Verzögerung. Der Handrücken rief eine schwächere Wirkung hervor als die Handinnenfläche. Haupt erklärte die Wirkung der Stirn- und Nackenhand folgendermaßen: *„Die Frage, in welcher Weise die tatsächliche Einwirkung der anliegenden Hände auf die Hypnose vor sich gehen könnte, läßt daran denken, daß der hypnotische Zustand nicht nur psychischer sondern auch psychophysischer Natur ist, daß die Hände auf den physischen Anteil einwirken und dadurch mittelbar auf den psychischen"* (vgl. Haupt 1922). Eine besondere Anwendung der Stirn- und Nackenhand bei der Hypnotisation stellte das sogenannte „Handkreisen" dar. Dabei wird eine Hand um den Kopf des Patienten geführt, während die andere liegenbleibt. Dadurch trat bei bereits früher Hypnotisierten der hypnotische Zustand (auch bei bloßem Anliegen der Hände) rascher ein als sonst.

Der Neurologe und Hirnforscher Oskar Vogt war (neben Forel) einer der wenigen Mediziner, die sich für den Hypnotismus interessierten. Die wesentliche Arbeit am Aufbau und an der psychotherapeutischen Bewährung der Hypnose leisteten überwiegend niedergelassene Nervenärzte. Vogt, der als Begründer der wissenschaftlichen Hypnoseforschung gilt, bezeichnete die Hypnose als „seelisches Mikroskop". Von ihm stammt auch die Methode der „fraktionierten Hypnose". Sein Verfahren, nach jeder umschriebenen, stufenförmig entwickelten Bildfolge bzw. Suggestion, die Versuchsperson (VP) wieder in den Wachzustand zurückzurufen, half die Grade der Hypnose besser zu erkennen. Vogt fragte die VP, ob sie das in der Hypnose angebotene Bild realisierte bzw. bis zu welchem Grad das geschah. Erst dann wurde die Hypnose fortgesetzt. Wegen ihrer Relevanz folgt eine Darlegung von Vogts „Normalpsychologie" (vgl. Vogt 1895). Er teilte die Grade der Bewußtseinsbeleuchtung folgendermaßen ein. Eine Bewußtseinserscheinung ist entweder **klarbewußt**, wenn sie dem sich beobachtenden „Subjekt" oder „Ich" deutlich erkennbar ist. Man spricht von einer **dunkelbewußten** Bewußtseinserscheinung, wenn das „Subjekt" gerade noch ihr Dasein wahrnimmt,

aber nicht ihre Qualitäten erkennt. **Unbewußt** bedeutet, daß sie dem „Subjekt" nicht unmittelbar zum Bewußtsein kommt. **Bewußtseinsfähig** nennt man eine Bewußtseinserscheinung, wenn sie in einem gegebenen Moment einer Bewußtseinsbeleuchtung fähig ist. **Bewußtseinsunfähig** schließlich heißt, sie ist zu keiner Bewußtseinsbeleuchtung fähig. Mit jedem Bewußtseinsvorgang verbindet sich ein physiologisch-biochemischer Prozeß in der Hirnrinde und den subkortikalen Zentren. Es gibt Handlungen, die nur auf der neurophysiologischen Ebene, ohne „psychisches Korrelat" („bewußte Begleiterscheinungen") ablaufen, d. h., diese Handlungen bleiben unbewußt, obwohl sie sich in der physiologischen Betrachtung von den bewußten wahrscheinlich nur in ihrer Intensität unterscheiden. In jedem Moment empfängt der Mensch unzählige Reize aus seiner Innen- und Außenwelt, während nicht einmal immer einer von diesen vielen eine klarbewußte Erscheinung auslöst. Einige von diesen Reizen lösen aber doch wenigstens dunkelbewußte Erscheinungen aus.
Dieser oder jener Reiz bleibt dunkelbewußt, weil er „unbeachtet" blieb, wäre aber klarbewußt geworden, wenn ihm unsere Aufmerksamkeit zuteil geworden wäre. Neben diesen wegen ihres Unbeachtetseins nur dunkelbewußten Erscheinungen gibt es aber auch solche, die dunkelbewußt bleiben bzw. erst dunkelbewußt werden, wenn wir ihnen unsere volle Aufmerksamkeit schenken! Zu diesen gehört z. B. manches Element eines komplexen Gefühles und so manche Empfindung, die von den Organen unseres Körpers ausgelöst wird. Nach Vogt zerfallen die intellektuellen Elemente in Empfindungen (Wahrnehmungen) und Erinnerungsbilder. Die psychischen Phänomene zerfallen in intellektuelle und emotionale Bewußtseinsinhalte. Erstere treten in zwei verschiedenen ausgeprägten Erinnerungsformen, als Empfindungen und als Erinnerungsbilder solcher Empfindungen auf. Letztere stellen sich dem „Ich" als absolut subjektiv dar. Kann das gewöhnliche Wachbewußtsein die „Ortlosigkeit" der Gefühle nur abstrahieren, so kann man im eingeengten Bewußtsein, z. B. in der Hypnose, diese direkt beobachten.
Die Gefühlsqualitäten sind stets zu gegensätzlichen Paaren gruppiert. Sie gehen durch einen Indifferenzpunkt ineinander über, z. B. werden an Intensität zunehmende Berührungen zunächst angenehm und später unangenehm empfunden (Lust/Unlust). Sie zeigen keine Differenzierung, die derjenigen der intellektuellen Erscheinungen in Empfindungen einer Vorstellung analog wäre. Die Erinnerungsbilder zerfallen in Vorstellungen, Halluzinationen und Illusionen. Vorstellungen zeigen meist keine sinnliche plastische Lebhaftigkeit. Eine negative Halluzination bedeutet, sich anstelle eines realen Objektes Luft vorzustellen. Eine positive Halluzination das Gegenteil. Halluzinationen sind lebhafte, plastische Vorstellungen. Illusionen werden durch einen tatsächlichen Sinnesreiz ausgelöst, der jedoch nicht realitätsgerecht interpretiert wird.
Die Erinnerungsbilder werden entweder durch vorangegangene Empfindungen oder Erinnerungsbilder „assoziativ" angeregt oder aber sie treten (ohne diesen Grund) „frei" im Bewußtsein auf. Durch Selbstbeobachtung und besonders durch Bewußtseinseinengung verkleinert sich die Zahl solcher „frei" aufsteigenden Erinnerungsbilder rapide.

Manches Erinnerungsbild wird durch eine vergangene intellektuelle Erscheinung angeregt, die ihrerseits nur ganz dunkelbewußt war oder für das Wachbewußtsein nur als physiologischer Prozeß ohne emotionale Färbung existiert hat. Das Vorkommen solcher rein physiologisch bedingter Assoziationen kann auch mit Hilfe von Suggestionen direkt demonstriert werden. Dabei wird der VP einerseits suggeriert, daß bei jeder Berührung des rechten Armes in ihr die Vorstellung von roter Farbe auftauchen soll, andererseits wird ihr gleichzeitig eine Anästhesie im rechten Arm suggeriert. Bei Berührung des rechten Armes empfindet die VP die Berührung trotz darauf eingestellter Aufmerksamkeit nicht. Trotzdem sieht die VP vor ihrem geistigen Auge die Farbe rot. Die assoziativen Vorgänge selbst kommen dadurch zustande, daß die Vorstellung B, die durch die intellektuelle Erscheinung A hervorgerufen wird, mit A gewisse gemeinsame Elemente hat. Die gemeinsamen Elemente erregen dann die anderen elementaren Bestandteile von B, weil diese gesamten Elemente früher zu gleicher Zeit oder in unmittelbarer zeitlicher Folge aufgetreten waren. Solche assoziativen Verknüpfungen sind um so fester, je geringer die Zahl der momentan vorhandenen intellektuellen Elemente ist.

Die längere Wirksamkeit der Suggestion in der Hypnose beruht darauf, daß in der Hypnose der Umfang des Bewußtseins und damit die Komplexität der intellektuellen Erscheinungen eingeengt (fokussiert) ist und so länger dauernde assoziative Verknüpfungen geschaffen werden. Das Traumerleben zeigt eine ähnliche Psychologie. Der Kontrast ist eine Form, in der uns die Assoziationsprodukte entgegentreten. So wird beispielsweise eine Geschichte, die unwahr klingt, nicht geglaubt. Es kommt zur Kontrastassoziation: Die Geschichte ist unwahr. Diese Kontrastvorstellung hindert den Zuhörer daran, die Geschichte zu glauben, sie wird zur „Hemmungsvorstellung". Die VP erhält eine Suggestion und eine Kontrastvorstellung. Die Suggestion kann nicht realisiert werden - und realisiert sich dann auch tatsächlich nicht.

Beispiel: Ich will eine Handlung besonders präzise ausführen, aber die Zielvorstellung ruft die Kontrastvorstellung auf den Plan, daß es mir nicht gelingen wird, mein Ziel zu erreichen und hemmt so die Realisation der Zielvorstellung. Solche Kontrastvorstellungen spielen im Bewußtsein jedes Menschen eine wesentliche Rolle. Letztere tritt besonders dann hervor, wenn solche Kontrastvorstellungen von starken Gefühlen begleitet sind (z. B. Süchte).

Jedes Gefühl ist an eine intellektuelle Erscheinung gebunden, die das „intellektuelle Substrat" darstellt. Bei der „Ursache" meines Schreckens, meiner Ängste oder dem „Ziel" meiner Willensbetätigung handelt es sich um solche intellektuellen Substrate. Die intellektuellen Substrate brauchen, wenn ihr Gefühl im Mittelpunkt unseres Bewußtseins steht, nicht stets klarbewußt sein. Sie können dunkelbewußt sein - ja sie können sogar nur als materieller Parallelvorgang existieren. Im letzten Falle sind sie daran zu erkennen, daß sie im Zustand des geeigneten systematischen, partiellen Wachseins über die Schwelle des Bewußtseins zu heben sind. *Beispiele:* Sie treten aus einem kalten Raum in ein warmes Zimmer. Die Empfindung der Wärme zieht zunächst lebhaft Ihre Aufmerksamkeit auf sich. Gleichzeitig beobachten Sie in sich ein zunehmendes angenehmes Gefühl. Allmählich gewöhnen Sie sich an die Wärme im Raum. Die Empfindung der Wärme tritt im Bewußtsein zurück und mit ihr jenes Gefühl. Stellen Sie aber willkürlich Ihre Aufmerksamkeit auf Wärme ein, so nimmt diese Empfindung wieder an Bewußtseinsbeleuchtung zu („Dimmerfunktion"). Gleichzeitig beobachten Sie eine entsprechende Zunahme des angenehmen Gefühls. Sie hypnotisieren die VP und suggerieren ihr einen lächerlichen Traum. Während des Traumes wecken Sie die VP. Hatte der „Schlaf" eine bestimmte Tiefe erreicht, so zeigt sich die VP beim Erwachen heiter und lacht. Die VP kann nicht begründen, warum sie heiter ist. Der intellektuelle Trauminhalt ist der VP zur Zeit nicht bewußt. Engen Sie nun suggestiv das Bewußtsein der VP ein und steigern so ihre Konzentrationsfähigkeit der Aufmerksamkeit, so erkennt die VP jetzt unter gleichzeitiger Zunahme der Heiterkeit deren Ursache, d. h., sie hebt jetzt das intellektuelle Substrat der Heiterkeit über die Schwelle des Bewußtseins. Damit aber das Gefühl ohne sein intellektuelles Substrat ins Bewußtsein treten kann, muss eine Bedingung erfüllt sein, das intellektuelle Substrat muss zuvor bereits öfter im Bewußtsein gewesen sein. Ein Gefühl verändert den momentanen Erregungszustand des Zentralnervensystems (ZNS).

Diese „sekundären Innervationsveränderungen" beeinflussen den weiteren Inhalt des Bewußtseins. Dies sind die psychischen Folgewirkungen der Gefühle. Sobald sich meine Aufmerksamkeit auf eine Bewußtseinserscheinung einstellt, nimmt diese an Klarheit zu. Hierzu gehört die Tatsache, daß Heiterkeit meinen Vorstellungsablauf beschleunigt, Zorn ihn hingegen hemmt. Neben diesen „sekundären Innervationsveränderungen" gibt es die körperlichen Rückwirkungen, z. B. Änderungen in der Innervation des Blutgefäßsystems, der Atmung, des Magen-Darm-Traktes, der Muskulatur etc. Dies sind die „sekundären Organempfindungen". Es stellt sich somit der vollständige Bewußtseinskomplex eines Gefühles, bestehend aus intellektuellem Substrat, Gefühl und sekundärer Innervationsveränderung, mit ihrer psychischen Äußerung (psychische Folgewirkung und sekundäre Organempfindung) dar.

Ebenso, wie das Gefühl eine stärkere Bewußtseinsbeleuchtung als sein Substrat haben kann, kann auch die psychische Äußerung der Innervationsveränderung stark hervortreten, während das Gefühl dunkelbewußt oder gar unbewußt bleibt.

Das Gefühlspaar Aktivität/Passivität ist mehr als die anderen Gefühlspaare Ausdruck des allgemeinen Bewußtseinszustandes. Dies zeigt sich in dem Phänomen der aktiven und passiven Aufmerksamkeit. Die übrigen Gefühle bewirken, daß durch ihr Auftreten die Eigenschaften ihres intellektuellen Substrates wesentlich mitbestimmt werden. Sie stellen die Gefühlstöne ihrer intellektuellen Substrate dar. Ob ein zur Zeit noch unbewußter materieller Parallelvorgang die passive und weiterhin die aktive Aufmerksamkeit auf sich ziehen wird, hängt vor allem vom allgemeinen Bewußtseinszustand ab. Zu Zeiten, in denen das Bewußtsein frei von anderen Erscheinungen ist, schießen z. B. Erinnerungsbilder durch den Kopf oder beginnen Träumereien, die in anderen Momenten die Schwelle des Bewußtseins nicht überschreiten könnten. Es hängt besonders vom Inhalt einer Nachricht bzw. davon ab, wie ich diese bewerte, ob ich heiter oder traurig bin. Es ist in erster Linie die Intensität, die den Grad des Unangenehmen eines Schmerzes bestimmt. Ebenso liegt es vor allem in den Eigenschaften des intellektuellen Substrates, ob dieses Schrecken, Angst oder Hoffnung auslöst. Das Phänomen der Aufmerksamkeit beruht auf einer ihre Objekte ständig wechselnden Bewußtseinsbeleuchtung. Mit diesem Phänomen verbindet sich entweder das Gefühl der Passivität oder das der Aktivität. Zieht eine Bewußtseinserinnerung ihrerseits unsere Aufmerksamkeit auf sich, dann haben wir es mit der passiven Aufmerksamkeit zu tun. Richten wir unsere Aufmerksamkeit auf etwas, dann handelt es sich um aktive Aufmerksamkeit. Durch Eigenerfahrungen, eventuell durch Einengung des Bewußtseins unterstützt, gelangt man zu der Erkenntnis, daß jede Bewußtseinserscheinung auf dem Wege zur klaren Bewußtseinsbeleuchtung zunächst das Substrat der passiven und dann das der aktiven Aufmerksamkeit bildet. Die aktive Aufmerksamkeit zeigt eine stärkere Konzentration der Bewußtseinsbeleuchtung an. Keine Bewußtseinserscheinung kann klarbewußt werden, ohne gleichzeitig Substrat der aktiven Aufmerksamkeit zu sein. Die aktive Aufmerksamkeit kann sich aber nur solchen Objekten zuwenden, die zuvor solche der passiven Aufmerksamkeit gebildet haben. Zum besseren Verständnis zwei extreme Beispiele:

1. Während ich über ein Problem nachdenke, stört mich eine Schmerzempfindung. Letztere zieht zunehmend meine Aufmerksamkeit auf sich. Ich gebe nach (Wendepunkt) und die Schmerzempfindung tritt nun in den Mittelpunkt meines Bewußtseins. Anstelle des früheren passiven Gefühls ist nun das aktive getreten.

2. Ich möchte den Namen z. B. den einer Pflanze in mein Bewußtsein zurückrufen. Dabei ergibt es sich, daß bald dieses bald jenes Erinnerungsbild zunächst passiv meine Aufmerksamkeit auf sich zieht. Auf diese Weise wird es dunkelbewußt und ist dann die Veranlassung dafür, daß sich meine aktive Aufmerksamkeit diesem Erinnerungsbild zuwendet.

Die Substrate der passiven Aufmerksamkeit lenken auch hier die aktive Aufmerksamkeit. Aber die Intensität des aktiven Gefühls ist hier stärker und die Rolle der aktiven Aufmerksamkeit viel größer.

In beiden Beispielen ist die passive und aktive Aufmerksamkeit beteiligt, jedoch mit entgegengesetzten Stärkegraden. Im ersten Beispiel zwingt das Substrat der passiven Aufmerksamkeit (Schmerz) die aktive Aufmerksamkeit. Im zweiten Beispiel ist ein solcher Zwang nicht vorhanden. Im ersten Beispiel ist das Substrat der aktiven Aufmerksamkeit durch das der passiven von vornherein ziemlich eindeutig bestimmt. Im zweiten Beispiel existiert im Rahmen der direkten Erkennbarkeit eine gewisse Freiheit (verschiedene Erinnerungsbilder). Während es sich beim ersten Beispiel um die Folgewirkung einer passiver Aufmerksamkeit handelt, haben wir es beim zweiten mit der sogenannten aktiven Aufmerksamkeit zu tun. Überall, wo ein aktives Gefühl auftritt, charakterisiert es erfahrungsgemäß die Äußerungen unseres „Willens". Die durch Substrate der passiven Aufmerksamkeit angezogene, aktive Aufmerksamkeit stellt die primitivste Form einer

Willensäußerung dar. Eine solche Äußerung wird zur Willenshandlung oder zum Denkprozeß, wenn sich die aktive Aufmerksamkeit einer Zielvorstellung zuwendet und deren Realisation herbeiführt. Diese Zielvorstellungen für Willenshandlungen können nun einer ihrem Wesen nach passiven (Triebhandlung) oder aber einer aktiven Aufmerksamkeit (Willkürhandlung) ihren Ursprung verdanken. *Beispiel:* Wenn eine Beleidigung, ohne alle Kontrastvorstellungen, unmittelbar eine rächende Handlung hervorruft, so handelt es sich um eine Triebhandlung. Geht dagegen der Ausführung einer Zielvorstellung eine Auswahl unter mehreren voran, dann gehört die Realisation zur Willkürhandlung. Das heißt solche Willkürhandlungen stellen immer zusammengesetzte Willenshandlungen dar, da die Auswahl als solche eine in sich abgeschlossene innere Willenshandlung bildet. Die Vorstellungen, auf deren assoziative Wirkung die Entstehung einer Zielvorstellung für eine Willenshandlung zurückzuführen ist, nennt man „Motive".

Die Zielvorstellung der Willenshandlung enthält partielle Zielvorstellungen. Dieser komplexe Prozeß wird sich als „Bewußtseinserscheinung" um so stärker vereinfachen, je eingeübter er ist. Es handelt sich dann um „automatische Akte", die allerdings voraussetzen, daß die Zielvorstellungen bei früheren Gelegenheiten bewußt waren. Sie können sich also nur auf eingeübte Handlungen beziehen. In diesen Fällen sind bewußte Momente mehr dunkelbewußt vorhanden und bleiben deshalb eher unbeachtet. Neben den oben erwähnten Zielvorstellungen der Willenshandlungen gibt es - wobei Übergänge durchaus nicht fehlen - eine zweite Gruppe von Zielvorstellungen. Dies sind die Suggestionserscheinungen. Die Zielvorstellungen selbst werden als Suggestionen bezeichnet. Sei es, daß sie sich realisieren oder, daß sie suggestive Folgewirkungen respektive Suggestionserscheinungen nach sich ziehen oder sei es, daß sie zwar mit dieser Absicht hervorgerufen, aber ohne suggestive Folgewirkungen geblieben waren. Solche Suggestionen treten als Produkte passiver Aufmerksamkeit ins Bewußtsein. Dies geschieht dabei zum einen durch einen direkten äußeren Einfluß (z. B. Hypnose), als assoziative Folgewirkung einer Sinnesempfindung (Fremdsuggestion). Sie entstehen aber zum anderen auch aus inneren Gründen, nämlich assoziativ oder eventuell frei aufsteigend.

Die hierher gehörenden Zielvorstellungen werden ohne Zutun des Ichs realisiert. Die Suggestion enthält ein ausgesprochenes Passivitätsgefühl. Sie realisiert sich, ohne daß sich ein besonderes Gefühl der Aktivität bemerkbar macht. Die Ausführung einer Willenshandlung ist eine normale, die Realisation einer Suggestion eine abnorme Folgewirkung einer entsprechenden Zielvorstellung. Auch die Zielvorstellung einer Suggestionserscheinung kann ausschließlich als physiologischer Vorgang existieren.

Ein weiterer Faktor sind die Gefühlstöne: Die Erinnerungsbilder behalten die Gefühlstönung der entsprechenden Empfindung. Man muss dabei zwischen dem primären und den sekundären assoziierten Gefühlstönen unterscheiden. Jede intellektuelle Erscheinung hat einen primären Gefühlston; diesem können sich sekundäre assoziieren. Zwischen den intellektuellen Erscheinungen A und B ist eine enge assoziative Verknüpfung entstanden. Tritt A ins

Bewußtsein, so ruft es jetzt sofort B wach. Die Gefühlstöne von A und B verschmelzen zu einem Totalgefühl. Bei weiteren Erregungen von A kann B für das Wachbewußtsein nur noch als physiologischer Prozeß existieren. Es ist Sache der Selbstbeobachtung im eingeengten Bewußtsein, z. B. in Hypnose, ein solches Totalgefühl zu analysieren. Werden durch Assoziation hervorgerufene Gefühlstöne so stark, daß sie durch ihre sekundären Innervationsveränderungen den weiteren Bewußtseinsinhalt sowie die Muskulatur beeinflussen, so sind dies Affekte. Die Stärke der Gefühlsbetonung bestimmt die Intensität der Bewußtseinsbeleuchtung. Der Konzentration der Bewußtseinsbeleuchtung liegt dabei wohl bald eine primäre Steigerung der Erregung, bald eine Hemmung des übrigen Bewußtseinsinhaltes zugrunde. Von zwei Vorstellungen, die sonst gleich häufig und gleich lange im Bewußtsein existiert haben, wird die gefühlsstärkere lebhafter auftreten. Ein Erinnerungsbild wird also um so sinnlich-lebhafter sein, je gefühlsbetonter es ist.

Von zwei Vorstellungen, die sonst eine gleiche Chance im assoziativen Wettbewerb haben, wird die gefühlsstärkere ins Bewußtsein treten. So ist es zu verstehen, warum die Erinnerungsbilder von gefühlsbetonten Erlebnissen (z. B. Ärger) im Bewußtsein häufiger wieder auftauchen als solche von gefühlsschwachen Empfindungen (z. B. Freude). Das gesamte Bewußtseinsleben ist um so monotoner, je mehr gefühlsärmere Erlebnisse es durchgemacht hat. Willenshandlungen werden um so leichter ausgeführt, je gefühlsstärker das Motiv dazu ist. Man kann zwischen „gefühlsschwachen" und „affektstarken" Suggestionen unterscheiden. Der Realisation der gefühlsschwachen Suggestionen liegt die individuell und temporär stark schwankende „Suggestibilität" zugrunde, während die Realisation einer affektstarken Suggestion neben der Suggestibilität die spezifische Wirkung des Affektes als auslösenden Faktor aufweist.

Dort, wo gefühlsstarke Kontrastdarstellungen existieren, können diese direkt die Realisation von Willensvorstellungen und Suggestionen hemmen. Hemmung bedeutet die Herabsetzung der Erregbarkeit einer Bewußtseinserscheinung. Bei der Hemmung können zwei Stadien von Intensität unterschieden werden, das einer leichten Hemmung entsprechende „Reizstadium" und das einer tiefen Hemmung entsprechende „Lähmungsstadium". Beim Reizstadium ist die Summe der assoziativen Anregungen herabgesetzt, die „Dissoziation" (verminderte Assoziation) dominiert. Die Erregbarkeit der gehemmten Bewußtseinserscheinungen selbst ist nur so weit herabgesetzt, daß sie - wenn sie erregt wird - sogar eine abnorm intensive Erregung zeigt.

Diese Übererregung ist darauf zurückzuführen, daß die Verminderung der von dem erregten Bewußtseinselement ausgehenden assoziativen Anregungen eine „Stauung" der Erregung in dem einmal erregten Element veranlaßt. Im Lähmungszustand ist eine normal intensive Erregung der gehemmten Bewußtseinserscheinung nicht mehr möglich. Auch Schlafzustände sind in diesem Zusammenhang zu erwähnen. Die natürliche und suggestiv ausgelöste „Schlafhemmung" ist einerseits charakterisiert durch ihr plötzliches Auftreten und Verschwinden. Andererseits wird ihre Verminderung oder Aufhebung durch periphere Reize, z. B. Anrufen oder Schütteln verursacht.

Außerdem ist für die „Schlafhemmung" nur eine so weit gehende Funktionsherabsetzung typisch, daß für die stattfindenden psychophysischen Vorgänge sekundär eine hypnotische Hypermnesie möglich ist. Bei einer späteren Hypnose kann sich der Hypnotisand während eines Schlafens nicht gehörter Worte und nicht empfundener Berührungen erinnern. Das Reizstadium der Hemmung tritt uns nur im „oberflächlichen", das Lähmungsstadium im „tiefen" Schlaf entgegen. Die Schlafhemmung kann alle Bewußtseinselemente befallen: es handelt sich dann um einen „allgemeinen" Schlaf. Sind nur Teile der Bewußtseinselemente befallen, so handelt es sich um einen „partiellen" Schlaf. Im bewußtlosen Schlaf haben wir es mit einem allgemeinen tiefen, im gewöhnlichen Traumzustand mit einem allgemeinen oberflächlichen, bei hypnagogischen Halluzinationen mit einem partiellen oberflächlichen, beim Nachtwandeln mit einem partiellen tiefen Schlaf zu tun. Entsprechend der Lokalisation der Schlafhemmung unterscheidet man folgende drei Unterarten. Die partielle Schlafhemmung kann ganz diffuser Natur sein.

Sie kann lokalisiert sein, d. h. alle jene Bewußtseinselemente befallen, die in ihren physiologischen Korrelaten ein gemeinsames Zentrum bilden. Sie kann systematisiert sein, d. h. sie betrifft ein logisch verknüpftes System von Bewußtseinselementen. Der Kontrapunkt des partiellen Schlafzustandes ist das „partielle Wachsein" der nicht von der Schlafhemmung befallenen Bewußtseinselemente. Das „systematische partielle Wachsein" ist der Zustand, in dem alle die Bewußtseinselemente wach sind, die zur Lösung eines gegenwärtigen psychologischen Problems durch die Selbstbeobachtung nötig sind. Die übrigen Bewußtseinselemente sind in Schlafhemmung versetzt. Dies ist derjenige Zustand, in dem wir unsere Analysen des „eingeengten/fokussierten" Bewußtseins durchführen. Soweit Vogts Anschauungen, die wegen ihrer Wichtigkeit fast wörtlich übernommen wurden. Pawlow (1849-1939), ein russischer Physiologe, entwickelte aufgrund der Reiz-Reaktions-Verbindung die Lehre vom sogenannten klassischen Konditionieren oder respondenten Lernen. Die klassisch konditionierte Reaktion erfolgt aufbauend über wiederholte Verstärkung, d. h. durch wiederholte Paarung des konditionierten mit dem unkonditionierten Reiz. Anfänglich treten im Lernverlauf nur wenige konditionierte Reaktionen auf, die sich im Laufe der Zeit steigern, bis sie schließlich wieder abflachen. Ein Abbruch der Verstärkung durch eine alleinige Darbietung des konditionierten Reizes, ohne den unkonditionierten Stimulus, führt allmählich zum Abbruch der konditionierten Reaktion (Extinktion).

Einmal extingierte konditionierte Reize können relativ rasch wieder aufgebaut werden (spontane Erholung), wenn der unkonditionierte Stimulus über wenige Durchgänge wieder gemeinsam mit dem konditionierten Reiz dargeboten wird. Es kann zur Reizgeneralisierung kommen, wenn später beim konditionierten Reiz ähnliche Reize auftreten. Letztere können dann auch eine konditionierte Reaktion auslösen. Dies spielt unter anderem bei Phobien eine wesentliche Rolle, z. B. bei ängstlichen, schmerzgeplagten Patienten beim Zahnarzt. Allein dessen weißer Kittel oder nur der Gedanke daran oder das Arztschild können Angst sowie innere und äußere Spannungsgefühle hervorrufen. So wie Pinkerton (1982) glauben auch andere Autoren, daß die meisten Verhaltensweisen, die emotionale Prozesse beinhalten, durch konditionierte Reize hervorgerufen werden, d. h. respondent sind. Bei vielen Epileptikern treten vor dem Anfall Vorboten (Aura) auf. Gelingt es, diese Aura „abzufangen", so kann ein nachfolgender Anfall verhindert werden. Die sensorische Aura, z. B. schlechter Geschmack, Geruch (unkonditionierter Reiz) kann mit einem neutralen Reiz, z. B. Uhrarmband, gepaart werden. Nach einiger Zeit kann der Anblick des Armbandes (konditionierter Reiz) eine Kontrolle der Anfälle ermöglichen.

Dies gehört zur sogenannten Ankertechnik. Mit der Gegenkonditionierung wandte Wolpe (1958) eine andere Methode an, die auf dem Prinzip der reziproken Hemmung beruht. Wird in Anwesenheit eines angstauslösenden Reizes eine damit inkompatible Reaktion evoziert, so schwächt sie die Verknüpfung zwischen diesem Reiz und der Reaktion, die Assoziation wird gehemmt. Entspannungsverfahren, wie das autogene Training, das progressive Relaxationstraining nach Jacobsen (1938) oder das Biofeedback-Verfahren und die Hypnose, zählen zu den meistverwendeten Gegenkonditionierungsmethoden. Im Zustand der Hypnose lassen sich neben Entspannung auch Vorstellungen suggerieren, die vom Patienten im Alltag zur Gegenkonditionierung eingesetzt werden können. Einem Patienten, der z. B. Schmerzen in der rechten Hand hat, kann unter Hypnose suggeriert werden, daß seine Hand, wenn sie weh tut, in klares, kühles, erfrischendes Wasser gelegt wird. Die Gegenkonditionierung in Hypnose eignet sich gut bei Patienten mit chronischen Schmerzen, akuten Verbrennungen sowie bei Zuständen, denen ursächlich eine Verspannung zugrunde liegt. Die Prinzipien und Konzepte des operanten Lernens gehen auf Skinner (z. B. 1938) zurück. Er betonte, daß komplexe Verhaltensweisen nicht ausschließlich durch Reize ausgelöst werden, sondern daß viele Verhaltensweisen als sogenannte „Wirkreaktionen" (operantes Verhalten) zu klassifizieren sind. Für diese sind keine erkennbaren auslösenden Reize vorhanden. Der Organismus führt sie von sich aus „willentlich" durch, um auf seine Umgebung verändernd einzuwirken.

Die Häufigkeit einer operanten Verhaltensweise ist allein von den umweltbedingten Konsequenzen abhängig, die als verstärkende Reize definiert werden. Zu den positiven Reizen gehört unter anderem die Belohnung, während die Bestrafung zu den negativen Reizen zählt. Letztere führen meist schnell zur Beendigung des Verhaltens. Folgt ein Verstärker unmittelbar auf ein operantes Verhalten, bezeichnet man diese Beziehung als „Kontingent". Kontingente Verstärkerbeziehungen sind wichtige Vorbedingungen für einen raschen Lernprozeß. Die „Löschung" (Extinktion) erfolgt durch das Ausbleiben von Verstärkern. Verhaltensweisen, die zu einer unregelmäßigen Verstärkung führen, sind demzufolge gegen Löschung sehr resistent und können nur schwer verlernt oder modifiziert werden. Bei alltäglichen Verhaltensweisen und vielen verschiedenen Erkrankungsformen und Störungen interagieren operantes und respondentes Verhalten. Bei chronischen Substraten sind beide Mechanismen beteiligt. Nozizeptive Reize verursachen respondente physiologische Schmerzreaktionen, z. B. die

Erhöhung des Blutdrucks oder der Herzfrequenz und die Erzeugung von Aversionsgefühlen. Durch operante Verhaltensweisen, z. B. durch Klagen, Schonen, Arztbesuchen, Bitte um Rücksichtnahme durch Familie oder Partner, versucht der Betroffene sich Erleichterung zu verschaffen. Operante Strategien können zum Aufbau gesundheitsfördernder Verhaltensweisen oder zur Modifikation krankheitsfördernder Verhaltenweisen herangezogen werden. Für diese Strategien bietet sich auch die Hypnosetherapie an, z. B. Analgesie-Suggestionen, psychagogische Führung. Neue Verhaltensprogramme können im hypnotisierten Bewußtseinszustand - quasi als „Trockentraining" - eingeübt werden. Die verhaltenstherapeutischen Therapiemethoden sind mit der Hypnotherapie sinnvoll kombinierbar.

In den 40er und 50er Jahren vertrieb eine Nürnberger Firma einen Apparat (Hypnoskop), wodurch bei jedem Menschen eine Heilhypnose (ohne Hynotiseur) durchgeführt werden konnte. Dem Hypnotisanden wurde eine Haube über den Kopf gestülpt. Der Patient fixierte das Auge eines auf dem Haubenboden sichtbaren Bildes eines theoretischen Hypnotiseurs, der von magischen und heilsamen Neonnebeln umflossen war. Dabei lief von Platten oder Tonbändern ein festgefügter Hypnosespruch ab.

Kretschmer (1943, 1946) versuchte, die Hypnose aus ihrer etwas veralteten Atmosphäre und der Unzulänglichkeit ihrer Technik zu befreien. Er zeigte, daß die Hypnose aus einer Reihe wohlcharakterisierter Mechanismen besteht, die, wenn sie richtig abrollen, den hypnoiden Zustand fast automatisch herbeiführen, so daß dann für die Suggestion selbst nicht mehr Raum übrigbleibt, als bei jeder wichtigen zwischenmenschlichen Beziehung. Dies hänge mit den „Schiefheiten der Suggestionstheorie" zusammen. Kretschmer kritisierte den Therapieansatz der Neurosenlehre. Seiner Meinung nach beruht der hypnoide Zustand auf folgenden Punkten:

1. Eine tiefe Entspannung der willkürlichen Muskulatur tritt ein.
2. Die vegetativen Apparate entspannen sich mit der Umstellung auf die vagische „Sparbrennwirkung".
3. bei passiver Haltung entleert sich das Bewußtseinsfeld, bedingt durch zunehmende Abblendung und Einengung. Voraussetzung dafür ist vor allem die Abblendung aller lebhafteren und arrhythmischen Sinnesreize und inneren Denkvorgänge, während das Hypnoid durch schwache, einförmige und rhythmische Sinnesreize gefördert wird.
4. Der optische Apparat, speziell bestimmte Zustände der Augenmuskeln, ist dabei von besonderer Bedeutung.
5. Es kommt zur „Somatisierung" des Bewußtseinsfeldes, d. h. zur Einengung auf die Innenerlebnisse des eigenen Körpers. Die Versuchsperson gleitet passiv fühlend in ihr Körpererlebnis, wie dies Schultz (1952) ausgedrückt hat. Bei der von ihm entwickelten „gestuften Aktivhypnose" lagen klare Forderungen zugrunde. Angefangen vom Verzicht auf suggestive Einkleidung, über die Aufspaltung des Hypnosevorganges in seine Einzelmechanismen sowie den progressiv gestuften, streng methodischen Aufbau derselben, bis hin zum - für den Patienten - grundsätzlich in Form von aktiven Übungen stattfindenden Ablauf. Schematisch setzt sich die

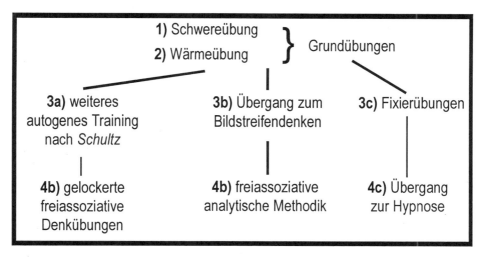

Abbildung 4: *Gestufte Aktivhypnose (nach Kretschmer 1946)*

gestufte Aktivhypnose, wie in Abbildung 4 veranschaulicht, zusammen. Als Grundübung werden zunächst eine Schwere- und eine Wärmeübung (wie im autogenen Training) durchgeführt. Von diesen Grundübungen aus können drei verschiedene Verfahren weiter entwickelt werden:, nämlich die Endführung, als autogenes Training, nach Schultz: entspannend, konzentrativ, kontemplativ, der Übergang zum „Bildstreifendenken" und die Fixierübung vom „Bildstreifendenken" (3b) steht der Übergang zur (vgl. 4b) gelockerten, frei assoziativen Denkübungen oder zu (vgl. 4b) frei assoziativen analytischen Methodik offen. Von den Fixierübungen (vgl. 3c) aus kann (vgl. 4c) der Übergang zur Hypnose erfolgen.

Skoog modifizierte 1951 die Lindbergsche Methode der Entspannungsbehandlung (nach Sidis und Schultz), indem er sich eines auf faradischen Strom eingestellten Pantostaten bediente. Der Patient mußte sich auf dessen Summton konzentrieren. Der faradische Strom konnte auch als taktiler Reiz eingesetzt werden. Zu Therapiebeginn wurde oft ein Hypnotikum intravenös appliziert. Es wurde etwa über drei Wochen jeden zweiten Tag behandelt. Mit Hilfe der „Faradohypnose" konnten vegetative Störungen günstig beeinflußt werden, die Methode griff jedoch kausal nicht an.

Klumbies entwickelte die Ablationshypnose (vgl. Klumbies 1952), d. h. die kunstgerechte Weiterführung einer Hypnosetherapie, ohne direkte Anwesenheit des Hypnotiseurs, über deren Beginn Wetterstrand 1896 berichtete (über ihren Ausgang berichtete Wetterstrand leider nichts mehr). Es können spontane Trancezustände entstehen, z. B. beim zufälligen Blick auf einen Gegenstand (Fixationsmethode). Diese Form der Hypnose ist nicht an das Dabeisein des Hypnotiseurs gebunden und bietet sich auch an, wenn der Patient sehr weit von der Arztpraxis entfernt wohnt oder den Hypnotherapeuten aus anderen Gründen nicht regelmäßig aufsuchen kann.

Dadurch wird der Patient von der räumlich-zeitlichen Bindung an den Arzt gelöst. Die Ablationshypnose kann, als vorläufige Hilfe, per Telefon erfolgen, z. B. bei akuten Schmerzzuständen (Trigeminusneuralgie u. a.). Der Patient setzt sich hin, eine Hilfsperson muss den Telefonhörer halten (bei der heutigen Telefontechnik kann die Stimme des Hypnotiseurs über einen zweiten Lautsprecher verstärkt werden und der Patient kann seine Sprechmuschel per Halterung am Hals tragen). Anhand der Atemfrequenz hört der Hypnotiseur, ob der Patient seinen Suggestionen folgt. Die „Telefonhypnose" ist nicht an vorher Eingeübtes gebunden. Die eigentliche Form der Ablationshypnose geschieht heute per Tonband, eventuell auch per Videoband. Es empfiehlt sich, dem Patienten vor Beginn der Ablationshypnose die „Sperrsuggestion" zu vermitteln, so daß ihn vorerst niemand anderer hypnotisieren kann, ausgenommen der jetzige Hypnotherapeut.

Die Desuggestion (Wecksuggestion) muss, wenn der Patient alleine zu Hause wohnt, auf der gleichen Kassettenseite sein wie die Hypnoseinduktion. Gleichartige Wortreize fördern das Einschleifen von bedingten Reflexen (s. o.). Der bedingte Reflex kann durch entsprechende Suggestionen und Textveränderungen alle sechs bis acht Wochen vollständig unterdrückt werden. Zur Entwicklung der Ablationshypnose ist eventuell ein Fixationspunkt im Zimmer notwendig. Nach meinen Erfahrungen genügt jedoch eine Verbalsuggestion vollständig.

Die Gefahr eines Fixationspunktes kann in einer Spontanhypnose des Patienten liegen, wenn dieser per Zufall auf den Fixationspunkt blickt. Klumbies fertigte deshalb besondere farbige Figuren auf einer Tafel, als Fixationsobjekte, an. Die bedingt reflektorische Selbsthypnose verlief wie folgt: Der Patient fixierte zunächst die Farbtafel. Danach folgten die Stadien der Somnolenz (Augenschluß) und der Hypotaxie. Bei letzterer fiel dem Patienten die Farbtafel aus den Händen, die dann ebenso wie der Kopf (beim Sitzen) herabsanken, woraufhin das somnambule Stadium eintrat. Nach einigen Atemzügen meinte der Patient: *„Die Schmerzen sind weg ... nicht der leiseste Schmerz ist mehr da ... im Gegenteil ... volles Wohlbehagen erfüllt mich zunehmend ... erfüllt mich jetzt."* Das letzte Wort „jetzt", war das Stichwort dafür, daß der Patient nach vier Atemzügen die Augen wieder aufschlug. Im Wachzustand war ihm nichts darüber bekannt, daß er und was er im somnambulen Zustand gesprochen hatte.

Die Ablationshypnose macht deutlich, daß Hypnose die Leistung des Patienten/Klienten ist und nicht die des Hypnotiseurs. Ein Nachteil ist die fehlende Steuerbarkeit während der Hypnose bzw. ein eventueller Mißbrauch bei leicht suggestiblen Personen durch unqualifizierte Hypnotiseure. Die Ablationshypnose ist eine therapeutisch wirksame, bedingt reflektorische Selbsthypnose mit spezieller Formel und Hilfestellung. Schmitz kritisierte 1957, daß weder Pawlow noch Bernheim das eigentliche Geschehen während der Hypnose und bei den Suggestionen erklären könnten; weder die rein physiologische noch die rein psychologische Auffassung seien hierzu in der Lage. Nach Schmitz kann eine Suggestion nur im Unbewußten wirken. Sie besteht also in einer Neu- oder Umbildung einer „unbewußten Vorstellung" (UbV). Dafür sei gerade die

Ablationshypnose ein Beweis. Im Tierversuch bewies Metalnikow (Pawlowsche Schule) diese Schlußfolgerung. Er immunisierte Versuchstiere mit bakteriellen Antigenen. Dabei wurde während der Injektion ein bestimmter Trompetenton geblasen. Nach der Beendigung der Injektionen sank (wie immer) der Antikörpertiter im Serum des Versuchstieres langsam ab. Wurde derselbe Trompetenton danach wieder geblasen, dann stieg der Titer - ohne Injektion - wieder an. Auf dieselbe Weise erzeugte Thorsen suggestiv einen echten Insulinschock, mit einer Blutzuckersenkung um ein Drittel. Es wurde hierbei durch Suggestion, in tiefer Hypnose, eine Überproduktion von Insulin im Körper der Versuchsperson induziert. Die Versuchsperson erlebt in ihrer hypnotischen Zurückversetzung alles damalige nicht in Gedanken, sondern plastisch wieder und zwar mit derselben Frische und Lebendigkeit, d. h., sie empfindet ihre einstige Sinnesempfindungen genau so wieder, wie sie diese in jener Situation gesehen und gefühlt hat. Diese Empfindungen müssen also die ganze Zeit über als UbV schlummernd weiter existiert haben. Die Empfindungsfähigkeit und das Gedächtnis gehören zu den Grundfunktionen des lebenden Zellprotoplasmas . Schmitz kam zu dem Schluß, daß die Suggestion nicht über die Gedanken, sondern am Bewußtsein vorbei ins Unbewußte geleitet wird und ihre Wirksamkeit nur dort entfaltet.

In der menschlichen Psyche stehen sich zwei Bereiche gegenüber, das urtümliche Unbewußte auf der einen und das kunstvoll Gezüchtete des Bewußtseins und des Denkens auf der anderen Seite. Beide werden nur durch die Verknüpfung der UbV, des Wortklanges mit den Impressionen des Erlebens, zusammengehalten. In jeder Zelle des Organismus ist eine unbewußte Vorstellung ihrer speziellen Funktion vorhanden. Wir können von einer „Choreographie der Embryogenese" sprechen! Schmitz kritisiert die Anschauungen Freuds und seiner Nachfolger und vergleicht die Urwirkung der Hypnose mit der des Urans. Klumbies und Kleinsorge bestätigten Schmitz sachlich angeführte Experimente, nicht jedoch seine Schlußfolgerungen.

Hammerschlag schrieb 1957: *„Freud, und mit ihm zahlreiche Analytiker, haben die Hypnose abgelehnt, weil sie - ihrer Meinung nach - ein rein passives Verhalten ist und die gesamte Heilungsarbeit dem Therapeuten überläßt. Die Abneigung der Psychoanalyse gegenüber der Hypnose beruht offenbar auf irrigen Vorstellungen über deren Voraussetzungen und Auswirkungen. Die Hypnose hat auch heute noch neben der analytischen Arbeit ihre volle Berechtigung und ihren großen, unersetzlichen Wert. Keine Methode kann, totalitäre Rechte für sich beanspruchen."*

Langen (vgl. 1961a) empfahl einen Leitsatz nach der Generalisierung von Schwere - Wärme - Ruhe zu imaginieren, z. B. *„Selbstvertrauen gibt Halt ... macht zufrieden!"* - *„Gleichgültigkeit schafft Abstand!"* oder *„krankhafte Erscheinungen machen durch Mut und Selbstvertrauen gleichgültig!"* (Gesetz der formelhaften Verkürzung). Er sah die Vorteile der gestuften Aktivhypnose (Kretschmer) durch die „Zweigleisigkeit", nämlich durch die Vertiefung der Entspannungswirkung, durch Trainingscharakter (a) und durch die Verbreiterung des Indikationsbereiches gegeben, da die Analyse parallel zu (a) verwendet wird. Langen hielt diese Methode auch bei Patienten für anwendbar, die auf Hypnose im alten Stil nicht angesprochen hatten, z. B. Zwangsneurotiker. Auch stationär sei - nach Ansicht von Langen - dieses Vorgehen mit Phenothiazinen, als Schlafkur, gut kombinierbar, weswegen er sich bei der Behandlung von Suchterkrankungen, sexuellen Perversionen, Potenzstörungen, Zwangskranken, chronisch Schmerzkranken, Organneurosen, Schlafstörungen bzw. hypnose-refraktären Patienten dafür aussprach. Völgyesi (z. B. 1962, 1963) beurteilte die Hypnose, unter verhaltenstherapeutischen Aspekten, im Sinne von Pawlow (s. o.). Er kritisierte auch die Sichtweise der Freudianer und Neo-Freudianer. Unter Hypnose versteht Völgyesi jeden Phasendynamismus, der sich zwischen Wachsein und Schlaf realisiert. Hypnose sei ein anderer Begriffs- und Erscheinungskreis als Suggestion.

Da jedoch beide ihre Bedeutung und Wirkung gegenseitig stark erhöhten, sei es angebracht, von „hypnosuggestiven Gesetzmäßigkeiten" zu sprechen. Sie könnten als „heilendes Schweigen" Konflikte der Vergangenheit zudecken. Es käme mittels Gleichgewichtsherstellung bei „kortikopsychischen Dekompensationen", im Geiste der aktiv-komplexen Psychotherapie, zur generellen Umschaltung und dauernden formativ-strukturellen Umstellung des Organismus, der sogenannten „Perestrojka psychoemotionalnaja" (Gesamtumstimmung, Gesamtumstellung). Der iatropsychologische Reizeffekt kann positiv oder negativ sein. Der Therapeut muss sich deshalb in seiner psychotherapeutischen Technik jederzeit den „intraindividuellen", sich von Moment zu Moment ändernden, nerventypologischen Konstellationen des Kranken anpassen. Unter Paradoxie versteht Völgyesi die Erscheinungen, bei denen schwache Reize starke und starke Reize schwache psychosomatische bzw. somatopsychische Reaktionen hervorrufen. Beispielsweise können „sanfte" Verbalsuggestionen des Hypnotiseurs intensive kortikoviszerale Folgen haben. Ultraparadoxien sind Erscheinungen, bei denen die inadäquaten psychosomatischen bzw. somatopsychischen Antwortreaktionen ein entgegengesetztes Vorzeichen haben, z. B. „Süßigkeiten haben einen bitteren Geschmack" oder „Schlafmittel machen munter." Völgyesi empfahl für die „große" und „kleine" Psychotherapie, die Hypnose zu erlernen.

Kleinsorge (vgl. 1948, 1949, 1961) entwickelte mit Klumbies die Ablationshypnose mittels einfacher Signale und Sprechwiedergabeapparaturen bzw. bloßer Erinnerung. Dies geschah unabhängig von Salters Autohypnose. Salter machte sich 1944 als einer der ersten maßgeblichen Autoren in den USA wieder frei von der psychoanalytischen Auffassung, daß Hypnose eine künstlich ausgelöste Hysterie sei und der Hypnotiseur zwangsläufig vom Patienten mit einer Elternfigur identifiziert werde. Klumbies und Kleinsorge untersuchten die Hypnoseeinwirkung auf das EKG (vgl. dazu auch Hautkappe und Bongartz 1990). Sie kamen unter anderem zu folgender Beurteilung: Durch psychischen Einfluß (Suggestion z. B. von Wut, Ekel, Sehnsucht, Schreck, Liebe, Schmerz, Freude) ändert sich die Reizbildung am Herzen sowie die Vorhofkontraktion, die Erregungsausbreitung in den Kammern, der Erregungsrückgang, die Glykogensynthese und die

Koronargefäßweite, ferner die Atemfrequenz, der Atemtyp und die Restluft. Die Hypnotherapie eignet sich auch zur Behandlung des Kardiospasmus. Kleinsorge und Klumbies waren Anhänger der Pawlowschen Lehre vom bedingten Reflex. Stokvis (z. B. 1943, 1956, 1961) definierte die Hypnose als Äußerung des gemeinsamen Einflusses von Hetero- und Autosuggestion. In diesem Zustand werden Bewußtsein, Denken, Gefühlsleben, Willensleben und Psychomotorik verändert. Er beurteilt die Hypnose aus analytischer Sicht und schreibt 1938: *„ Die Hypnose ist nicht die Methode, welche wir als verantwortlich für unsere therapeutischen Erfolge betrachten, sondern die Persönlichkeitsstruktur des Arztes, welche auf diejenige des Patienten passen muss wie der Schlüssel zum Schloß und die ihm die Tore der Genesung aufschließen soll. "*

Stokvis (1961) betrachtete die Hypnose nicht als eine Methode an sich, sondern als eine mögliche Ergänzung aller anderen Methoden. Sie sollte jedoch nicht bei der Psychoanalyse angewandt werden. Schultz wies 1958 darauf hin, daß schon Esdaile 1848 u. a. große Operationen mittels reiner Hypnose durchgeführt hatten (hypnotische Anästhesie). Ein Blick auf die „psychosomatischen" Publikationen der letzten Jahrzehnte zeigt - von einzelnen Ausnahmen einmal abgesehen - daß die Veröffentlichungen zum Themenbereich der psychoanalytischen Neurosenauffassung und Psychotherapie überwiegen. Es ist daher sehr begreiflich, daß die ein gutes Jahrhundert ältere Hypnotherapie zum Kinde ihres Urenkels, der „Tiefenpsychologie", gemacht wird, während historisch die Dinge umgekehrt liegen. Man fängt überall an einzusehen, daß Psychotherapie keineswegs ein Synonym für Psychoanalyse ist. Sie erfordert im Gegenteil die Anwendung aller psychologisch erarbeiteten Methoden der menschlichen Heilkunde. **Mit Hypnose und autogenem Training sollten nur Therapeuten arbeiten, die die Technik aus qualifizierter Quelle erworben haben und unter anderem über Grundlagen in der Neurosenlehre sowie über psychiatrische Kenntnisse verfügen.**

Im Jahre 1961 gründeten 26 Staaten die Internationale Gesellschaft für Klinische und Experimentelle Hypnose. Zu dieser Gesellschaft gehört auch die Deutsche Gesellschaft für Ärztliche Hypnose und Autogenes Training.

Zum damaligen Zeitpunkt gab Stokvis einen Überblick über die Hypnose bzw. über die allgemeine Psychotherapie. Hinsichtlich der Hypnosetheorie blieb dieselbe Problematik, das hypnotische Geschehen in eine einzige Theorie zwingen zu wollen, bestehen.

So versuchte beispielsweise Völgyesi die Hypnose lediglich neurobiologischen Abläufen zuzuordnen. Genauso einseitig ist es, die Hypnose lediglich psychoanalytisch erklären zu wollen. Es sind nur vielfältige, sich ergänzende Auffassungen gültig, da die Hypnose den gesamten Menschen erfaßt. Der argentinische Präsident der Gesellschaft, Lerner, empfahl 1960, *„die Summe der organischen Veränderungen, die der psychischen Aktivität unterliegen",* als „Psychotherapie" herauszuheben, wobei besonders psychomotorische Abläufe im Mittelpunkt stehen (vgl. Schultz 1961). Weitzenhoffer schlug 1958 zu Recht vor, die Bereitschaft und Fähigkeit zur Annahme von Investitionen als „Suggestibilität" von der Fähigkeit, hypnotische Zustände zu etablieren, der „Suszeptibilität", grundsätzlich zu trennen. Er übte berechtigte Kritik an der unkritischen Überbeanspruchung des Begriffes „Suggestion" (vgl. Schultz 1961). Braid nannte diesen Zustand „afficirt". Leuba, Barber u. a. postulierten eine umfassende Hypnosetheorie. Sie wiesen darauf hin, daß die Willigkeit und Fähigkeit, sich mit guter Konzentration den Anregungen des Versuchsleiters hinzugeben sowie ausreichende Phantasie und Darstellungsbegabung wichtige Momente für die Hypnotisierung darstellen. Die Bedeutung der organismischen Umschaltung ist deutlich hervorgehoben (vgl. Schultz 1961). Morris und Gard veröffentlichten 1959 introspektive Experimente.

In den 50er und 60er Jahren wurden neurophysiologische Untersuchungen, z. B. das Elektromyogramm (EMG), unter Hypnosebedingungen (z. B. Montserrat) durchgeführt. Auch die Beziehung zwischen Hypnose und Entspannung wurde untersucht (z. B. Wolffenbüttel, Horney, Kelman und Schultz 1961). Für die Technik der Hypnose sind die Arbeiten von Erickson (vgl. S. 66) richtungsweisend. So zum Beispiel auch die Arbeit mit Widerständen, wobei der Widerstand unterstützend wirkt. In den USA wurde zur Prüfung der „Suggestibilität" der „Fallversuch" (swaying test) benutzt sowie die von Erickson ausgearbeitete „Levitationsmethode". Bei letzterer wird einer sitzenden Versuchsperson das selbständige Heben eines Armes und - beim Berühren des Gesichtes - das Einschlafen suggeriert. Das „Arm-Erlebnis" ist als partielle Somatisierung anzusehen. Schneider konstruierte ein „elektronisches Hypnotisierungsinstrument". Dabei läßt ein Hirnwellensynchronisator für die Versuchsperson, im gleichförmigen Rhythmus, ein Blinklicht aufleuchten. Stimmt dieser mit dem der Hirnwellen überein, so kommt es zur Hypnotisierung. Bei diesem Versuch handelt es sich um eine reflexhafte Bindung der Hypnotisierung an einen peripheren Reiz.

Diese Versuchsanordnung birgt Gefahren in sich, da unter ähnlichen Bedingungen eine Spontanhypnose einsetzen kann. Schultz berichtete, daß er 1909 ein auf einen Lichtstrahl „dressiertes Medium" sah. Versuche mit der „Flimmertechnik" machte Luys schon in den 80er Jahren des vorigen Jahrhunderts, mittels eines durch rotierende Spiegel reflektierten Lichtstrahls. In Argentinien durften 1959 nur approbierte Ärzte und Zahnärzte die Hypnose ausüben, andernfalls drohte ihnen eine gerichtliche Verfolgung. An klinischen Erfolgsmitteilungen bezüglich der Wirksamkeit der Hypnose sind unter anderem ein hypnotisch hervorgerufener, absoluter Herzstillstand, bei einem früher unter Adam-Stokes-Anfällen leidenden Patienten (vgl. Raginski), die Besserung des Dumpingsyndroms (Bonello) sowie die Besserung eines Manikers, der zuvor mit Elektroschocks behandelt wurde, durch weitere hypnotische „Pseudo-Schocks" (vgl. Scharfer), die Ruhigstellung bei Hyperthyreosen (vgl. Power) sowie die Erfolge bei jungen Rechtsbrechern (vgl. Mellor) zu nennen. In einem buddhistischen hypnotischen „Trainingszentrum für Konzentration und Gedächtnis" gelang es einem 18- und einem 20jährigen Kriminellen, mit doppelseitigem Augapfelschwund bzw. aufgesetztem Augenverschluß, in tiefer Trance, mit der Wangenhaut zu sehen und zwar links besser als rechts. Kuhn Vichit Sukhakara erklärte sich dieses Phänomen 1960 so, daß Trigeminuserregungen der Wangenhaut zur Sehrinde geleitet werden könnten. Mayberg und seine Mitarbeiter konnten 1984 bei Katzen die Existenz von nervalen Projektionen des Nervus trigeminus zu den Arterien des Circulus arteriosus beweisen. Moskowitz formulierte 1984 eine hypothetische trigemininovaskuläre Kopfschmerzpathogenese (vgl. obige Daten in Schultz 1961). Nach neueren Forschungsergebnissen (vgl. Elepfandt 1987) verfügen auch manche Blinde über eine rudimentäre Sehfähigkeit („Blindsicht"). Dies hängt mit den anatomischen Eigenarten des Sehsystems zusammen.

Das sogenannte „alternative Sehsystem" beginnt kurz nach der Sehbahnkreuzung (Chiasma), indem es Seitenäste zum Colliculus superior abzweigt und zwar zu einem Kerngebiet des zum Hirnstamm gehörenden Mittelhirns. Dieses Gebiet, das sogenannte „optische Tectum", stellt bei allen Wirbeltieren - außer der Klasse der Säuger - das zentrale visuelle Wahrnehmungssystem dar. Eine Sehbahn, von der Retina über das Corpus geniculatum zum Kortex, ist hier nur in Ansätzen zu erkennen. Im Gehirn gibt es parallele Verarbeitungszentren. Eines für die Ortung und eines für das Erkennen optischer Eindrücke. Beide Systeme arbeiten im gesunden Gehirn zusammen. Diese Ergebnisse sind für jene Menschen bedeutsam, die eine Schädigung hinter der Sehbahnkreuzung (Skotoma: völlige Erblindung) erlitten haben. Sie können mit Hilfe des sogenannten alternativen Sehsystems die Quelle eines Lichtreizes im Raum bestimmen. Das tektale optische System kann bedingt Muster erkennen. Vielleicht bietet die Hypnotherapie eine Möglichkeit des gezielten tektalen Sehtrainings. Eventuell läßt sich mit dieser Möglichkeit auch das „Sehen" der Jugendlichen im buddhistischen Trainingszentrum (s. o.) erklären.

Braid wies auf die hochgradige Sinnesschärfe im ersten Hypnosestadium hin, durch deren extreme Verfeinerung die vermeintliche Fähigkeit des Hellsehens (auch mit anderen Körperteilen als den Augen) erklärt werden kann. Einige Patienten können in einem solchen Zustand die Form von Gegenständen angeben, die eineinhalb Zoll von der Haut entfernt, an den Nacken, Scheitel oder Arm, an die Hand bzw. an andere Hautstellen gehalten werden. Dies vermögen sie aber durch das Gefühl. Die außerordentlich gesteigerte Empfindlichkeit der Haut versetzt sie in die Lage, die Form des Objektes anhand der Abkühlung oder Erwärmung der betreffenden Hautstelle zu erkennen (Preyer 1889).

Schultz schrieb 1952: *„Das Problem der Innenschau führt in unmittelbare psychoanalytische Betrachtungsweise. Die Bearbeitung von psychoanalytischer Seite zeigt eine ungerechtfertigte Minderbetrachtung der biologisch-physiologischen Zusammenhänge und der Tatsachen der physiologischen Psychologie."* Freud war wenigstens noch Neuropathologe und hatte „organische" Kenntnisse. Im Vorwort zur vierten Auflage der „Hypnose-Technik" schrieb Schultz 1959: *„... Möge auch diese Auflage dazu dienen, der aktiv-klinischen organismischen Psychotherapie, die allein für den beschäftigten Allgemeinpraktiker und Facharzt anderer Gebiete in Frage kommt, neben der heute oft einseitig überheblich, als allein wesentlich geschildert mentalen, insbesondere psychoanalytischen Therapie, den gebührenden Platz zu sichern."* Schultz glaubte, daß die Hypnose zustande käme, wenn eine „Wir-

Bildung" erzeugt werde. Er empfahl eine Dosierung der Hypnosetherapie nach Dauer und Tiefe der Einzelhypnose sowie nach der Häufigkeit der Hypnosen. In „schweren Fällen" schlug er rund 36 Sitzungen vor, die anfangs zweimal täglich stattfinden sollten und dann auf ein- bis dreimal wöchentlich bis hin zu einmal monatlich reduziert werden sollten. Wichtig sei die Form der Suggestion, d. h. die „Redaktion" der Suggestion. Jede Suggestion sollte tatsachenhaft, eindringlich im Präsens der Realität und mit anschaulicher Leibhaftigkeit gestaltet und zum echten, produktiven Eigenerlebnis werden. Mohr wies darauf hin, daß im allgemeinen zwischen Schnelligkeit und Dauerhaftigkeit hypnotischer Heilwirkung ein umgekehrt proportionales Verhältnis besteht. Exakte klinisch-physiologische Untersuchungen zeigten, daß alles funktionelle Geschehen des lebendigen menschlichen Organismus hypnotisch abstimmbar ist. Es ergibt sich daher prinzipiell eine ungeheuer ausgedehnte Wirkungs- und Verwendungsmöglichkeit der Hypnose.

Sie besitzt die größte therapeutische Plastizität auf psychisch-mental-somatischem Gebiet und ist transkulturell. Die Einwilligung der Versuchsperson ist für alle Experimente in Fremdhypnose notwendig. Gegen den Willen der Versuchsperson ist nichts möglich. Ein gewisser „koketter" Negativismus (vgl. Prengowski 1916, zitiert in Schultz 1952) kann verkannt werden. Der Psychiater Erickson (1901-1980), der zeitlebens an den Folgen seiner Kinderlähmung litt, ging der Lösung der transzendentalen Fragen nicht nach (er war Methodist), da diese definitiv nicht beantwortbar waren. Für viele Konzepte der Familien-, Psycho- und Hypnotherapie wird er als Katalysator anerkannt. Die wichtigsten Elemente seiner Lebensphilosophie waren: *„Bleib in Bewegung, tu etwas, entwickle deine Fähigkeiten, lerne, als Folge davon wirst du Freude am Leben finden."* Sein Werk ruht auf vier Säulen, der Nutzbarmachung des Klientenverhaltens (Utilisation), der Anwendung indirekter Führungstechniken (Metapher, Geschichten), dem Prinzip der strategischen Therapie (Pacing, Leading) und der Grundregel eines naturalistischen Ansatzes. Er geht kunstvoll mit den sogenannten „Widerständen" des Patienten um. Die Grundzüge seiner Hypnoseauffassung sind in Tabelle 1 (vgl. S. 53) dargestellt.

Kurz gesagt ist das Unbewußte, von dem Erickson spricht, die Summe all jener Hirnprozesse, die allgemein mit der nicht dominanten Hemisphäre assoziiert werden. Weiterhin die automatisierten, nicht bewußten Muster der Wahrnehmung, Handlung und Imagination, die das Resultat eines wohl konditionierten, sensomotorischen, ideomotorischen Lernprozesses darstellen. Diese nicht dominanten Verhaltensmuster liefern viel Material für die therapeutische Erfahrung einer Problemlösung, die dem Patienten im normalen Wachbewußtsein nicht zugänglich ist oder war. Früher wurde durch den autoritativen Ansatz in der Hypnose die Macht des Therapeuten in den Vordergrund gestellt und das Unbewußte des Patienten/Klienten wie ein passiver Pflanzboden behandelt. Bei den standardisierten Ansätzen ging man eher von der Annahme aus, daß hypnotische Antwortbereitschaft (responsiveness) bestimmt sei durch bestehende Charaktereigenschaften oder Fähigkeiten des Hypnotisierten. Beide Ansätze stimmen darin überein, daß

A) Normalzustand = diffuse Aufmerksamkeit

1. Therapeutischer Rahmen	2. Therapeutische Grundannahmen	3. Erleichtern
a) Vorerfahrungen b) aktuelles Befinden c) Erwartungen, Ziele d) Beziehung geht über Technik e) störendes Verhalten als Ausdruck von zu wenig Handlungsalternativen	a) die Trance macht der Klient b) Widerstand bewirkt eine Botschaft, daß ein Angebot nicht stimmt c) jede Person ist ein unverwechselbares Individuum	a) Pacing und Leading b) Kongruenz von Form und Inhalt c) sehen, hören, fühlen d) Präsenz e) weiche Formen f) Ja-Haltung/ Yesset g) so vage wie nötig, so spezifisch wie möglich h) Prinzip der kleinen Schritte

B) Trance - fokussierende Aufmerksamkeit

1. Trance-indikatoren	2. Trance-phänomene	3. Utilisation	4. Interventions-ebenen
a) Vibrieren der Augenlider b) unwillkürliche Zuckungen/Ideomotorik c) ausgeglichener Muskeltonus d) Schluckreflex verschwindet, anfangs gesteigert e) sparsame Bewegungen f) Bewegungslosigkeit g) Assoziationen und Sensation werden als überraschend erlebt	a) Entspannung b) Katalepsie c) Regression/ Progression d) Dissoziation/ Assoziation e) Amnesie/ Hyperamnesie f) ideomotorische Bewegungen g) Zeitverzerrung h) positive/ negative Halluzinationen i) Anästhesie/Hypästhesie bzw. Analgesie j) und/und Logik	a) Aktivierung von Resourcen und unbewußten Fähigkeiten b) Veränderung der Selbstorganisation (Infoverarbeitung) c) Veränderung von Strategien der Lebensgestaltung d) Therapie besteht aus Neuassoziation/Reorganisation von Erfahrung e) Lernen/Entwickeln von Fähigkeiten	a) Physiologie b) Einstellungen, Normen, Haltungen/Kognitionen c) Rolle/Interaktionen d) Interaktion/Verhalten e) soziales System f) Selbstbild

Tabelle 1: Erickson - Hypnoseauffassung

hypnotherapeutische Phänomene Ausdruck von Fähigkeiten des Individuums sind. Im ersten Ansatz (autoritatives Konzept) mit Blick auf den Therapeuten, im zweiten Ansatz (standardisiertes Konzept) mehr mit Blick auf den Hypnotisierten. Beide Ansätze zeigen die gleiche Prämisse, die der linearen Kausalität. Die entscheidenden Prozesse laufen im Hypnotisierten ab. Kontrovers diskutiert man darüber, ob die Hypnose ein Sonderzustand oder eine Form von „empfänglichem Wachzustand" ist. Erickson und Rossi (1981) traten für die Zustandstheorie der Hypnose ein und erklärten, *„die Entwicklung eines Trancezustandes ist ein intrapsychisches, von inneren Vorgängen abhängiges Phänomen. Auch dient die Intervention des Hypnotiseurs nur dazu, eine günstige Situation herbeizuführen, wie ein Brutkasten, der eine günstige Umgebung für das Ausbrüten von Eiern bildet. Das Ausschlüpfen aber von den Entwicklungsvorgängen im Ei selbst abhängt."* Bei der Exploration des Patienten oder im privaten Gespräch allgemein entstehen neue Bezugsrahmen und Glaubenssysteme. Die Ericksonsche Hypnotherapie zielt unter anderem darauf ab, neue Bezugsrahmen und Überzeugungen (Glaubenssysteme) zu schaffen, um das Verhaltens-, Denk- und Gefühlsrepertoir zu vergrößern (z. B. Reframing). Es werden dabei nicht nur vorprogrammierte Entwicklungsvorgänge begünstigt, sondern auch etwas völlig Neues geschaffen, gleichsam eine neue Realität konstruiert.

Ericksons Denkansatz läßt Kontroversen zu. Einerseits betont er die individuelle Autonomie des Klienten, andererseits werden vom „mächtigen" Therapeuten Metaphern benutzt, d. h. Suggestionen, die bei den Patienten starke Hebelwirkungen auslösen. Die Erfahrung zeigt, daß der Entwicklung hypnotischer Phänomene lineare, unidirektionale Ursache-Wirkungs-Abläufe zugrunde liegen. Die Systemwissenschaften (allgemeine Systemtheorie, Informationstheorie, Kybernetik) können die Prozesse, die in Hypnose ablaufen, widerspruchsfreier erklären. Die systemische Grundannahme ist, daß alle an einer Interaktion Beteiligten einen wechselseitigen synchronen Einfluß aufeinander ausüben.

Sie bestimmen im Interaktionsfeld auch immer wechselseitig die jeweiligen Bedingungen der anderen. Linearkausale Zuschreibungen im Sinne von *„dies war die Ursache, dies die Wirkung"*, sind willkürlich, verzerren den Gesamteindruck und beeinflussen das Geschehen beispielsweise im Hinblick auf Schuldzuweisung (zirkulärer Prozeß), Wirkung - Ursache - Folge - Wirkung. Die relevante Grundeinheit, die es zu betrachten gilt, ist nicht der individuelle Organismus („ich", „selbst"), sondern das ganze Ökosystem (Organismus, biosoziale und physikalische Umgebung, geographische und klimatische Faktoren etc.), in das er eingebettet ist. Ohne diese Umgebungsbedingungen ist das individuelle Sein nicht denkbar. Das Ökosystem besteht aus Objekten, den Wechselwirkungen zwischen den Objekten und ihren Merkmalen. Die Organisationsmuster sind genauso wesentlich wie die einzelnen Elemente des Systems. Die Wechselwirkungen folgen bestimmten Regeln, so auch die Therapeut-Patient-Beziehung. Die Impulse aus der Außen- und Innenwelt werden wahrgenommen und aufgrund der inneren Verknüpfungs- und Beziehungsmuster, nicht aufgrund des „wahren"

Seins der Impulse interpretiert! Dies geschieht im Mandelkern-Hippocampus-Gebiet. Diese Muster, die zu einer bestimmten Bedeutungsgebung (Landkarte) führen, liegen teilweise als Anlage neuronal fest, werden aber auch im sozialen Bezugssystem gelernt. Die lebensgeschichtlichen Erfahrungen bilden sich zu „affektlogischen Bezugssystemen" heraus. Diese weisen kognitive und affektive Anteile auf und können in der Gegenwart als kondensierte Gesamtmuster abgerufen werden. Die „Landkarte" der Bedeutungen ist Ausdruck dessen, was im System des Betreffenden als förderlich oder bedrohlich für den Systembestand angesehen wird. Das Nervensystem sucht in komplexitätsreduzierender Weise nach Mustern und Beziehungsmustern. Phänomene, die ähnliche Verknüpfungsmuster aufweisen, werden ähnliche Reaktionsmuster abrufen. Dies kann unter anderem in Gefahrensituationen, hilfreich sein, aber auch die Flexibilität einschränken. **Kein Objekt eines Systems hat einseitige Kontrolle über die anderen Objekte. Die Macht eines Systems liegt nicht bei den einzelnen Mitgliedern, sondern in den Regeln des Systems! Bedeutung kommt hierbei auch dem Zusammenhang (Kontext) zu. Der Prozeß des Signalisierens, welcher Kontext gerade gilt, wird als Kontextmarkierung bezeichnet.** Jedes Regelsystem (Therapiesystem, Politik, Medien) hat seine „Regeltrance". Die geeichte Interaktion führt zu einem Bewußtseinszustand, aus dem wieder ein Verhalten hervorgeht, das genau diesen Bewußtseinszustand bestätigt! Die Muster sind nach Ähnlichkeiten geordnet. Isomorphe Muster lösen isomorphe Antwortmuster aus. Das Umorganisieren von Mustern führt die therapeutische Lösung herbei, d. h. eine Erweiterung der Glaubenssysteme sowie eine Erhöhung der Flexibilität.

Die systematische Sichtweise zeigt, daß das hypnotische Geschehen weder dem Klienten noch dem Therapeuten als Hauptverursacher zugeschrieben werden kann. Verhandlungsangebote induzieren autonomes Handeln. Dies wird „Trance" genannt. Bei Partnern auf gleicher Ebene besteht eine Wechselwirkung! Das begriffliche Konzept, „Unbewußtes" oder „Trance" als etwas Tatsächliches zu behandeln, wäre eine irrtümliche Verwendung einer Verdinglichung. Man würde damit der Whiteheadschen Täuschung, einer falsch angewendeten Konkretheit, unterliegen. Eine Abstraktion würde wie ein Ding behandelt werden. Ein theoretisches Konstrukt kann hilfreich sein, sollte jedoch nicht mit der „Wahrheit" verwechselt werden. Die Ericksonschen Konzepte sind nicht nur Techniken, sondern auch Interaktionsweisen, die dem Klienten helfen, das, was er zu bieten hat, in die gewünschte Richtung zu lenken.

Der Klient wird somit, in eigener Angelegenheit, zur kompetenten vertrauenswürdigen Autorität. Der Therapeut ist eher der Steigbügelhalter der Natur. Autoritative Konzepte implizieren dagegen, daß die Lösung von außen kommen muss. Letzteres führt letztlich zur Abhängigkeit und Inkompetenz. Standardisierte Konzepte suggerieren, daß jeweils ritualisiertes Standardvorgehen zum Auslösen der hilfreichen Prozesse nötig sei. Erickson benutzte die indirekte Suggestion zur Neu- und Umorientierung bzw. zur Umstrukturierung der Probleme oder Störungen. Neue Reaktionsmöglichkeiten werden erlebt, die - unabhängig vom bewußten

Willen - automatische unbewußte Suchvorgänge zur Problemlösung einleiten. Die Autonomie des Patienten wird gefördert, seine Kreativität respektiert und unterstützt. Nur die vorhandenen (!) Fähigkeiten des Klienten können genutzt werden. Der Klient/Patient soll sein Verhalten ändern, bevor er Einsichten in seine Probleme erhält. Unbewußte Wahrheiten erreichen das Bewußtsein nicht, bevor dieses fähig ist sie anzunehmen und zu integrieren. Eine mögliche Induktionsformel ist z. B.: *„Sie sitzen/liegen hier und können es sich bequem machen. Während Sie mir zuhören, dürfen Ihre Gedanken ihre eigenen Wege gehen. Sie müssen nichts Besonderes denken, denn Ihr Unbewußtes wird mir genau zuhören und alles verstehen und alles tun, was zur Lösung Ihres Problems nötig ist ...was Sie auch denken mögen, was ich sage, ist wahr... was ich auch sage, ist wahr, gleichgültig, was Sie davon halten ..... "* Der Klient soll auf der unbewußten Ebene die Suggestion für wahr halten. Zwei Glaubenssystemen wird gestattet, in mehr oder weniger dissoziierter Weise, gemeinsam zu koexistieren: dem bewußten Glaubenssystem des Zweifels und des Widerstandes gegen die Hypnose und dem, das die neue Realität der Hypnose unbewußt akzeptiert.

Da die bewußten Denkvorgänge mit der Situation nicht fertig werden, muss das Unbewußte mit entsprechenden Reaktionen intervenieren. *„Sie wissen nicht, was geschehen ist. Sie denken vielleicht, daß Sie es gerne wüßten, aber Sie wissen es nicht ... ."* Diese Lücke im Glaubenssystem leitet ein unbewußtes Suchen nach inneren Möglichkeiten ein, um weiteren Suggestionen zu folgen. Nichtwissen ermöglicht die Nutzung innerer Fähigkeiten, mit denen die Versuchsperson vorher durch keinerlei Willensakte in Kontakt kam. *„Sind Sie nicht überrascht, daß Sie ... "* füllt die Lücke und die Erwartung, die im Glaubenssystem entstanden war. Zur Förderung der Tranceinduktion sollte man die Erinnerungen des Patienten benutzen. Diese Fragen nach den Erinnerungen fördern die innere Suche und unbewußte Prozesse, die zu einer unverkennbaren therapeutischen Trance führen.

Widerstand gegen die Hypnose entsteht durch die irrige Auffassung vom Herrschafts-Unterwerfungs-Verhältnis in der Hypnose bzw. die Vorstellung eines passiv reagierenden Automaten. Der Therapeut sollte das Verhalten des Klienten anerkennen und akzeptieren, um so einen Rapport herzustellen und dann seine Aufmerksamkeit allmählich nach innen zu lenken. Die Hypnose hängt nicht unbedingt von völliger Entspannung oder einem Automatismus ab. Die Hypnose kann bei einer willigen Versuchsperson herbeigeführt werden, falls der Hypnotiseur bereit ist, das Verhalten der VP uneingeschränkt zu akzeptieren. Spontanes Verhalten seitens der VP ist dann durchaus möglich, z. B. spontanes Augenöffnen bei Antworten auf Fragen und spontanes Schließen der Augen bei Fortführung der Hypnose. *„Warum demonstrieren Sie nicht, daß ... möglich ist? "* Durch eine scheinbar einfache Frage mit einer Verneinung ist es möglich, den „Widerstand" des Klienten sofort zu akzeptieren und nutzbar zu machen. Dabei wird eine innere Suche ausgelöst, die teils bewußte, teils unbewußte Prozesse in Gang setzt, die wiederum zur hypnotischen Reaktion führen. Einem Patienten, der aufgrund einer

Zwangsneurose eine Fäkalienausdrucksweise benutzte, wurde für die Induktion empfohlen, sich diese Ausdrücke langsam vorzusprechen und zu wiederholen. Nach wenigen Minuten war er im Trancezustand. Erickson berichtete von einem Patienten, der unruhig durch das Zimmer ging. Im Zimmer stand ein freier Stuhl. Erickson ermunterte den Patienten, hin und her zu gehen mit der Suggestion: *„Können Sie sich nicht vorstellen, irgendwann auf diesem Stuhl Platz zu nehmen?"* Nach einigen Minuten setzte sich der Patient. Der „Widerstand" ist eigentlich kein Widerstand, sondern eine völlig vernünftige Reaktion gegen die irrige Herrschafts-Unterwerfungs-Auffassung von der Hypnose. Der Widerstand ist gewöhnlich Ausdruck der Individualität des Patienten. Der Patient behält die Kontrolle, während der Therapeut lediglich dem Widerstand folgt (Pacing) und brauchbare Anregungen (Leading) sowie den gewählten Bezugsrahmen (Reframing), gegebenenfalls unter Benutzung von Metaphern, zur Verfügung stellt. Dies hilft dem Patienten, neue Möglichkeiten zu erleben und ausdrücken. Der Patient kann die Suggestionen des Therapeuten modifizieren, so daß sie seinen Bedürfnissen besser entsprechen.

Hypnotiseure	Induktionstechnik			Besonderheiten
	Fixation (a) Augenschluß (1) kineästhetisch (2) Faszination (b)	Suggestion Befehl (a)	Berührung (a) Bewegung (b)	
„Traditionelle Hypnose"				
Braid	a +	+	a +	Phreno-, Halbseiten-, Autohypnose
Richet	0	0	a, b +	
Bernheim	b +	(a) +	+	
Gessmann	a2+	+	a, b +	
Donato et al.	a, b +.	0	a +	
Teste	b + + +	0	0	
Bournville	b +	0	+	
Gerling	b +	+	a, b +	
Abbé Faria	(+)	a + + +	(+)	Gruppenhypnose
Liébeault	0	+	+	
Charcot	+	+	+	„grand hypnotism"
Wetterstrand	+	+	?	Gruppen-, Massenhypnose
Ochorowitz	+			Hypnoskop s.a. 50er Jahre
Coué	+	+	0	Autohypnose
Levy-Suhl	+			farbige Simultankontraste
Haupt	0	+	a, b ++	Stirn-, Nackenhand, Handkreisen
Freud u.a.	0	0	a	„digitale Kompression"
„Neue" Hypnose				
Kretschmer	+	+	0	gestufte Aktivhypnose, Methodenkombination
Vogt	+	+	0	fraktionierte-, Autohypnose, neutralisierende Formeln, Förderung der Individualität des Patienten/Klienten
Skoog	b +	(+)	a +	Faradohypnose, Pantostat
Klumbies	+	+	0	Ablationshypnose/Varianten
Cheek/Le Cron	0	+	0	Zählmethode
Hilgard	0	+	+	„versteckter Beobachter"
Erickson	0	+	0	Metapher/Armlevitation etc.
Gravitz	(+)	0	a, b +++	nonverbale Induktion
Patient/Klient	+	+	0	Autohypnose
Kombination: Narkosehypnose/-synthese, autogenes Training, Verhaltungstherapie, Psychoanalyse				

Tabelle 2: *0 = nicht verwendet; (+) = selten, + = gelegentlich, ++ = häufiger, +++ = oft verwendet.*

1. 7. Hypnosemethoden

Zu den Methoden (Induktion, Führung) der sogenannten „traditionellen Hypnose" gehören - einzeln oder in unterschiedlicher Kombination (vgl. dazu Tabelle 2; S. 58) - folgende Schritte:
- **Fixation** (Patient fixiert Gegenstand)
- **Faszination** (der Therapeut starrt dem Patienten in die Augen oder der Patient starrt dem Therapeuten in die Augen)
- **Suggestion** (verbal, imaginativ)
- **Berührung** (z. B. streichende Bewegungen).

Filiatre beschrieb, vermutlich um 1870, verschiedene, bis dahin bekannte Methoden. Folgend nur eine kleine Auswahl (s. auch Tabelle 2, S. 58). Richet (1850-1935) hielt die Fixation für unnötig. Er nahm vom sitzenden Probanden je einen Daumen in jeweils eine Hand und hielt diesen gleichmäßig fest. So spürte er die Schwere in den Armen, besonders bei Nervösen. Dann bewegte er die gestreckte Hand über den Kopf, die Stirn und die Schulter, aber besonders über die Augenlider. Die Bewegungen wurden dabei von oben nach unten vor den Augen gemacht, als ob die Abwärtsbewegung die Augen schließen wollte. Bernheim (vgl. S. 22f) bevorzugte die Faszination mit der Suggestion „Schlaf" und „Augenschluß". Alternativ hielt er bei Bedarf zwei Finger seiner rechten Hand vor die Augen des Patienten, mit der Aufforderung diese anzustarren. Bernheim imitierte das, was beim natürlichen Schlaf geschieht. Gessmann ließ seinen Patienten mit einer Hand zwei Finger seiner rechten Hand ergreifen und suggerierte ihm einen „festen Griff" (kinästhetische Fixation). Gerling bevorzugte die Suggestion des Schlafes, legte seine Hände auf die Hände des Patienten und suggerierte ihm zusätzlich ein Wärme- und Schweregefühl sowie ein Einschlafen der Arme. Er berührte den Patienten vom Kopf bis zum Magen und suggerierte Müdigkeit. Auf die Methoden von Liébeault, Faria, Braid und Charcot wurde bereits verwiesen (s. o.). Braid erwähnte noch die Halbseitenhypnose und die Phrenohypnose. Bei letzterer werden durch bestimmte Berührungspunkte am Kopf und im Gesicht verschiedene Zustände, Emotionen und Leidenschaften hervorgerufen.
Bei eigenen phrenohypnotischen Untersuchungen gab die Mehrzahl der Patienten folgendes an: Beim Druck auf das linke Mastoid spürten sie nach etwa 20 Sekunden ein Leichtigkeitsgefühl in der linken Kopfhälfte, ein allgemeines Wohlgefühl im Körper und ein Gefühl der Stille. Beim Druck auf das rechte Mastoid waren diese Empfindungen nicht oder nur schwach ausgeprägt. Die Empfindungen ließen etwa 20 Sekunden nach Druckentlastung wieder nach. Manche Patienten konnten diese Empfindungen auch dann erreichen, wenn sie selbst auf das Mastoid drückten. Die unterschiedlichen Empfindungen, beim Druck auf das linke bzw. rechte Mastoid, hängen sicherlich mit den Hirndominanzen zusammen. Der Druck auf das linke Mastoid wird rechtshirnig (Gefühlswelt) und derjenige auf das rechte Mastoid wird linkshirnig (theoretische Funktionen) wahrgenommen. Bei einem Patienten nahm unter Druck auf die Stirnmitte der Kopfschmerz zu, während

Hypnose	Kataplexie
Sie tritt erstmals nur ein bei willkürlich gespannter Aufmerksamkeit, am besten mit anhaltender, einförmiger, nicht aufregender, ungewöhnlicher Reizung eines Sinnesnerven.	Sie tritt nur ein bei unwillkürlicher, starker, plötzlicher, sehr aufregender, ungewöhnlicher, kurz andauernder Reizung eines Sinnesnerven.
Je öfter ein gesundes Individuum hypnotisiert worden ist, um so leichter tritt eine neue Hypnose ein.	Je öfter ein gesunder Mensch erschreckt worden ist, um so weniger leicht wird er im allgemeinen aufs neue, bei gleicher Art des erschreckenden Eindrucks, erschrecken.
Hypnotische können die Glieder zweckmäßig bewegen und sich im Gleichgewicht halten.	Kataplegische können sich nicht zweckmäßig bewegen und nicht im Gleichgewicht halten, wenn nicht Katalepsie hinzutritt.
Hypnose tritt sehr schwer oder gar nicht in einer ungewöhnlichen, aufgezwungenen Körperstellung ein.	Kataplexie kann leichter in einer ungewöhnlichen, aufgezwungenen Körperstellung als in einer gewohnten eintreten.
Während und sogleich nach einer großen Aufregung kann Hypnose nicht herbeigeführt werden.	Große Aufregung begünstigt die Kataplexie.
Hypnosen bedürfen mehr als einer Minute zu ihrer Herbeiführung und können viele Stunden dauern.	Kataplexie kann innerhalb weniger Sekunden entstehen und vor dem Ablauf einer Minute zu Ende sein; sie dauert selten stundenlang.
Die Atmung, Herztätigkeit, Blutverteilung, Eigenwärme, Verdauung und die Tätigkeit der glatten Muskeln verhalten sich in der Hypnose ohne Suggestion anders, als in der Kataplexie und ändern sich entsprechend den Suggestionen.	Die keuchende Atmung, unregelmäßige Herztätigkeit, periphere Anämie, Abnahme der Eigenwärme, Zunahme der Peristaltik mit Defäkation, die Blasenentleerung, das Zittern, die Augenbewegungen und Augenlidbewegungen sind für die Kataplexie, nicht aber die Hypnose charakteristisch.
Für die typische Hypnose ist die Suggestibilität charakteristisch.	In der Kataplexie ist die Suggestibilität minimal oder fehlt ganz.

Tabelle 3: Unterschiede Hypnose/Kataplexie (nach Preyer, 1890).

beim Druck auf die Nasenwurzel der Kopfschmerz abnahm und verschwand. Die „richtigen" Punkte müssen individuell gesucht werden. Wetterstrand führte Gruppen-/Massenhypnosen durch. Vogt verwendete die „neuen" Hypnosemethoden, indem er die Entfaltung der Individualität und die Ausdehnung des Machtbereichs des Willens und der Vorstellungskraft (Ressourcen) des Patienten förderte. Er leitete damit eine wichtige Entwicklungsperiode in der Hypnotherapie ein, die in der Methode von Erickson ihren bisherigen Höhepunkt erreicht hat. Auch die Anleitung zur Selbsthypnose fand ihren Beginn bei Braid und Vogt und wurde durch Garver gezielt weiterentwickelt.

1. 8. Tierhypnotismus

Neben der geschichtlichen Entwicklung der Hypnose beim Menschen fand parallel dazu auch eine Entwicklung in der Tierhypnose statt. Diese Entwicklung und die damit verbundenen Erkenntnisse können helfen, das Phänomen Hypnose besser zu verstehen. Schwenter schrieb 1636 in seinem „Deliciae physico-mathematicae" über die „Berauschung" des Huhnes: *„Eine ganz wilde Henne so zahm zu machen, daß sie vor sich selbst unbeweglich, still und in großer Furcht sitze."* Man sollte die Henne auf den Tisch setzen und ihren Schnabel auf den Tisch halten; dann ziehe man mit Kreide einen langen Strich von dem Schnabel an auf dem Tisch, lasse das Tier los, so wird es ganz erschrocken still sitzen, den Strich dauernd ansehen und nicht leicht davonfliegen. Das gleiche geschah, wenn man das Huhn auf den Tisch hielt und ihm über die Augen einen Span legte (in Völgyesi 1963). Kircher beschrieb zehn Jahre später, in Rom, einen solchen Versuch unter der Überschrift: „Ueber die Einbildungskraft des Huhnes" und nannte ihn ein „Experimentum mirabile". Bei seiner Versuchsanordnung wurden dem Huhn die Füße zusammengebunden. Dann wurde es auf den Boden gelegt. Während es zunehmend stiller wurde, zog Kircher dann vor dem Auge des Huhnes, auf dem Boden, einen geraden weißen oder farbigen Kreidestrich Dann löste er dem Huhn die Fesseln und ließ es liegen. Auch auf auffordernde Gesten hin, flog das Huhn nicht weg.

Der 1873 verstorbene Physiologe Czermak veröffentlichte Ende 1872 und Anfang 1873 zwei Abhandlungen über „Echte hypnotische Erscheinungen bei Tieren". Er meinte, daß durch das Anstarren und Anfassen nicht allein der Flußkrebs, sondern auch Frösche, allerlei Vögel und Säugetiere in einen eigenartigen Schlafzustand, den er als hypnotisch bezeichnete, versetzt werden können. Czermak wiederholte den Schwenterschen Versuch erfolgreich, ohne Fesselung des Huhnes. Auch als er den Kreidestrich vorsichtig wegwischte, blieb das Huhn ruhig liegen. Das Huhn oder artverwandte Tiere blieben ruhig, als er diese festhielt und den Hals samt dem Kopf gestreckt auf der Unterlage sanft niederdrückte. Gewöhnlich konnten die in der Rücken- oder Seitenlage befindlichen Tiere ohne Widerstand umgedreht werden, der Kopf blieb oft fest in seiner ursprünglichen Stellung, indem sich der Hals entsprechend drehte. Die Augen der Tiere waren oft ganz offen,

manchmal wurden sie aber vollständig geschlossen. Preyer (1890) vertrat die Auffassung, daß bei Vögeln der plötzliche Übergang von der Aktivität zur Ruhe eine Wirkung des Erschreckens produziere, worauf die Tiere kataleptisch reagierten. Er widersprach der Heubelschen Auffassung von 1876, es handle sich bei diesen Phänomenen weder um Schreckstarre noch um Hypnose, sondern um gewöhnlichen Schlaf. Preyer untersuchte das Tierverhalten mit besonderem Interesse, da Tiere nicht simulieren können. Ein geknicktes Zündholz, das dem Huhn über den Schnabel gelegt wurde, machte es widerstandlos. Preyer fand in den Jahren 1872 und 1873 aufgrund seiner Versuche heraus, daß die Fixierung irgendeines Gegenstandes ebenso irrelevant war wie der Kreidestrich und die Fesselung mit Bindfaden oder ein Druck auf irgendeinen Nerv. Der Versuch gelang auch im Dunkeln oder bei blinden Hühnern. Die Tiere schlossen vorübergehend die Augen und bewegten die Nickhaut. Sie zeigten Angst, namentlich oft ein Zittern der Extremitäten oder des Rumpfes, keuchenden Atem, starren Blick, starke Peristaltik, Defäkation und Blutleere im Kopf. Durch das plötzliche Ergreifen wurden die Tiere in einen ganz ungewohnten Zustand versetzt. Sie waren zuerst stark erregt und zeigten sich dann, nach vergeblichen Fluchtversuchen, willen- und bewegungslos. Diese Schreckstarre nennt Preyer „Kataplexie", die Tiere kataplegisch und die Mittel, die diesen Zustand herbeiführen, kataplektisch. Während der Bewegungslosigkeit fallen auch ganz unnatürliche Stellungen auf. Preyers Kataplexie-Verständnis ist nicht identisch mit dem eigentlichen Hypnotismus bei Tieren. Es handelt sich vielmehr um Veränderungen durch die Emotion des Erschreckens. Dieser Zustand unterscheidet sich auch beim Menschen von der Hypnose. Preyer verglich die Symptome in Hypnose und Kataplexie (vgl. Tabelle 3. S. 60).
Manche Tiere lassen sich durch dieselben Mittel hypnotisieren wie Menschen (z. B. durch Augenfixation). Die exakte Trennung des Tierhypnotismus von der Katalepsie ist nicht immer einfach. Außer Preyer haben Mangold, Erhard, Völgyesi u. a. die Akinese bei Tieren untersucht. Zur Herbeiführung der Tierhypnose wurde meist eine manuelle oder maschinelle plötzliche Drehung benutzt, so daß eine tonische Erregung des Lagereflexgebietes und eine Hemmung der motorischen Areale des Kortex entstand. Im Unterschied der echten Hypnose zur künstlichen, tierischen Akinese, wird kein Zwang angewandt, die Stellung des Tieres ist normal und die Muskulatur ist sofort hypotonisch und nicht erst hypertonisch. Die Akinese gelingt am besten, wenn man das Tier überrumpelt. Bei der Hypnose erzielt man die größten Erfolge, wenn man dieselbe „unbemerkt" anwendet. Die Hühner verhalten sich in Hypnose nicht refraktär wie bei der Akinese. Im Gegenteil, je öfter man sie hypnotisiert, desto rascher erfolgt die Hypnose, wie beim Menschen. Bei den Pawlowschen Hundeversuchen sind „Gleichgewichtszustände zwischen dem Erregungs- und Hemmungsprozeß" bekannt, die zu partiellen und allgemeinen Schlafzuständen hypnotischer Art bei Tieren führen. Es handelt sich teils um Steigerung von Hemmungsimpulsen, teils um Monotonie abgeschwächter, sonst erregender Reize („Punktreiz im Gehirn"). Die Phänomene der Tierhypnose ähneln in gewissen Erscheinungsweisen und unter bestimmten Bedingungen denen der

menschlichen Hypnose (vgl. Schultz 1959). Diese Beziehungen sind nicht so sehr verwunderlich, wenn man die Phylogenese und Ontogenese betrachtet. Wenn man postuliert, daß hypnotische Zustände so alt wie das Leben sind und dort auftreten, wo Leben ist, so muss konsequenterweise das Studium der Hypnose auch phylogenetische bzw. ontogenetische Faktoren berücksichtigen. Es gelang der Nachweis, daß es erfaßbare hypnotische bzw. akinetische Zustände phylogenetisch rückwärts bis zu den Insekten gibt (Weiteres vgl. Jovanović 1988).

1. 9. Zusammenfassung

Durch die bisherigen Erfahrungen auf dem Gebiet der Hypnose bei Mensch und Tier kristallisieren sich phylogenetische und ontogenetische Kofaktoren zu diesem Urphänomen heraus. Beim Tier läßt sich zwischen Kataplexie und Hypnose unterscheiden. Im Laufe der menschlichen Zeitgeschichte wurde die Hypnose unterschiedlich, teils kontrovers, beurteilt. Bis in die heutige Zeit wird sie von verschiedenen wenig flexiblen Psychoanalytikern angegriffen. Sie ist eine transkulturelle biologische Methode. Ein kurzer Überblick über die geschichtliche Entwicklung findet sich in Tabelle 4. Ursprünglich wurde der hypnotische Trance- oder Bewußtseinszustand benutzt, um Kontakt mit den Göttern aufzunehmen und um einen höheren Erkenntnisgrad zu erhalten. Später - bis in die Gegenwart hinein - wurde und wird sie zur Heilung benutzt und auch experimentell eingesetzt. Hypnoide Bewußtseinszustände kommen sowohl bei Natur- als auch bei Kulturvölkern vor. Dem Magneten wurde Heilwirkung zugeschrieben (z. B. von Paracelsus, Coclenius, Fludd, Lenoble, Mesmer). Puységur gilt als Begründer des „künstlichen Somnambulismus". Kerners Ansichten gelten heute als Marksteine bei der Entdeckung des Unbewußten. In Husons Thesen tritt der Hypnotismus schon als das „Echte" im Tiermagnetismus und Somnambulismus hervor. Bernheim begründete die Suggestivtherapie. Bernheim und Liébeault teilten die Hypnose in verschiedene Stadien ein (dabei zeigt sich jede Person als suggestive Individualität). Liébeault, der als Urheber der Methode, die Suggestion therapeutisch zu verwenden gilt, wandte die Verbalsuggestion an. Charcots Erfahrungen basierten ausschließlich auf den einseitigen Beobachtungen an Hysterischen.
Freud, der von Bernheim ausgebildet wurde und dessen Werk ins Deutsche übersetzte, war, da er das Wesen der Hypnose nicht verstand und einseitige oder falsche Hypothesen hinsichtlich der Hypnose postulierte, ein schlechter Hypnotiseur. Wetterstrand u. a. gebrauchten die Massenhypnose oder die wochenlange Dauerhypnose. Coué, der Begründer der Neuen Schule von Nancy, entdeckte, daß nicht der Wille, sondern die Einbildungskraft (Selbstsuggestion) die führende Kraft ist. Jeder Gedanke, der uns erfüllt (Zielvorstellung), muss sich im Sinne der „Als-Ob-Philosophie" (vgl. Vaihinger) verwirklichen. Dabei siegt im Widerstreit zwischen Willen und Glauben stets der Glaube. Oftmals bewirkt sogar die Anstrengung das Gegenteil des Gewollten. Baudouin u. a. befürworteten die kombinierte

Methode	Technik	Patient	Verlauf	Bemerkungen
Mystische Phase				
Magische Phase	z. B. Tempelschlaf			unmittelbare Beziehung zur heilenden Gottheit, zu Schamanen, heidnischen Priester etc.
z. B. Paracelsus (1493 - 1541)	magnetische, sympathische Kuren			von einem Menschen, von einer Handlung oder einem Gegenstand geht ungewöhnliche Kraft aus.
Mesmer (1734 - 1815)	magnetische Handstriche	passiv	bei unsachgemäßem Gebrauch Nebenwirkungen.	jeder Mensch - so glaubt Mesmer - verfügt über wunderwirkende Kraft. Diese nennt er 1779 tierischen oder animalischen Magnetismus.
Puységur (Mesmerschüler) (1751 - 1825)	schläferte Patienten durch "künstlichen" Somnambulismus ein	passiv	Nebenwirkungen, z. B. Ängste, Verkrampfungen.	
Realistische Auffassung				
Abbé Faria (1726 - 1819)	Befehlston, z. B. "Dormez"	passiv	sah Gefahren bei nicht sachgemäßer Anwendung.	kann als Mitbegründer der modernen Hypnose-Technik gelten.
Braid (1795 - 1860)	Fixation eines glänzenden Gegenstandes z. B. Kristall, Glasprisma		z. B. Operation in Analgesie vor Beginn der Chloroform-Ära.	entwickelte Farias Versuche weiter. Nannte den Zustand "Hypnose".
Psychologische-rationale Auffassung				
Charcot (1825 - 1893)		passiv		hatte eingeengtes Patientenklientel und verallgemeinerte in wissenschaftlich unzulässiger Weise, z. B. daß jeder Hypnotisierte hysterisch sei. Seine Auffassungen beeinflußten die Psychoanalyse.
Liébeault (1823 - 1904)	Suggestion ist wichtig	passiv		Neue Schule von Nancy.
Bernheim (1840 - 1919)				jede Suggestion wirkt nur via Autosuggestion wirksam.
Coué (1857 - 1926)	Autosuggestion ist wichtig	aktiv		
Baudouin (1893 - 1963)				Akzeptierung der Suggestion wichtig und wie Patient Suggestion in sich verarbeitet.
Moderne Auffassung				
Pawlow (1849 - 1936)				Hypnotismus ausschließlich nach dem Gesetz der bedingten Reflexe.
fraktionierte Methode **Vogt** (1870 - 1959) und **Brodmann** (1668 - 1918)	parzellierter Hypnosevorgang Suggestion	aktiv	Somnambul-Hypnosen partielles Wachsein	Patient wird in Trance versetzt und partiell desuggeriert, gefragt, was er erlebt hat und wieder hypnotisiert. Weiterentwicklung der Autosuggestion.
gestufte Aktivhypnose **Kretschmer** (1888 - 1964)	Verzicht auf Suggestion	aktiv üben		aktive Übungen - anfangs unter Anleitung des Therapeuten - der hypnotischen Einzelmechanismen, z. B. tiefe Entspannung der Willkürmuskulatur, der vegetativen Systeme, Entleerung des Bewußtseinsfeldes, Konvergenzstellung der Augen, Verzicht auf suggestive Einkleidung, Somnambulstadium nicht notwendig, Weiterentwicklung der Autohypnose.
Erickson (1901 - 1980)	indirekte Technik	aktiv		Metapher, Resourcen, Pacing, Leading u. a., Übergang in die Trance-Therapie.

Tabelle 4: Die Entwicklung der Hypnose

Behandlung mit Hypnose und Psychoanalyse. Um die Jahrhundertwende entwickelte sich sowohl die Psychoanalyse (vgl. Freud), als auch die Philosophie der „Intelligenz und Intuition" (vgl. Bergson) eigenständig. Auch die älteste Therapieform, mit der größten therapeutischen Plastizität, die Hypnose, wurde weiter ausgebaut (vgl. Neue Schule von Nancy). Diese drei in sich selbständigen Lehrgebäude vervollständigen einander auf dem Gebiet des Seelenlebens. Die Entwicklung reichte vom „farbigen Simultankontrast" (vgl. Levy-Suhl), über Haupts „Stirn- und Nackenhand", bis hin zum Begründer der „wissenschaftlichen Hypnoseforschung" (vgl. Vogt). Letzterer bezeichnete die Hypnose als „seelisches Mikroskop". Von ihm stammt die fraktionierte Form der Hypnose. Die Ergebnisse und Folgerungen Pawlows und anderer Verhaltensforscher (vgl. Skinner, Wolpe) spielen in der Hypnosetherapie, z. B. in der Behandlung von Phobien, eine große Rolle. Kretschmer entwickelte die „gestufte Aktivhypnose" und Klumbies die „Ablationshypnose". Hammerschlag versuchte einen emotionalen Ausgleich zwischen Hypnose und Psychoanalyse herbeizuführen. Völgyesi u. a. kritisierten die Freudianer und Neo-Freudianer. Stokvis riet von einer Kombination zwischen Hypnose und Psychoanalyse ab. Viele Publikationen nach 1950 beinhalten physiologische bzw. neurophysiologische Untersuchungen, vor und in der Hypnose. Schultz förderte die Hypnosetherapie, begründete und propagierte das autogene Training. Besonders Erickson setzte in der Hypnosetherapie durch Anwendung anderer Induktions- und Führungstechniken neue Akzente. Daneben wird auf einige Hypnose-Gesellschaften hingewiesen.

2. Theoretische Aspekte der Hypnose

2. 1. Trance- und Suggestionsbegriff

Trance

Was bedeutet etymologisch „Trance"? Die Trance ist ein „schlafähnlicher Bewußtseinszustand." Im 20. Jahrhundert wurde der Begriff aus dem gleichbedeutenden englischen Wort „trance" entlehnt, das seinerseits auf dem altfranzösischen „transe" beruht. Transe bedeutet „das Hinübergehen in den Todesschlaf bzw. Angstzustand". Das zugrundeliegende altfranzösische Verb „transire" bedeutet „hinübergehen, verscheiden" und leitet sich vom lateinischen Verb „transire" (hinübergehen) ab. „Trance" wäre demnach mit einer negativen Assoziation verbunden, nämlich „Sterben, Todesschlaf." Besser wäre „Eingehen in einen anderen Bewußtseinszustand". Im Vergleich dazu bedeutet „Hypnose" etymologisch „schlafähnlicher Bewußtseinszustand" bzw. „Zwangsschlaf". Während man unter „hypnotisch" „einschläfernd, den Willen lähmen" und „hypnotisieren" in Hypnose versetzen, beeinflussen, willenlos machen" versteht. Auch diese Assoziation zu „Hypnose" wäre eher negativer Art. Trance und Hypnose gehören zu den Formen des veränderten Wachbewußtseinszustandes.
Baer (1987) beschreibt das Verhalten der Matsigenka in Peru. Diese versetzen sich mittels Genuß psychotroper Substanzen in einen Rausch, der dann in Trance übergeht. Traum und Trance zeigen das Verborgene (der Schamane heißt bei seinem Volk oft der „Seher"), z. B. verborgene Krankheiten, so daß daraufhin die Heilung eingeleitet werden kann. Ludwig (1966) zählt diejenigen Faktoren auf, die veränderte Bewußtseinszustände, z. B. Trance, induzieren. Dazu gehören neben der Reduktion von exterozeptiven Stimuli und/oder motorischer Aktivität, unter anderem auch die Zunahme der exterozeptiven Stimuli und motorische Hyperaktivität sowie das emotionale Arousal, bis hin zur Anstrengung und Erschöpfung. Ferner die fokussierte und selektive Überwachheit, die herabgesetzte Wachheit und das Nachlassen der kritischen Funktionen. Und schließlich die somatopsychologische Faktoren. Zu letzteren, die veränderte Wachzustände induzieren, zählen beispielsweise eine reduzierte Sauerstoffzufuhr und Hyperventilation. Diese können zum Bewußtseinsverlust führen.
Beim veränderten Bewußtseinszustand treten nach Ludwig (1966) folgende Syndrome auf: Veränderung im Denken, wobei archaische Denkstile dominieren, Verwischen der Ursache-Wirkungs-Unterscheidung sowie der kognitiven Ambivalenzen - Veränderung des Zeiterlebens, Verlust von Kontrolle und Hemmung, Veränderung im emotionalen Ausdruck und Neigung zu affektiven Extremen, Veränderung des Körperbildes Wahrnehmungs- und Bedeutungsveränderung; Intensivierung der Bedeutung, eventuell spezifische Bedeutung bestimmter subjektiver Erfahrung oder äußerer Stimuli; tiefgreifende Erlebnisse von Einsicht und Offenbahrung der „Wahrheit", mit dem Gefühl unerschütterlicher Gewißheit oder dem Gefühl des

Unaussprechlichen. Das Wesentliche der persönlichen Erfahrung ist nicht direkt kommunikabel. Gefühle der Erneuerung und Wiedergeburt, auch erneuter Hoffnung und Hypersuggestibilität. Tart schlug 1969 folgende Definition der veränderten Bewußtseinszustände vor: *„Ein veränderter Wachbewußtseinszustand geht für das Individuum mit einem klaren Gefühl einer qualitativen Veränderung des psychischen Funktionierens einher, nicht nur mit einer quantitativen. Die mentalen Prozesse scheinen hinsichtlich der Qualität oder ihrer Qualitäten verschieden gegenüber dem mittleren Tageswachbewußtsein. "*

Bei vielen afrobrasilianischen Sekten führen Zustände der Besessenheit (Trance) zur emotionalen Spannungsentladung. Akstein (1977) nennt diese Art von Gruppenpsychotherapie „Terpsichoretrancetherapie (TTT)". Über ähnliche emotionale Entspannung und Ausgeglichenheit berichten auch Frauen, die den Bauchtanz erlernen bzw. regelmäßig anwenden. Durch die emotional-affektive Spannungsentladung kann nonverbal psychiatrisch und psychosomatisch behandelt werden. Diese kinetische Trance (spiritistische Sitzungen sind eher statische Trance) erlebt der Mensch als atavistische Regression. Während der stärksten emotionalen Entladung treten phylogenetische alte Verhaltensweisen auf. In diesen Zuständen ist das Großhirn blockiert und die subkortikalen Nervenzentren dominieren. Der Ausdruck „kinetische Trance" (vgl. Akstein 1977) bezeichnet einen Trancezustand, der durch heftige Körperbewegungen, meist Körperrotationen mit Vestibularisreizung, herbeigeführt wird. Diese rituelle Trance erweist sich als spezielle Form der Psychotherapie: Die motorische Erregung hat emotionale Ventilfunktion. Aufgrund des bisher Gesagten ist es grundsätzlich wenig sinnvoll, den therapeutischen hypnotischen Bewußtseinszustand allgemein als Trance zu bezeichnen. Obwohl einzelne Elemente der Trance (vgl. Ludwig 1968) auch in der Hypnose vorkommen oder vorkommen können, ist die Hypnose ein eigenständiger, relativ umrissener, bisher noch nicht allgemein akzeptierter, definierter Bewußtseinszustand. Ein wichtiger Bestandteil davon ist die Suggestion.

Suggestion

Ein Schwerpunkt der Hypnoseforschung ist es, den Zusammenhang zwischen Suggestion und Hypnose bzw. Suggestibilität und Hypnotisierbarkeit herauszuarbeiten. Erfahrungsgemäß ist nicht jeder, der suggestibel ist, auch hypnotisierbar. Die äußerliche Ähnlichkeit zwischen den beiden Begriffen täuscht ein „Zueinander" von Inhalten vor. Suggestion - sei es Auto- oder Fremdsuggestion - wirkt sowohl in der Hypnose als auch außerhalb derselben. Die Wirksamkeit der Suggestion ist sowohl intra- als auch posthypnotisch auf unterschiedliche Dauer begrenzt und kann durch regelmäßige Suggestionen aufrechterhalten werden. Die Suggestion wird bis heute unterschiedlich definiert: Baudouin (1924) unterschied bei den Suggestionsversuchen zwei Stadien. Bei ersterem wird eine vom Suggestor vorgelegte oder auferlegte Idee vom Geiste des Suggerierten angenommen. Anschließend wird diese Idee, das sich Vorgestellte - sei es eine Halluzination, ein Heilungsprozeß oder etwas Negatives - verwirklicht, d. h., die Autosuggestion stellt den Grundtypus jeder Suggestion dar, sie ist ein intra-individuelles Phänomen. Binet sah im ersten Stadium (erteilter Befehl) das Charakteristikum des Suggestionsphänomens, während Baudouin es im zweiten Stadium sah, d. h. in „der unterbewußten Verwirklichung einer Idee". Forel (1889) definierte die Suggestion als *„Erzeuger sämtlicher Erscheinungen der Hypnose durch Erweckung entsprechender Vorstellun-gen, insbesondere Phantasievorstellungen"*. Sie kann unbewußt geschehen und schwach sein, dennoch wirkt sie mächtig nach. Als Hypnotismus (vgl. Braid) kann man die Gesamtheit der mit der bewußten und unbewußten Suggestion zusammenhängenden Erscheinungen bezeichnen. Der Schlüssel zur allgemeinen Suggestibilität liegt darin, daß wir weder denken noch handeln, ohne ein gewisses Gefühl dafür zu haben, ob unser Denken und Handeln richtig ist. Man kann sagen, daß man durch Suggestion der Hypnose sämtliche bekannten subjektiven Erscheinungen der menschlichen Seele und einen großen Teil der objektiv bekannten Funktionen des Nervensystems produzieren, beeinflussen, verhindern, hemmen, modifizieren, lähmen oder reizen kann. Das heißt: **Sämtliche Hypnoseerscheinungen sind die Folge von Suggestionen. Eine Suggestion vollzieht sich niemals im Bewußtsein, sondern immer im Unbewußten.**

Faria wird als Gründer der modernen Doktrin der Suggestion angesehen (vgl. Sharma 1979). Er sprach von ausgelöster Neurose und lenkte die Aufmerksamkeit auf die Verbindung zwischen Hypnose und Hysterie. Die Hypnose beruhe auf Konzentration und Suggestion. Es sei die hypnotische Person, die ein aktives Agens darstelle. Nach Gravitz (1981) verschaffte Charcot der Hypnose ihre offizielle Einführung und Anerkennung als wissenschaftliche und praktische Methode in der Medizin. Coué entwickelte als erster die Lehre der Autosuggestion. Seine Idee inspirierte Schultz zur Entwicklung des autogenen Trainings. Du Bois entwickelte um 1910 die persuative Suggestion. Diese dringt bis zum Speicher der psychischen Erlebnisse vor und analysiert die Persönlichkeit, indem sie das Unbewußte beeinflußt. Dadurch wurde der Weg für die heutige Hypnotherapie wieder geebnet und erweitert, nachdem dieser durch die Psychoanalyse und das Verhalten Freuds sowie durch den Ersten Weltkrieg „verschüttet" worden war. Die wissenschaftliche Grundlage der Hypnose basiert unter anderem auf den Forschungen von Vogt, vor 1900.

Zwischen 1910 und 1933 erschienen 2300 Publikationen über experimentelle Arbeiten in der Hypnose. Der Komplex der Suggestion ist kein einfaches Phänomen, sondern vielmehr das Endergebnis einer großen Zahl bekannter und unbekannter Ursachen, die sehr kompliziert sind, wie die Beziehung zwischen Suggestor und Suggeriertem. Auch das Gesetz, das besagt, daß jede Idee sofort Wirklichkeit werden will, ist Bestandteil dieses Komplexes. Die gewaltsame Beseitigung einer unbewußten Vorstellung (Suggestion) kann zu schweren neurotischen psychophysischen Erscheinungen führen. Man unterscheidet folgende Suggestionsarten, die unwillkürliche bzw. die beabsichtigte Autosuggestion und die Heterosuggestion. Etymologisch bedeutet „suggerieren" „verbergen, heimlich herbeibringen" („subgerere" heißt „unterschieben"). Im weiteren Sinne versteht man unter Suggestion jedes Auftreten von Gefühlen, Ideen und Handlungen, d. h. alle seelischen Veränderungen, die auf verborgenen Wegen in unser Unterbewußtsein eindringen. So wird z. B. eine Idee, die sich in unseren Gedanken festgesetzt hat, nach einem mehr oder weniger langen unterbewußten Werdegang ihre Wirkung tun. Außerdem kommt es zu einer engen Verknüpfung zwischen Gefühlserregung und unwillkürlicher Suggestion. Die Suggestion auf der Ebene der Vorstellung kann in folgende Bereiche eingeteilt werden:

a) Vorstellungsbereich (Sinneseindrücke, geistige Abbilder, Visionen, Erinnerungen, Meinungen und alle Erscheinungen des Urteils).
b) Gemütsbereich (Freude, Schmerz, Gefühle, Neigungen, Leidenschaften).
c) Handlungs- und Bewegungsbereich (Taten, Willensregungen, Gebärden, Bewegungen an der Oberfläche oder im Inneren des Körpers; Veränderungen einer Funktion oder einer Beschaffenheit der Organe).

Für alle Bereiche gilt allgemein der Grundsatz: Jede Vorstellung strebt nach Verwirklichung. Das Wort „streben" besagt, daß es einmal gelingt, ein andermal nicht so gut oder gar nicht gelingt. Das Vorstellen einer positiven/negativen/neutralen Vorstellung ruft dieses Vorgestellte hervor (z. B. Pendelversuch). Bernheim (1888) sagte: *„Nicht alles ist Suggestion, aber in allem ist Suggestion!"* Wie kommen wir zu unseren Neigungen? Die meisten eignen wir uns in der Kindheit, dem Lebensalter, das für Suggestionen besonders zugänglich ist, an. Die enorme Macht der positiven wie auch der negativen Suggestion wird oft nicht gesehen und erkannt. Für die Suggestion gibt es nach Baudouin (1924) folgende praktische Schlußfolgerungen:
1. Gesetz der gesammelten Aufmerksamkeit: Die wesentliche, immer vorhandene Bedingung der unwillkürlichen Suggestion findet sich schon auf der ersten Stufe des Vorganges. Die Vorstellung, die so nach Verwirklichung drängt, hat schon die unwillkürliche Aufmerksamkeit auf sich gezogen oder hat sich mit ihr zwangsläufig, in geradezu quälender Weise, immer wieder beschäftigt. Wenn die Vorstellung unterbewußt ist, findet oft eine Übertragung der bedrängenden Vorstellung statt, die zuerst irreführen mag, aber psychoanalytisch deutbar ist.
2. Gesetz der unterstützenden Erregung: Schon Ribot machte auf die enge Verknüpfung aufmerksam, die zwischen unwillkürlicher Aufmerksamkeit und Triebleben besteht (vgl. Baudouin 1924). Die Aufmerksamkeit verweilt bei allem, was unseren Trieben entgegenkommt oder ihnen im Weg steht. Das heißt, sie hat in sich schon eine gewisse Gefühlsbetonung. Je deutlicher dieser Unterton hervortritt, desto günstigere Möglichkeiten findet die Suggestion. Wenn ein starkes Gefühl eine Vorstellung umhüllt, so hat die suggestive Verwirklichung dieser Vorstellung die meiste Aussicht auf Erfolg, z. B. das Lampenfieber des Schauspielers oder die Prüfungsangst. Ein Kandidat, der den Stoff völlig beherrscht, wird plötzlich von einer suggestiven Gedächtnisschwäche befallen. Dieser Mechanismus ähnelt z. B. der

Situation, in der einem irgendein Name nicht einfallen will. Eine heftige Erregung scheint jede Art von Suggestion zu fördern und erhitzt eine Vorstellung sofort bis zum Siedepunkt. Von da an wird sie wirksame Kraft.

3. Gesetz der das Gegenteil bewirkenden Anstrengung: Wenn eine Vorstellung sich dem Geiste so stark aufdrängt, daß dadurch eine Suggestion in Gang kommt, so führen alle bewußten Anstrengungen des Suggestionsträgers, gegen sie anzukämpfen, nicht nur nicht zum Ziele, sondern führen gerade davon weg, indem sie die betreffende Suggestion fördern. Immer, wenn man fühlt: „Ich möchte schon, aber ich kann nicht!" nützt es nichts, seinen Willen anzustrengen. Je stärker man will, desto weniger kann man. Dies ist die Anwendung eines sehr umfassenden Gesetzes, das für alle Hindernisse zutrifft, die uns auf unserem Lebenswege begegnen.

4. Gesetz der unbewußten Zielstrebigkeit: Die Suggestion wirkt mittels einer unterbewußten Zielstrebigkeit. Wenn einmal das Ziel feststeht, findet das Unterbewußte auch Mittel und Wege zu seiner Verwirklichung. Bei der Sichtung der Möglichkeiten zeigt es manchmal eine überraschende List und Findigkeit. Der Zweck heiligt ihm die Mittel und auf einen Betrug kommt es ihm nicht an.

5. Autosuggestionen: Sie sind eine ganz alltägliche Erscheinung und können für ihren Träger ebenso wichtig werden wie die bekannte hypnotische Suggestion, da ihre Wirkung oft tiefer und dauerhafter ist.

6. Praktische Folgerungen: Es gilt, unsere unwillkürlichen Autosuggestionen im Auge zu behalten, sie in ihren Verstecken ausfindig zu machen, unsere Gedanken zu „kontrollieren" und die „unerwünschten" nicht einzulassen. Unerwünscht sind diejenigen, die sich in schädliche Suggestionen verwandeln können, z. B. Vorstellungen von Schwäche, Unglück, Verhängnis, Krankheit, Drogen. Durch absichtliche, gezielte Suggestionen können unerwünschte Vorstellungen abgewendet werden.

Wenn es darum geht, eine schon bestehende Suggestion zu entwurzeln, ist anfangs ein Mißerfolg häufig. Hier kommt das Gesetz der das Gegenteil bewirkenden Anstrengung zur Geltung. Coué sagte: Wenn Einbildungskraft und Wille miteinander ringen, behält die Einbildungskraft die Oberhand, und zwar ausnahmslos. Im Widerstreit zwischen Willen und Einbildungskraft ist die Kraft der Einbildung gerade proportional dem Quadrat der Willensstärke: $K_E \sim W^2$. Es gilt, Bedingungen zu schaffen, unter denen die erstrebten Suggestionen (bei minimaler Anstrengung) ins Abrollen kommen. In diesem Zustand soll die Willensanstrengung ganz oder bis zu einem belanglosen Rückstand wegfallen.

Dieser Zustand wird unterschiedlich bezeichnet. Während Liébault ihn „Bezauberung" nennt, bezeichnet ihn die amerikanische/englische Schule als „Konzentration". Wieder andere nennen es „meditierende Reflexe" (Payot), „Sammlung" (Levy), „Autohypnose" (Bonnet), „Wir-Bildung" (Straus) oder „affektive Resonanzwirkung" (Stokvis). Die Selbstspannung oder Konzentration ist ein psychisches Äquivalent der Aufmerksamkeit, nur daß die Anstrengung dabei wegfällt. Im allgemeinen genügt die tägliche Wiederholung der Suggestion, um darin Fortschritte zu machen. Wie bei jeder Übung, die auf Gelenkigkeit abzielt, kommt es sehr auf regelmäßiges

Üben an, wobei anfängliche Rückschläge normal sind. Die Vorstellungen von Stokvis und Pflanz (1961) ergeben das sogenannte Resonanzmodell. Resonanz ist das, was von einem anderen widertönt, und zugleich ein physikalischer Begriff. Bei der Suggestion handelt es sich um einen einheitlichen Vorgang, bei dem die Beteiligten zu einem zwischenmenschlichen Grundvollzug zusammengeschlossen und einem gemeinsamen Ziel zugeführt werden. Christian und Haas (1949) sprechen von „Bipersonalität". Die Bipersonalität weist folgende fünf besonderen Kennzeichen auf.

1. Die Partnerschaft ist ohne Vereinbarung von vornherein gegeben.
2. Einigend ist das Wertziel, nicht die gegenseitige Anpassung.
3. Die Gegenseitigkeit ist für die Zusammenarbeit fundierend; jeder hat schon in der Veranlagung seines Tuns dafür gesorgt, daß sein Verhalten für den anderen verbindlich ist.
4. Die beteiligten Subjekte sind nicht autonom, d. h., keiner der Beteiligten weiß, wie groß sein Anteil an der gemeinsamen Handlung wirklich ist, da jede Änderung des einen vom Gegensubjekt unbemerkt ausgeglichen wird.
5. Diese Solidarität gründet im Selbstverborgenen; auf der Höhe der Zusammenarbeit fühlt sich jeder frei und selbständig. Diese fünf Kennzeichen gehören auch zur Basis der Suggestion. Stokvis und Pflanz teilen den zeitlichen Ablauf der Suggestion in drei Stadien, das Stadium acceptionis, suggestionis und effectionis ein.

Das „Stadium acceptionis" beginnt mit der Kundgabe der Suggestion. Der Status nascendi des Suggestionsvorganges liegt meist im Dunkeln. Kretschmer (1949) bezeichnet dieses als präverbales Stadium, in dem zwischen zwei Menschen ein *„breiter Induktionsstrom von motorischen Signalen hin- und zurückgeht."* Die suggestive Wirkung kann sich nur entfalten, *„wenn sie sich in der Sphäre, d. h. am dunklen Rande des Bewußtseins, unscharf verschmelzen."* Im Stadium acceptionis geht es noch nicht um einen spezifischen Suggestionsinhalt. Nach der Rollenverteilung der Partner kommt die eigentliche Akzeption zustande, d. h., jeder der Partner erkennt sich und den anderen in der jeweiligen Rolle an („Wir-Bildung" nach Straus und Schultz). Das „Stadium suggestionis" beinhaltet das „Unterschieben", d. h. dem Suggerendus wird etwas auf „unterem Wege" zugeführt. In diesem Stadium ist der Suggestor am aktivsten. Die Suggestion mißlingt, wenn der Suggerendus diese nicht akzeptieren kann. Mit dem Stadium effectionis ist die Suggestion abgeschlossen.
Dieses Stadium entscheidet über Erfolg oder Mißerfolg der Suggestion. In diesem Stadium ist die Autosuggestion maßgeblich beteiligt, d. h. der Suggerendus ist der aktive Teil. Jovanović (1988) fügt noch ein Stadium der katamnestischen Kontrolle hinzu. Dieses Stadium ist mit Suggestiverfahrungen angereichert und wird bei späteren Suggestionen entsprechend realisiert. Der Suggerendus kann in diesem Stadium auch andere Auffassungen erfahren, die unter Umständen zur Änderung der Meinung über den zuvor agierenden Suggestor führen können. Vielleicht sollte noch das „Stadium assoziationis" (gemäß dem Hibbertschen „Gesetz des Geistes") hinzugefügt

werden, das bestimmt, daß die Wiederholung einer deutlichen Empfindung die Erneuerung der vergangenen, früher mit ihr assoziierten Gefühle mit sich bringt (vgl. Preyer 1889). Die Suggestibilität bezeichnet beim Suggerendus die Geneigtheit, die Bereitschaft für das Zustandekommen der Suggestion. Die Suggestibilität weist auf den sozialen Kontakt, auf einen zwischenmenschlichen, überindividuellen Kontext hin. Unter negativer Suggestibilität (vgl. Bleuler 1925) versteht man den gegenteiligen Effekt einer Suggestion. Straus (1925) nennt sie Repudiation. Diese negative Suggestibilität bedeutet nicht das Fehlen von Suggestibilität. Bei determinierten Dingen entsteht ein Mangelzustand an Suggestibilität. Das bedeutet, je undeutlicher das Wahrnehmungsfeld ist, desto besser kann in dieses hineinsuggeriert werden. Umgekehrt gilt, je deutlicher das Wahrnehmungsfeld ist, desto schlechter ist die Suggestibilität. Die bessere Suggestibilität des Kindes läßt sich damit erklären, daß Kinder vom dritten bis zum vierten Lebensjahr an sicher suggestibel und Schulkinder für Suggestionen zugänglicher sind, als jüngere Kinder.

Ein Suggestibilitätstest ist z. B. der Körperschwankungstest („body sway"). Der Patient/Klient steht bei diesem Test mit geschlossenen Augen da und erhält die Suggestion, daß er schwankt. Diese Körperschwankungen lassen sich objektivieren, beispielsweise mit der Cranio-Corpo-Graphie-Methode (vgl. Halama 1988). Ein weiterer, oft gebrauchter Test ist der Pendeltest. Die Versuchsperson (VP) hält das Pendel am Faden zwischen den Zeigefingerkuppen und wird aufgefordert, dem Pendel gedanklich eine Schwingungsrichtung zu geben. Beim Armlevitationstest wird der VP eine zunehmende Leichtigkeit in einem Arm suggeriert, bis sich letzterer von der Unterlage abhebt. Bei diesem Test kann anschließend sofort in die Hypnose übergeleitet werden. Des weiteren gibt es psychologische Testverfahren, deren Ergebnisse eine Aussage über die Suggestibilität der VP machen können, z. B. Bernreuters Personality Inventory (vgl. Donceel et al. 1949) oder die Stanford Hypnotic Susceptibility Scales (vgl. Weitzenhoffer und Hilgard 1959). Schließlich seien noch die Placebo-Tests erwähnt:

Etwa 30 Prozent aller Menschen reagieren auf ein Placebo wie auf ein spezifisches Arzneimittel. Die Suggestion ist ein wichtiger Bestandteil der Hypnose, sowohl bei der Induktion als auch intra- und posthypnotisch. Durch die Suggestion konnte die Hypnose aus psychologischer und psychophysiologischer Sicht interpretiert werden. Orne (z. B. 1959) versteht Hypnose als die Voraussetzung, in der durch Suggestion Verzerrungen von Wahrnehmungen und Gedächtnis hervorgerufen werden. Die Zukunft wird zeigen, ob man Suggestions- bzw. Suggestibilitätsuntersuchungen auch unabhängig von der Hypnose bzw. Hypnotisierbarkeit entwickeln kann bzw. ob eine Hypnoseforschung ohne Suggestion oder mit erheblicher Minderung des Suggestionseinflusses möglich ist.

2. 2. Struktur des Gedächtnisses

Die Thematik des Hypnotismus gebietet es unter anderem auch - in Grundzügen - über das Gedächtnis Bescheid zu wissen, da sowohl intra- und posthypnotische als auch amnestische bzw. hypermnestische Zustände auftreten können. Eine allgemein akzeptierte und vollständige Definition des Gedächtnisses gibt es jedoch noch nicht. Vom neurobiologischen Aspekt aus (vgl. dazu Rahmann und Rahmann 1988) sind wir derzeit nicht in der Lage, alle Einzelheiten der neuronalen Informationsverarbeitung und -speicherung, d. h. der Gedächtnisbildung, zu verstehen. Dies mag unter anderem daran liegen, daß das menschliche Gehirn aus vielen hundert Milliarden Nervenzellen, einigen Billionen Gliazellen und mehreren hundert Billionen Synapsen besteht.

Die gesamte Länge der im Hirn vorhandenen Nervenzellen ergibt die doppelte Entfernung von der Erde zum Mond, also ca. 2.384.000 Kilometer. Die Erregungsleitungsgeschwindigkeiten betragen etwa 360 - 400 Kilometer in der Stunde, das entspricht 100 - 120 Meter pro Sekunde. Pro Sekunde werden 4109 Impulse zwischen den Hemisphären über den Balken ausgetauscht. Mehr als 40 verschiedene chemische Transmittersubstanzen unterscheiden erregende von hemmenden Synapsen. Pro Erinnerungsvorgang sollen zwischen 107 und 108 Nervenzellen aktiviert werden. Im Nervensystem wird jede individuell gesammelte Information über weite Bereiche verstreut gespeichert. Inzwischen können gleichzeitig in jedem einzelnen Teilbereich dieses Systems viele Informationen übereinandergelagert gespeichert werden. Die Merkleistung und das Ausmaß des Vergessens scheinen komplementäre Größen zu sein.

Im Alltag erfahren wir nicht selten folgende Situation: Ein bekanntes Wort fällt uns nicht ein, obwohl wir uns später daran erinnern können. Dieser Sachverhalt wird allgemein als Suchfehler (Retrieval-Fehler) bezeichnet. Er wird auf nicht näher definierte Hemmungs- oder Interferenzprozesse beim Auffinden des gesuchten Gedächtnisinhaltes zurückgeführt (vgl. Klimesch 1979). Vergessen kann durch Suchfehler oder durch den Verlust bereits gespeicherter Information erklärt werden. In der Gedächtnispsychologie gibt es im wesentlichen zwei konkurrierende Anschauungen, die Zerfallstheorien (vgl. Brown 1958; Watkins et al. 1974) und die Interferenztheorien (vgl. Anderson 1985; Klimesch 1979, 1988).

Die Anhänger der Zerfallstheorien vermuten, daß das Vergessen durch einen autonomen und zeitbedingten Prozeß verursacht wird, der zu einem mit zunehmender Zeit fortschreitenden Verlust des gespeicherten Inputs führt. Die Anhänger der Interferenztheorien nehmen an, daß Hemmungsprozesse den Vorgang des Auffindens (retrieval) oder auch des Einspeicherns erschweren oder unterbinden. Als mögliche Hemmungsvorgänge werden z. B. pro- und retroaktive Interferenzen zwischen Gedächtnisinhalten, Kontexteffekte oder eine länger andauernde Nichtnutzung gespeicherter Codes angesehen. Die Vorgänge im Gedächtnis mit Informationsaufnahme (Wahrnehmung), Speicherung der Information und Wiedergabe des Gespeicherten (Erinnerung, Kurzzeit- und Langzeitgedächtnis) sind ein komplexes Geschehen. Hier kann nur ein grober Überblick gegeben werden. Darüber hinaus wird auf die einschlägige Literatur verwiesen (vgl. Markowitsch 1999, 2000). Schmidt (1985) unterscheidet das Lernen (Aufnahme, Wahrnehmung) vom Gedächtnis und bezeichnet letzteres als Speicherung. Lernen geschieht bewußt. Was aber passiert mit dem Input unbewußt aufgenommener Informationen? Falls unbewußte Informationen nicht wahrgenommen wurden, so wurden diese auch nicht gespeichert. Andererseits erinnern wir uns bewußt manchmal an Dinge, von denen wir glaubten, wir hätten sie nie wahrgenommen. Pöppel schreibt in: „Eine neuropsychologische Definition des Zustandes bewußt" (1989), daß die neuronalen Oszillationen vermutlich das formale Gerüst sind, um Ereignisse zu identifizieren, sie zeitlich zu ordnen und Prozesse in Modulen zeitlich aufeinander abzustimmen.

Diese Moduluhr könnte für das Gehirn etwa 30 - 40 ms beschränkte Systemzustände als Grundlage für eine „Ereignisidentifikation" nutzen. Zeitliche Ordnungen von Ereignissen, die unter 30 ms liegen, können nicht angegeben werden, d. h., sie werden auch nicht im Unterbewußtsein gespeichert. Das Gedächtnis ist ähnlich wie das holographische Prinzip aufgebaut. Der Gedächtnis-Input verteilt sich demnach (wie ein Hologramm) auf alle beteiligten Nervenzellen. Bei einem Hologramm enthält jedes seiner Teile die gesamte Bildinformation. Selbst aus Hologrammfraktionen läßt sich die gesamte Information abrufen.

Auch, wenn täglich kontinuierlich Tausende von Nervenzellen absterben, besteht die Information weiter, da das Gehirn mit dem verbleibenden Rest exakt weiterarbeiten kann. Es sei denn, es fallen durch Krankheit oder Unfall schlagartig große Neuronenbereiche aus. Die Eiweißnatur des Langzeitgedächtnisses wird von vielen Gedächtnisforschern akzeptiert und kann experimentell bewiesen werden. Blockiert man die Einweißsynthese während eines Lernvorganges, innerhalb der ersten 20 Minuten, so ist das Erlernte nach 60 Minuten wieder vergessen, die Transformation des Erlernten in das Langzeitgedächtnis findet nicht statt. Eine zeitlich später durchgeführte Blockade der Synthese ergibt keinen Lernverlust (vgl. Rexrodt 1981). Creutzfeld (1980) glaubt, daß ein vollständiges Verständnis des Gedächtnisses noch nicht vorhanden ist. Laudien (1977) postuliert die äußere Membranstruktur der Nervenzelle (Bahnung der Informationskanäle) als Sitz des Gedächtnisses.

Für die Speicherfähigkeit von Informationen ist die Gefühlsstärke maßgebend, mit der diese Informationen erlebt oder erlitten wurden. Je stärker die mit ihnen verbundenen Gefühle waren, um so besser werden sie auch behalten, also im Langzeitgedächtnis gespeichert. Schwach erregende Wörter und Begriffe werden besser kurzfristig im Kurzzeitgedächtnis behalten. Bei extravertierten Personen ist das Kurzzeitgedächtnis besser ausgebildet als bei introvertierten. Introvertierte verfügen dagegen über ein besseres Langzeitgedächt-nis (zerebrale Erregungstheorie). Je stärker ein Mensch kortikal angeregt ist, um so schneller sind auch die Fixierungsprozesse abgeschlossen. Bei Introvertierten erfolgt die Fixierung des Inputs schneller und intensiver als bei Extravertierten. **Die zerebrale Erregungstheorie vermag**

die Korrelation zwischen einer starken Erregung, einhergehend mit einem guten Langzeitgedächtnis (aber einem schlechtes Kurzzeitgedächtnis) und einer schwachen Erregung mit einem dementsprechend guten Kurzzeitgedächtnis zu erklären. Erregt eine einzuprägende Information den Kortex, so bremst dieser sich selbst in der Erledigung anderer Aufgaben. Dies kommt einerseits den Fixierungsprozessen zugute, andererseits wird die augenblickliche Leistungskraft für das Wahrnehmen, Speichern und Einprägen neuer Informationen herabgesetzt. Das Kurzzeitgedächtnis läßt also nach. Durch diese Erkenntnisse muss Freuds Hypothese, die besagt, daß wir uns nur deshalb bevorzugt an angenehme Dinge unseres Lebens erinnerten, weil unangenehme Erlebnisse verdrängt worden seien, korrigiert werden. Die Erinnerungsbevorzugung hängt nicht nur mit einem psychisch produzierten Abwehrmechanismus gegenüber unangenehmen Dingen zusammen, sondern auch mit dem Grad der inneren, kortikalen Erregung. Die Verdrängung betrifft nur die Erlebnisse, die auch im Langzeitgedächtnis gespeichert worden sind.

Das Vergessen eines Inputs kann ein passiver Vorgang, ein mit dem Unbewußten „abgesprochener" Vorgang oder ein völlig unbewußt ablaufender Prozeß (in dem Sinn, daß wir uns nicht mehr erinnern wollen) sein. Nur im letzteren Fall ist der Abwehrmechanismus der Verdrängung tätig, der Widerstand manifestiert sich. Für den Hypnotismus und die Suggestibilität ist die Aufnahme einer Information (z. B. Suggestion) von größter Wichtigkeit, da diese bewußt oder unbewußt erfolgen kann. Das sensorische Gedächtnis dauert weniger als eine Sekunde.

Es erhält seine Inputs aus den verschiedenen sensorischen Systemen. Diese sensorischen Inputs werden in einem sogenannten sensorischen Register für 300 Millisekunden bis hin zu mehreren Sekunden, in Form einer Nachwirkung des Reizes, gespeichert (vgl. Udolf 1983; Hilgard und Loftzus 1979). Das Kurzzeitgedächtnis enthält noch ein sogenanntes primäres Gedächtnis, das mehrere Sekunden lang speichern kann. Es speichert kurzfristig verbale Inputs. Das Langzeitgedächtnis wird in ein sogenanntes „sekundäres Gedächtnis", das für Minuten oder Jahre speichert und in ein sogenanntes „tertiäres Gedächtnis", für dauerhafte Speicherung, aufgeteilt. Letzteres enthält Engramme, die die gespeicherten Informationen durch ständiges Üben nie vergessen lassen (Ausnahme: Morbus Alzheimer, multiple Persönlichkeiten). Dieses in Engrammen gespeicherte Wissen kann schnell reproduziert werden (vgl. Jovanović 1990; Udolf 1983). Bei zeitlicher Fixierung der Aufgabenstellung kommt es zu einem raschen Abrufen und Ordnen von semantisch-klassifikatorisch abgespeicherten Informationen aus dem „Wissensgedächtnis" (Tariot und Weingärtner 1986) bzw. „Speichergedächtnissystem" (vgl. Vernon 1983) mit optimalem Transfer in ein episodisches Arbeitsgedächtnis. Kurz zusammengefaßt lassen sich die Vorgänge der Informationsverarbeitung folgendermaßen darstellen: Der Eindruck eines inneren oder äußeren Geschehens gelangt (modifiziert durch Variable wie die Reaktionslage von Körper, Geist und Seele, das Alter der Person und deren Umwelt) über die Sinnesorgane bzw. in Form eines Gefühls oder Affekts zum Gehirn. Im Kortex kommt es daraufhin zur

Bildung von Engrammen. Die Summe dieser Engramme bildet das Gedächtnis. Dort sind die Sinneseindrücke in Form von Vorstellungen gespeichert, das sind mosaikartige Bilder von Einzelengrammen. Das Denken des Menschen stellt ein permanentes Vergleichen, Suchen und Ordnen dieser Vorstellungen dar. Die Funktion dieser Denkvorgänge schließlich bezeichnet man als Intellekt. Die Lern- oder Erinnerungsfähigkeit wird durch eine neutrale Hypnose, d. h. ohne gezielte Suggestionen, nicht verbessert (vgl. Udolf 1987). Bei einer Suggestion mit dem Ziel einer Hypermnesie ist die Verbesserung der Lern- und Erinnerungsfähigkeit von der Art und der Bedeutung des Materials abhängig, das reproduziert werden soll. Bei als „sinnvoll" angesehenem Material kann eine Hypermnesie erreicht werden (vgl. Udolf 1983).

Die posthypnotischen Amnesien sind für den Hypnotismus charakteristisch und können durch Suggestionen verstärkt oder abgeschwächt werden. Nach dem Hypnosezustand können sie leicht durch andere Suggestionen ersetzt oder aufgehoben werden. Die posthypnotische Amnesie kann einige Minuten, bis hin zu fünf Jahre dauern.

Im Laufe der Zeit nimmt die Wirkung der Amnesie, ohne Suggestionswiederholung, ab. Die hypnotische Amnesie ist in Qualität und Quantität von vielen Faktoren abhängig. Dazu gehören der Grad der Hypnotisierbarkeit, die direkte/indirekte Suggestionsform, der Dissoziationsgrad, die spontane/suggerierte Amnesie, die partielle/selektive/totale Form, der neurobiologische Zustand des Gehirns, die Gedächtniskapazität, die Verdrängung eines Denkvorganges, die Bedeutung des Materials, an das erinnert werden soll oder nicht, die rechts-/links-Dominanz des Gehirns sowie die Geschlechtsunterschiede. Eigene Untersuchungen an einem gemischten Patientenkollektiv von 31 Personen (Durchschnittsalter 55 Jahre) weisen darauf hin, daß Frauen eine „schnellere Leitung" hinsichtlich der Informationsverarbeitung (Assoziation mit selektiver Aufmerksamkeit in Erwartungssituation) haben. Bei der Untersuchung wurde die Methode der spät akustisch evozierten Potentiale (SAEP) angewandt.

Bereits in den ersten Schuljahren zeigen sich geschlechtsspezifische Unterschiede. Mädchen können Lernmaterial besser nach semantischen Organisationsprinzipien sortieren (sort-recall-Aufgaben) als gleichaltrige Jungen (vgl. Schneider 1989). Schneider gibt einen vorzüglichen Überblick über die etwa ein Jahrzehnt alte Metagedächtnisforschung bei Kindern. Als „Erfinder" des Metagedächtniskonstruktes gilt Flavell. Die Metagedächtnisforschung beschäftigt sich mit dem Komplex des Wissens von Kindern um ihr eigenes Gedächtnis bzw. die Anforderungen von Gedächtnisaufgaben. Während der Schulzeit wird das Metagedächtnis permanent durch die Folge zunehmender Konfrontation mit Gedächtnisproblemen vergrößert. Der Mensch reflektiert über sein Gedächtnis, d. h., er weiß um sein Wissen (Metakognition). Brown (1958) fordert für die metakognitiven Fähigkeiten die Vorhersage der Kapazitätsgrenzen des Systems, die Bewußtmachung der verfügbaren heuristischen Programme (Strategien, Routinen) und ihres jeweils angemessenen Operationsbereiches, die Identifikation und Charakterisierung neu auftretender Probleme, die gezielte Anwendung geeigneter

Problemlösestrategien, die begleitende Effizienzkontrolle und Supervision der applizierten Strategien und die dynamische Evaluation dieser Operationen, sowohl im Erfolgs- als auch im Mißerfolgsfall, um die Beendigung der strategischen Aktivitäten optimal zu „timen". Browns Forderungen haben sehr viel Ähnlichkeit mit der Hypnosestrategie Ericksons. Sie sind in der Hypnosetherapie bei Kindern oder Erwachsenen anwendbar. Bei interessanten Gedächtnisaufgaben, die einen engen Bezug zu Alltagserlebnissen haben, ist das Metagedächtnis schon im Kindergartenalter verfügbar und funktional einsetzbar.

2. 3. Pychophysiologie und Theorie der Hypnose

Psychologische Aspekte

Die Hypnosegesetze und die Auffassungen Vogts sind im ersten Kapitel dieses Buches dargestellt (vgl. S. 35f). Die Entwicklung der Psychotherapie als seriöse Wissenschaft ist ohne das Studium der Erfahrungs- und Verhaltensweise des Menschen unverständlich. Im Laufe der Jahre verändert oder variiert der Zeitgeist die Auffassung und die Sichtweise des Menschen, so daß sich die Meinungen der Autoren auch über Hypnose ergänzen und verändern oder gar kontrovers diskutiert werden. Im naturwissenschaftlichen Bereich entscheidet über Annahme und Verwertung einer Idee stets die Erfahrung - nie eine Autorität ohne Erfahrung. Jaspers unterschied beispielsweise drei Weltbilder. Einmal das sinnlich-räumliche, in dem der Mensch existiert und lediglich reagiert (homo reagens), dann das verstehend-psychologische, seelisch-kulturelle (homo naturalis) und das metaphysische, in dem der Mensch hinter der Erfahrung der Eindrücke die schöpferische Ursache sucht (homo spiritualis).

Ein klassisches Beispiel einer Hypnosetheorie mit der Auffassung des Menschen als „homo reagens" bietet sich bei Pawlow (vgl. S. 42) und der sowjetischen Schule (z. B. Biermann, Bykow, Byrjukow, Platonow, Speransky), in der westlichen Welt z. B. bei Salter, Bachet, Gould. In Europa wird diese Auffassung besonders von Völgyesi vertreten. Die genannten Autoren betrachten den Menschen als Objekt im psychokonditionierten Reflexsystem. Zu dieser Sichtweise gehört auch die Beurteilung der Hypnose im Sinne Braids und der alten Okkultisten, z. B. Reichenbach (vgl. Moser 1935). Freuds Zeitgenossen betrachteten den Menschen als „homo naturalis" in einem verstehend-psychologischen Weltbild. Unter diesem Aspekt sahen die Psychoanalytiker auch die Hypnose (z. B. Ferenczi, Stokvis). Hammerschlag versuchte 1955 der Hypnose den Platz einzuräumen, den sie verdient, d. h. sie vom Magischen zu befreien; sie ist kein Allheilmittel und kann die Psychoanalyse nicht ersetzen und umgekehrt.

Schmitz (1951) versuchte, die Hypnose unter dem Weltbild des „homo spiritualis" zu sehen. Nach seiner Aufassung „soll eine Heilung ... nur gelingen, wenn das normale, die Funktion der Zelle leitende Vorstellungsbild wieder hergestellt wird." Seine Vorstellungen können die Psychoimmunologie und

Karzinomtherapie beeinflussen bzw. durch diese objektiviert werden. Hammerschlag unterschied in der Hypnoseentwicklung die mystische, magische, psychologische und physiologisch-rationale Phase. Wir befinden uns, so glaube ich, schon längst in der neurophysiologischen bzw. psychophysiologischen Phase. Durch neue Methoden, z. B. evozierte Potentiale, Brain-Imaging, Positronen-Emissions-Tomographie, Single-Photon-Emissions-Computertomographie u. a. können wir Veränderung vor, in und nach der Hypnose objektivieren. Dadurch können wir das hypnotische Geschehen besser verstehen und zielgerecht therapeutisch nutzen. (vgl. „Eigene Ergebnisse", S. 120). Sarbin und Coe (1972) u. a. betrachten die Hypnose als Rollenverhalten, unter dem sozialpsychologischen Gesichtspunkt.

Die orthodoxen Psychoanalytiker und Tiefenpsychologen fassen die Hypnose einseitig als Regression, im Dienste des Ichs, auf (vgl. z. B. Fromm 1977; Gill und Brenman 1959; Klein 1969). Die Neoanalytiker (z. B. Rado und Daniels 1956; Sullivan 1949 u. a.) lehnen die Libidotheorie und die klassische Instanzlehre ab und messen den soziokulturellen Einflußgrößen mehr Bedeutung zu. Hilgard (1974), Janet (1889) u. a. sehen in der Hypnose eine Neo-Dissoziation verschiedener kognitiver Systeme. Tart (1969) bezeichnet sie als veränderte Bewußtseinslage und Orne (z. B. 1959) sowie Sheehan und Perry (1976) als Relatitivtätsverkennung. Aus verhaltenstherapeutischer Sicht hält Hutchins (1961) die Hypnose für eine Konditionierungsmöglichkeit. Barber und Wilson (1977) stellten das „Cognitive-behavior-Modell" auf und ihr Schüler Spanos (1982) das kognitiv-soziale Modell. Fourie (1980) betrachtet die Hypnose unter dem ökonomischen Gesichts-punkt und Kruse (1987), ausgehend von Luria, als Konstrukt der Wahrnehmung, meinte es gäbe keine Objektivität, nur Innenwelt. (Zur psychologischen Beziehung zwischen Therapeut und Suggerendus siehe den Abschnitt über Suggestionsstadien, S. 8 u. 69f.). Gheorghiu (2000) untersucht die Suggestionalität bzw. die hypnotische vs non-hypnotische Suggestionierbarkeit.

Neurophysiologische Aspekte

Die Psychophysiologie (z. B. Birbaumer 1975; Zwangwill 1960) studiert nicht nur die Neurophysiologie, sondern setzt sich auch mit den psychischen Auswirkungen auseinander. Pribram (1969) versucht, eine phylogenetisch-begriffliche Lösung der Steuerung der psychischen Funktionen und`der Hypnose zu finden. Er teilt das sensorische System dimensional in effektiv-affektiv und ästhetisch-ethisch ein. MacLean (1977) verwendet eine hierarchische Terminologie: Reptilien-Komplex, paleo-mammilarisches Muster (limbisches System) und neomammilarisches Muster. Mit dem „Reptilienkomplex" wären Trieb und Impulse (elementare Zeichnungen, Impulse), mit Paleomammilarmuster Emotionen (emotionale Matrizen) und mit dem Neomammilarmuster (vielfältige Reaktionen auf Matrizen und Emotionen) rationales Denken gekoppelt. Greenberg und Spiegel (1978) postulieren eine biologische Basis der Hypnose: Für die steuernde Hirnformation des Hirnstammes ergibt sich biologisch-funktionell eine generelle Kapazität sowie eine spezielle Flexibilität. Erstere entspricht dem Fassungsvermögen der Formatio reticularis. Unter der speziellen Flexibilität versteht man die Fähigkeit eine oder zwei psychische oder psychophysiologische Funktionen auf ein oder zwei Hirnareale zu verlagern. Die Umstellungsfähigkeit der Formatio reticularis sowie ihre Kapazität und Felexiblität führen bei selektiven Suggestionen zur raschen funktionellen Neuorientierung. Dies führt den Trancezustand bzw. die Hypnose herbei. Für die Armlevitation braucht man die psychische Antwort und die Aktionen der zuständigen motorischen Hirnareale. *Fazit:* **Je geringer die Kapazität und Flexibilität der Formatio reticularis ist, desto niedriger ist die Suggestibilität bzw. Hypnotisierbarkeit oder Tranceinduktion und umgekehrt.**

2. 4. Arbeitshypothesen

Es gibt bisher keine voll umfassende und allgemein akzeptierte Definition, was Hypnose (Verfahren, Erlebnisform, Behandlungsform) eigentlich ist. Dementsprechend gibt es auch keine allein gültige Theorie, sondern vorerst nur Arbeitshypothesen. Die Hypnose basiert unter anderem auf phylogenetischen, physiologischen, neurophysiologischen oder psychologischen Konzepten bzw. Erscheinungsformen. Der hypnotische Zustand kann psychoanalytisch beurteilt werden, beispielsweise der aktive Hypnotiseur und der passive Hypnotisand in der „traditionellen" Methode der Hypnose, wobei letzterer regressiv reagiert. Bei den „neuen" Methoden ist dies nicht unbedingt der Fall. Crasilneck und Hall (1985) postulieren zwei Stufen der psychostrukturellen Theorie der Hypnose, wobei sie unter Stufe eins die Struktur der neurophysiologischen Substrate und unter Stufe zwei die Struktur der dynamischen psychologischen Zustände verstehen. Die Autoren glauben, daß die erste Stufe für die zweite zwar notwendig ist, aber für diese allein nicht ausreicht. Aufgrund von Verhaltensstudien bei hypnotisierten Tieren wurde von einer atavistischen (phylogenetischen) Theorie gesprochen. Der Atavismus kommt jedoch nur in Ausnahmefällen vor. Pawlow nahm an, daß die Hypnose bei Tieren einen Selbsterhaltungsreflex darstellt (Immobilisierungstheorie). Freud vertrat eine ähnliche Meinung, indem er auf die phylogenetischen Aspekte hinwies: Die Hypnose erhalte einen Anteil von Lähmung aus dem Verhältnis eines Übermächtigen zu einem Ohnmächtigen/ Hilflosen, ähnlich der Schreckhypnose bei Tieren.
Der „Totstellreflex" hat aber bei einigen Tieren keinen Sinn, während ihn andere, die ihn gut gebrauchen könnten, nicht besitzen. Für Gill und Brenman ist die Hypnose ein Regressionsprozeß, der durch physiologische oder psychische Faktoren ausgelöst werden kann. Nach Pawlow u. a. stellt die Hypnose einen partiellen Schlaf dar; wobei ein Großteil der Hirnrinde gehemmt sei, ein anderer Teil nicht (nach Jovanović 1988). Die psychologischen Theorien haben unter anderem die Sprache, die Rollendefinition, die Erwartungshaltung sowie die Motivation im Blickfeld. Sie erklären die Hypnose, z. B. die Induktion, als konditionierten Stimulus bzw. als Verhaltens-

modifikationsmethode (vgl. Wolpe 1961) oder als Rollenspiel. Andere Autoren weisen auf die interaktionale soziale Natur der Hypnose hin bzw. auf die Dissoziation (vgl. Janet 1925) oder Neo-Dissoziation (Hilgard 1974), da der Hypnotisand in der Wahrnehmung gespalten sei. Kroger (1977) hält dagegen, daß, wenn die Dissoziationstheorie richtig wäre, die durch den Therapeuten induzierte Amnesie nicht wieder rückgängig gemacht werden könnte. Hilgard postuliert im Rahmen seiner Neo-Dissoziationstheorie, daß manchmal Informationen vor dem Bewußtsein abgelenkt und somit nicht bewußt werden. Er nimmt für die Hypnose drei Arten von Bewußtsein an. Erstens die verzerrte Realität; z. B. der Hypnotisand spürt im Schmerzexperiment keinen Schmerz. Zweitens die nicht verzerrte Realität; z. B. automatisches Schreiben, versteckter Beobachter („hidden observer") und schließlich drittens das „beobachtende Bewußtsein" („observing consciousness"), ist ein aktiver Beobachter und Kontrolleur der Situation. Es ist sich des „versteckten Beobachters" (hidden observer) nicht bewußt, weil es von ihm durch eine amnestische Barriere getrennt ist. **Posthypnotische Suggestionen in Selbsthypnose werden unter anderem durch das „beobachtende Bewußtsein" gegeben.**

Für die Neo-Dissoziationstheorie spricht auch die unterschiedliche Funktion der beiden Hirnhemisphären (vgl. Tabelle 5): Während die linke Hemisphäre mehr analytische, digitale Aufgaben bewältigt, arbeitet die rechte Hemisphäre mehr allgemein, weitsichtig und emotional (Imaginationen). Hilgards Theorie liefert auch eine Erklärung für die hypnotisch induzierte Analgesie/Anästhesie: Wurde bei hypnotisch analgesierten Probanden das automatische Schreiben induziert (linke Hemisphäre), so gaben sie stärkere Schmerzempfindungen an. Hypnotische Blindheit bzw. Taubheit kann mit dem automatischen Schreiben unterbrochen werden. Weitere Theorie-Arbeitsmodelle gründen auf der Fragestellung, ob die Hypnose ein spezifischer Bewußtseinszustand (state) ist oder nicht (non-state). Die State-Befürworter postulieren für die Hypnose die typischen unwillkürlich auftretenden Hypnosereaktionen. Diese Reaktionen werden z. B. durch „Dissoziation" zwischen den kognitiven Systemen erklärt. Die Non-state-Befürworter sehen in der Hypnose keinen speziellen Bewußtseinszustand, sondern sehen sie als Auswirkung vorausgehender Variablen an, wie z. B. der Erwartungshaltung oder Motivation. Hypnotische Phänomene sind analog mit anderen Sozialverhaltensweisen vergleichbar. Die Hypnosereaktion tritt „willkürlich" ein.

Linke Hälfte	Rechte Hälfte
Logospeicher	Imagospeicher
auditiv	visuell
kurzsichtig	weitsichtig
konvergierend	divigierend
analysierend	synthetisierend
abstrakt	konkret
rational	emotional
zeitlich	räumlich
digital	analog
objektiv	subjektiv
aktiv	passiv
angespannt	entspannt
parasympathisch	sympathisch
propositionell	appositionell
linear - der Reihe nach	Gestalt - simultan
mental	intuitiv
wissenschaftlich	künstlerisch
logisch	gefühlsmäßig
introvertiert	extrovertiert
neurotisch	psychotisch

Dominante Hemisphäre	Untergeordnete Hemisphäre
Verbindung zum Bewußtsein	keine derartige Verbindung
verbal	fast nonverbal
sprachliche Beschreibung	musikalisch
ideational	Sinn für Bildliches und Muster
begriffliche Ähnlichkeiten	visuelle Ähnlichkeiten
Analyse über Zeiträume hinweg	Synthese über Zeiträume hinweg
Analyse des Details	holistische Bilder
arithmetisch und computerähnlich	geometrisch und räumlich

Tabelle 5: Funktionen der rechten und linken Hemisphäre (Auswahl)

Sowohl State- als auch Non-state-Befürworter glauben, daß die aktive Mitarbeit des Hypnotisanden die Suggestionswirkung beeinflußt. Imaginationsvermögen und kognitive Bewertungsmuster, motivationale und extramotivationale Faktoren spielen in der Hypnose eine wichtige Rolle.

2. 5. Halluzination oder Imagination?

Mancher Kursleiter sagt während des Kurses zu den Teilnehmern: *„ Nun halluzinieren Sie in kleinen Gruppen. "* Das Wort „halluzinieren" bedeutet im psychiatrischen Sinne eine Sinnestäuschung haben, bei der die Wahrnehmung kein reales Wahrnehmungsobjekt hat. Es handelt sich um eine Sinneswahrnehmung, die ohne Reizung des Sinnessystems von außen zustande kommt, wobei felsenfest ausschließlich an die Realität dieser Wahrnehmung geglaubt wird. Der Begriff „Pseudohalluzination" oder „psychogene Halluzination" wäre für hypnotische Phänomene geeigneter, da ja in Hypnose stets die Einsicht in das Irreale der Wahrnehmung gewahrt wird (hidden observer). Am genauesten und zweckmäßigsten ist meiner Ansicht nach der Begriff „Imagination", da in den Suggestionen die Einbildungskraft zu Heilzwecken verwendet wird, bzw. Situationen und Erlebnisse anschaulich und plastisch vergegenwärtigt werden. Die Imagination konkretisiert sich in Form von Bildern, Symbolen, Phantasien, Träumen, Ideen und Gedanken. Sie dient schöpferischen Vorgängen und der alternativen Realitätsanpassung. Diese Prozesse haben in der Hypnotherapie grundlegende Bedeutung. Künftige Untersuchungen, z. B. mit Hilfe der Single-Photon-Emissions-Computertomographie (SPECT) bzw. biomagnetischer Untersuchungen supraleitende Quanteninterferometer (SQUID) oder dem Positronen emitierenden Tomogramm (PET) werden zeigen, ob neurophysiologische Unterschiede zwischen der Psychosehalluzination und der Hypnosimagination vorhanden sind.
Ich vermute einen Unterschied, da bei der Schizophrenie genetische Muster eine Rolle spielen. Demnach müßten sich bei einem Schizophrenen während einer Halluzination und beim gleichen Patienten im Interval, während einer Imagination, Unterschiede zeigen. Näheres zu den genetischen Konzepten findet sich bei Propping (1989). Frau Walter, von der psychiatrischen Universitätsklinik Wien, konnte mit Hilfe der SPECT-Untersuchung die kortikalen Unterschiede zwischen der Halluzination des Schizophrenen und der Imagination des Hypnotisanden feststellen. Bei der Imagination in Hypnose kommt es zu einer signifikanten Zunahme der frontalen kortikalen Perfusion (vgl. auch eigene Untersuchungen) und während der Halluzination des Schizophrenen zu einer deutlichen Minderung der Perfusion frontal (vgl. Vortrag beim Oskar-Vogt-Seminar in Hamburg, am 25. Oktober 1990).

2. 6. Die Persönlichkeit des Hypnotherapeuten

Der Therapeut sollte ausgeglichen, flexibel und spontan reagieren können, ethisch-moralisch gefestigt und zur Hypnotherapie motiviert sein. Außerdem sollte er sich regelmäßig über Hypnotismus und dessen wissenschaftlichen Randgebiete weiterbilden. Voraussetzung dafür ist eine fundierte Ausbildung (vgl. 5. 2. Ausbilungsrichtlinien), z. B. in Anamneseerhebung, Diagnostik, Differentialdiagnostik, Indikationsstellung, Kontraindikationen, Therapieplanung (ggf. mit Kotherapie) und Durchführung. Er sollte auch experimentell arbeiten und so zunehmend qualifiziert klinisch und wissenschaftlich tätig sein. Ferner sollte der Therapeut regelmäßig Hypnoseseminare oder -kongresse besuchen. Empfehlenswert ist ein Grundlagenwissen, z. B. in Psychologie, Neurologie, Psychiatrie, Tiefenpsychologie, Neurophysiologie, Physiologie, Neuropsychologie, Biologie, Anthropologie, Philosophie, Religionsgeschichte, Besessenheit, Anwendung psychometrischer Teste, Spiritismus und Okkultismus. Die Ausbildung zum Erwerb des Zusatztitels „Psychotherapie" kann hilfreich sein. Diese ist jedoch bis jetzt meist einseitig auf die Psychoanalyse und Tiefenpsychologie ausgerichtet. Im Ärztebrief Neurologen und Psychiater (Janssen GmbH 1988) ist unter der Rubrik „Zahlen zur Psychotherapie 1986/1987" vermerkt, daß 2956 ärztliche Psychotherapeuten (1639 Psychologen) tiefenpsychologische bzw. psychoanalytische Methoden anwandten und nur 443 ärztliche Psychotherapeuten (978 Psychologen) die Verhaltenstherapie. Dies entspricht in etwa dem Verhältnis sieben zu eins (bzw. 1,6 : 1) zugunsten der Psychoanalyse und Tiefenpsychologie!

2. 7. Gefahren der Hypnose und juristische Aspekte

Die Gefahren und die juristischen Aspekte gelten sowohl für intra- als auch für posthypnotische Zustände. Es liegt im Wesen der Suggestion und Hypnose, daß die durch sie hervorgerufenen Schäden funktioneller Natur sein müssen. Bereits 1881 und später 1893 wies die wissenschaftliche Deputation für das Medizinalwesen auf die Möglichkeit von Gesundheitsschädigungen durch „sensationelle hypnotische Schaustellungen" in zivilisierten Ländern hin. Um die Jahrhundertwende wurde dem Deutschen Verein für Psychiatrie der Gesetzesentwurf eines Reichsgesetzes zur Bearbeitung vorgelegt, der auf einen ähnlichen, aus dem Jahre 1880, zurückging. Es folgen Auszüge aus dem Gesetzesentwurf (aus Schultz 1954). **1. Die selbständige Anwendung von Hypnose** und ähnlichen, zu Bewußtseinsumschaltungen führenden Beeinflussungen an Menschen ... ist nur ärztlich approbierten Personen gestattet. Nichtärzte dürfen solche Beeinflussungen nur vornehmen, wenn nach ärztlicher Untersuchung der Versuchsperson ein Schaden nicht zu erwarten ist und die Versuche nervenärztlich überwacht werden.
2. Öffentliche hypnotische Schaustellungen sind verboten. Begründung: Die Hypnotisierung stellt einen tiefen Eingriff in das Seelenleben dar, der nur bei völlig Gesunden unter Berücksichtigung zahlreicher technischer Regeln gut vertragen wird. Die technisch fehlerhafte Hypnose und die Hypnose an Ungeeigneten führen häufig zu schweren Gesundheitsstörungen. Diese äußern sich als Kopfschmerzen, Benommenheit, Krampfanfälle, Lähmungen, Sprach-, Geh- und Sehstörungen, Schlaf- und Dämmerzustände und Geistesstörungen (bis zu mehrjähriger Dauer) sind nach Hypnosen beobachtet, vereinzelte Todesfälle nach Hypnose sind beschrieben worden, so sind doch die Folgen falscher oder falsch angewandter Hypnose so bedenklich, daß die Volksgesundheit gebieterisch Schutz verlangt. Zur

damaligen Zeit erließen mehrere Staaten, z. B. Belgien, Italien, die Schweiz, Österreich, Preußen und Sachsen Gesetze, die den gesundheitlichen Gefahren der Hypnose vorbeugen sollten. Es handelte sich meist um Verbote der Schauhypnose. Mancher Amtsrichter meinte in der Zeit des Ersten Weltkrieges auf Zeugen verzichten zu können, da die Aussagen in Hypnose absolut wahrhaftig seien (vgl. im weiteren die Situation in der heutigen Zeit in den USA!). Diese richterlichen Vorstellungen wurden schon damals von Sachverständigen als völlig falsch beurteilt, da Verbrecher auch in tiefer Hypnose mit Analgesie und Amnesie zielbewußt lügen (vgl. Moll 1924; Schultz 1954). Die Generalstaatsanwälte Hopler und Schindler (1926) berichteten, daß zwei junge Beamte in einem Ort, in dem eine ausgesprochene Hypnoseepidemie herrschte, ein 17jähriges Mädchen, das sie hypnotisiert hatten, abwechselnd vergewaltigten.

Gesundheitsschäden traten überwiegend nach Laien- und Schauhypnosen auf. Wie kann es dazu kommen? Unter Hypnose tritt ein veränderter Bewußtseinszustand ein, der durch verschiedene Maßnahmen herbeigeführt werden kann. Durch die Monotonie der Reize wird ein passives Verhalten der Versuchsperson (VP) angestrebt. Bewußtes Denken, Kritik, Eigenwillen sollen abgestellt werden. Dieser passive Zustand entwickelt sich je nach Veranlagung der VP langsam oder mit plötzlicher Umschaltung. Plötzliche Umschaltungen kommen vor, wenn die VP brüsk angefaßt, schwindelig gemacht oder durch überlanges Fixieren eines Gegenstandes überrumpelt wird. Diese plötzlichen Umschaltungen stellen besonders intensive Abläufe dar und rücken in die Nähe der Tierhypnose und Katalepsie (vgl. S. 61f). Es kommt z. B. zu Erblassen, Pupillenerweiterung, Schweißausbrüchen und retrograder Amnesie. Schädigungen durch Hypnose können durch die Hypnose selbst (hypnotische Umschaltung, fehlerhafte Technik oder überlastendes Experimentieren), die falsche Auswahl der Versuchspersonen (z. B. Weckschwierigkeit bei Psychopathen) oder die Sensationsatmosphäre der Schaustellung vorkommen.

Übrigens, für das Eintreten einer Gesundheitsschädigung ist es nicht notwendig, daß der Erkrankte als Medium benutzt wird. Allein die Atmosphäre einer Schauhypnose oder einer spiritistisch-okkultistischen Sitzung kann krankmachend wirken. Schultz (1954) unterscheidet die Schäden nach allgemeinen Folgen, technischen Fehlerfolgen, auffälligen Einzelsymptomen, Psychosen und Kriminellem. Während sich die allgemeinen Folgen nach Schauhypnosen beispielsweise in Kopfschmerzen, Zittererscheinungen, leichter Benommenheit und tagelanger Übelbefinden allgemeiner Art, verbunden mit Arbeitsunfähigkeit, äußern können, versteht man unter „technischen Fehlerfolgen" z. B. negative Suggestionen, ohne helfende Zusatzsuggestionen, wie eine „ausweglose Lage im brennenden Haus". Dies führt zu depressiver Verstimmung. Umgekehrt können bei Depressiven positive Suggestionen zu einer verbesserten Stimmung führen. Ungenügende Desuggestionen bzw. fehlende Rücknahme können z. B. zu einer Brandblase führen, wenn über einer Hautstelle eine Münze lag und „Hitze" unter der Münze suggeriert wurde. Von „auffälligen Einzelsymtome" spricht man u. a. bei Übersuggestibilität. *Beispiel:* Der automatische Händeschluß kann nur

langsam rückgängig gemacht werden. Ein anderer möglicher Schaden ist die hysterische Blindheit. Ein Mädchen wurde von seinem Vetter, zu dem es eine affektive Bindung besaß, hypnotisiert. Die Blindheit hielt über fünf Jahre an und trotzte jeder Therapie. Schultz (1961) berichtete, daß Raginski 1959 bei einem jahrelang beschwerdefreien (früher an Adam-Stokes-Anfällen leiden- . den) Patienten hypnotisch einen absoluten Herzstillstand hervorrufen konn- te. Psychosen schließlich können beispielsweise durch polyglotte Halluzi- nationen ausgelöst werden, d. h., der Hypnotisierte redet in zwei Sprachen (Mutter- und Landessprache) hat hysterische Dämmerzustände, zeigt zwang- hafte Symptome, Insultsymptome oder Verwirrtheitszustände. Gegebenen- falls können folgende Symptome als Prädiagnostikum für eine Psychose des schizophrenen Formenkreises gelten: Der hypnotische Zustand kann nur schwer eingestellt werden und der Patient/ Klient ist anschließend blaß und verstört (latente Schizophrenie bzw. Differentialdiagnosen: posthypnotische oder hysterische Psychose oder, nach spiritistisch-okkultistischen Sitzungen, medienistische oder postspiritistische Psychose, Besessenheit).
„Kriminelle Schäden" zeigen sich bei Verschleppung Debiler in Hypnose, posthypnotische Diebstähle und Hörigkeit (sexuelle und finanzielle Ausnutzung von Frauen) durch Laienhypnotiseure. Die juristische Bewertung der Hypnose ist vom Zeitgeist abhängig. 1935 stellte Wendig- gensen 64 Fälle von strafbaren Handlungen unter hypnotischem Einfluß dar. Klan (1980) erwähnt die geschichtliche Entwicklung der Expertenstellungs- nahme zur forensischen Bedeutung der Hypnose nach der Jahrhundertwen- de, die heute jedoch weitgehend überholt ist. Petersohn (1985) diskutiert fünf verschiedene Fälle, bei denen der Täter nach § 179 StGB (sexuellen Mißbrauch Widerstandsunfähiger) angeklagt war. § 179 StGB besagt:
1. Wer einen anderen, der wegen einer krankhaften seelischen Störung, wegen einer tiefgreifenden Bewußtseinsstörung oder wegen einer schweren anderen seelischen Abartigkeit zum Widerstand unfähig ist oder körperlich widerstandsunfähig ist, dadurch mißbraucht, daß er unter Ausnutzung der Widerstandsunfähigkeit außereheliche sexuelle Handlungen an ihm vor- nimmt oder an sich von dem Opfer vornehmen läßt, wird mit einer Freiheitsstrafe bis zu fünf Jahren oder mit Geldstrafe bestraft.
2. Wird die Tat durch Mißbrauch einer Frau zum außerehelichen Beischlaf begangen, so ist die Strafe Freiheitsstrafe von einem Jahr bis zu zehn Jahren, in minder schweren Fällen Freiheitsstrafe von drei Monaten bis zu fünf Jahren.
In Hypnose und im posthypnotischen Zustand vollziehen sich im Organismus objektiv faßbare Vorgänge, die auch von der psychischen Struktur des Hypnotisierten abhängig sind. Die sogenannte Einengung der Bewußtseinslage bedeutet eine Konzentration auf den Hypnotiseur. Der Hypnotisierte weiß, daß er sich in Hypnose befindet (vgl. Janet, S. 80) und behält seine Kontrollfunktionen (Hilgard 1974: „hidden observer"). Andererseits ist das Individuum mehr oder weniger für das Magische, z. B. Horoskop oder Glücksspiel etc., ansprechbar. Bei der Hypnose handelt es sich um einen physiologisch, neurophysiologisch und psychologisch erklär- baren Zustand und Vorgang. Bei Magie und Hypnose spielen sicherlich sug-

gestive Elemente die Hauptrolle. Für das juristische Verhalten eines Hypnotisierten und die daraus resultierenden Konsequenzen sind neben den physiologischen Erklärungen besonders die psychologischen Erklärungsmodelle wichtig, z. B. die psychoanalytische Sichtweise (vgl. Stokvis, Ferenczi, Freud), das Lustgefühl masochistischer Prägung, in dem ein erotisches Element verborgen liegt, bzw. Regression in frühe jugendliche Emotionen. Bei den Behavioristen (Hull, Welch) wird die Hypnose als lernendes Verhalten durch erhöhte Suggestibilität gegenüber dem Hypnotiseur gesehen. Frau Hilgard (1965) betont, daß der Mensch in der Hypnose nur zu solchen Handlungen veranlaßt werden kann, zu denen eine sonst „verborgene Resonanzbereitschaft" besteht, d. h., daß eine individuelle Disposition vorliegen muss. Orne (1972) sieht die Hypnose aus sozialpsychologischer Sicht der Rollenerwartung, der Rollenannahme, der Fähigkeit, die Rolle auszufüllen, der Übereinstimmung zwischen Rolle und Selbstbild und der Empfindsamkeit gegenüber den Forderungen in der Rolle. Nach Stokvis (1955) kann niemand gegen seinen Willen hypnotisiert werden, da jeder Mensch ein „Ideal-Ich" besitzt. Die Normen können individuell aber unterschiedlich sein! In Hypnose können nur latente Haltungen und Einstellungen zum Durchbruch kommen, so daß es gegebenenfalls in diesem Zustand zu sogenannten „Duldungen" kommen kann.

Peterson (1985) zitiert unter anderem folgenden Fall: Ein Hypnotiseur, ein Inder mit Turban, kam zu einer 18jährigen ins Haus, um Warzen zu entfernen. In Hypnose begann er, ihr die Hose aufzumachen und sie am Geschlechtsteil zu berühren. Wie sie später sagte, habe sie dabei einerseits ein angenehmes Gefühl gehabt, aber andererseits unterschwellig gewußt, daß diese Handlungen nicht in Ordnung seien. Plötzlich war sie befähigt, den Trancezustand von sich aus zu unterbrechen. Der Geschehensablauf ähnelt in vielem einer „Verführung". Bei der Verführung wird die Frau - im Gegensatz zur Vergewaltigung - über die Hemmschwelle gehoben bzw. letztere wird gesenkt. Sofort oder einige Zeit später treten die sogenannten „Gewissensbisse" auf. Die Handlungen tragen nicht die Tatbestandsmerkmale des § 179 StGB (s. o.). Im juristischen Sinne liegt keine Widerstandsunfähigkeit vor, sondern man könnte von einer als unrichtig, unerlaubt oder unzüchtig erkannten Manipulation im Sinne einer „Duldung" sprechen. Daher erfolgt in derartigen Fällen die Verurteilung im Sinne der Beleidigung, gemäß § 185 StGB: „*Die Beleidigung wird mit Freiheitsstrafe bis zu einem Jahr oder mit Geldstrafe und, wenn die Beleidigung mittels einer Tätigkeit begangen wird, mit Freiheitsstrafe bis zu zwei Jahren oder mit Geldstrafe bestraft.*" Die Be- und Verurteilung nach diesem Gesichtspunkt ist unbefriedigend, da beim Tatbestand in grober Weise, unter Vorspielung einer Heilbehandlung, das Vertrauen von hilfesuchenden Personen mißbraucht wird, egal welche Hypnosetheorie der Gutachter oder Richter berücksichtigt. Die Hypnose kann Wahrnehmungs- und Gedächtnisfunktionen verzerren. Die VP kann eine Reihe von Pseudoereignissen oder -erinnerungen hervorbringen, die sie als akzeptabel erscheinen lassen. Die Wahrnehmungs- und Gedächtnisfunktionen sind jedoch nicht völlig gestört oder verändert, es sei denn bei einer aus der Latenz erhobenen akuten Psychose. Janet beschrieb

1889 folgende Demonstrationshypnose: Einer Gruppe von Richtern und Beamten wurde eine Frau als VP in Hypnose vorgestellt. Mit einem Gummidolch stieß sie auf Anwesende ein oder verübte alle möglichen Verbrechen, die von ihr mittels Suggestion verlangt wurden. Nach dieser Demonstration verließen die Gäste den Raum. Die zurückgebliebenen Studenten suggerierten der VP, die sich noch in Trance befand, sie sei alleine und solle sich ausziehen. Diese Suggestion ließ sie prompt spontan erwachen. Dies zeigt deutlich, daß die VP im Zustand der Trance zwischen simuliertem Verbrechen und einer tatsächlichen, für sie entwürdigenden Situation unter- und entscheiden konnte. Manchmal kann eine hypnotische „folie à deux" zustande kommen. In diesem Fall hätte die Hypnose ähnliche Wirkungen wie z. B. der Alkoholkonsum, wobei die Hemmschwelle sinkt (vgl. Orne 1972). Das bedeutet aber nicht unbedingt, daß die VP in Hypnose so handelt, weil sie hypnotisiert ist.

Jedoch kann, wie Watkins (1972) ausführt, die Hypnose als auslösender Faktor von sonst inakzeptablem Verhalten wirken. Hier liegen ganz klar die moralischen Grenzen der Hypnose. Der geübte Therapeut wird beim Gebrauch der Hypnose berücksichtigen, daß der Hypnotismus bzw. die Suggestionen dazu dienen, die Ressourcen einer VP zu wecken, an die sie durch eigene Versuche oder andere Psychotherapien nicht oder nicht so schnell herankommt. Orne (1972) weist auf sechs Alarmzeichen für den Therapeuten hin, die ihn vor möglichen Schwierigkeiten warnen können.

Dies sind die unkritische Anwendung bei allen Patienten, die eigene Bedürfnisbefriedigung, die Tendenz, immer den tiefsten Trancezustand beim Patienten zu erreichen, die Angst, die Patienten könnten ihn täuschen oder die Hypnose nur simulieren, die Auffassung der Hypnoseinduktion als Willensduell und schließlich die überproportionale Vorfreude auf das Hypnotisieren attraktiver Patientinnen oder Patienten.

Wilson und ihre Gruppe (1986) untersuchten die Problematik der Zeugenaussagen in Hypnose. In der letzten Zeit häuften sich in Amerika die Zeugenaussagen in Hypnose. Viele Juristen halten sie für eine Schlüsselmethode, um vergessene Tatbestände wieder in Erinnerung zu bringen. Viele Fachleute in Praxis und Klinik halten dagegen die Hypnose zur Rückerinnerung für wenig nützlich. In Hypnose steigert sich zwar der Informationsfluß, aber nicht dessen Genauigkeit oder Richtigkeit!

Es handelt sich meist um Konfabulationen (vgl. Dywan et al. 1983; Sheehan et al. 1983; Stalnaker et al. 1932). Der Oberste Gerichtshof von Minnesota beschloß 1980, daß Zeugenaussagen in Hypnose unzulässig sind. Hypnotisierte tendieren nach Orne zum Rollenspiel. Wenn letztere glauben, durch Hypnose ihr Gedächtnis zu verbessern, werden sie in Hypnose weniger konfabulieren. Bei diesen Leuten erhöhen sich auch die Zeugnisfestigkeit und das Vertrauen in das Zeugnis, das sie aufgrund ihres in Hypnose aufgefrischten Gedächtnisses ablegen. Die Untersuchungen von Frau Wilson ergaben, daß es bei etwa 43 Prozent der Fälle mit Hypnosetechnik nicht gelang, das Gedächtnis des Zeugen aufzufrischen.

2. 8. Zusammenfassung

Trance und Hypnose gehören zu den Formen des veränderten Wachbewußtseinszustandes. Ludwig zählt diejenigen Faktoren auf, die veränderte Bewußtseinszustände induzieren und die Syndrome, die dabei auftreten können. Die TTT ist eine nonverbale Psychotherapieform zur emotional-affektiven Spannungsentladung. Die Suggestion steht im Mittelpunkt der Hypnoseforschung und wird von den einzelnen Autoren unterschiedlich definiert und in Stadien eingeteilt. Die äußerliche Ähnlichkeit zwischen den beiden Begriffen täuscht ein „Zueinander" von Inhalten vor. Die Annahme der Suggestion durch autosuggestive Prozesse ist das Kernstück der Hypnose. Die Suggestionsgesetze, ihre Auswirkungen und einzelne Suggestibilitätsteste werden besprochen. Künftige Forschungen werden zeigen, ob es möglich ist, Suggestion/Suggestibilität von Hypnose bzw. Hypnotisierbarkeit besser zu differenzieren.
Das Wissen über die Funktionen und die Einteilungen des Gedächtnisses bedarf noch weiterer Forschung und Abklärung. Man nimmt an, daß das Gedächtnis nach dem holographischen Prinzip funktioniert. „Vergessen" bzw. „sich nicht erinnern" bedeutet nicht ausschließlich „Verdrängung" im freudianischen Sinne. Die Gedächtnispsychologie unterscheidet im wesentlichen zwei konkurrierende Anschauungen, die Zerfallstheorien und die Interferenztheorien. Thematik und Arbeit mit dem Hypnotismus erfordern es, in Grundzügen über das Gedächtnis Bescheid zu wissen, da amnestische bzw. hypermnestische Zustände intra- und posthypnotisch vorkommen können. Bei der hypnotischen Amnesie bzw. Hypermnesie handelt es sich um ein multifaktorielles Geschehen. Die Metagedächtnisforschung kann helfen, diese Abläufe besser zu verstehen. Die psychologische Beurteilung des Hypnotismus ist vielschichtig und mehrdimensional und vom jeweiligen Menschenbild sowie dem Zeitgeist abhängig.
Orthodoxe psychoanalytische und tiefenpsychologische Theorien müssen relativiert bzw. verworfen werden. Die Psychophysiologie studiert nicht nur die Neurophysiologie sondern auch das psychische Verhalten, das aus neurophysiologischen Veränderungen resultiert. Hiervon werden verschiedene Auffassungen erwähnt. Die meisten gesundheitlichen Schäden und juristischen Delikte gehen auf mangelndes Wissen und fehlerhafte Technik bei Laien- und Schauhypnosen zurück. Schon frühzeitig führten einige Länder deshalb „Hypnosegesetze" ein, in denen Laien- oder Schauhypnosen unter Strafe verboten wurden. Meinungen, die Menschen über Hypnose haben, üben einen starken Eindruck auf hypnotische Zeugen bzw. auf Juristen aus. Die Aussagen in Hypnose sind meist Konfabulationen. Selbst in einem Trancezustand, mit Zeichen der Analgesie oder Amnesie, können Verbrecher zielbewußt lügen. Unter Hypnose kommt es zu einem veränderten Bewußtseinszustand. Die Hypnose kann Wahrnehmungs- und Gedächtnisfunktionen verzerren, so daß der Hypnotisierte Pseudoereignisse oder -erinnerungen konfabuliert. Die Hypnose steigert zwar den Informationsfluß, nicht aber dessen Genauigkeit oder Richtigkeit! In einem derartigen psychophysiologischen Zustand können latente Haltungen, Einstellungen oder

Krankheiten zum Durchbruch kommen. Zwar kann niemand gegen seinen Willen hypnotisiert werden, aber die eigenen Normen sind individuell unterschiedlich - besonders beim heutigen Menschen - d. h., die Suggestion, die eine Person ablehnt, kann die andere dulden und eine weitere gerne ausführen! Die Hypnose kann deshalb als auslösender Faktor von sonst inakzeptablem Verhalten wirken! Das Verhalten im Trancezustand kann u. a. psychoanalytisch, verhaltenstherapeutisch oder sozialpsychiatrisch beurteilt werden. Der Hypnotherapeut trägt eine große Verantwortung und muss über Nebenwirkungen und eventuell aufkommende Gefahren für den Patienten und sich selbst (!) Bescheid wissen. *Anmerkung: Neueste Forschungsergebnisse weisen darauf hin, daß jedes Erinnern in der Gegenwart stattfindet. Bekannt ist, daß das Abspeichern von Informationen langsam erfolgt und Engramme der Konsolidierung bedürfen. Es kann dazu führen, daß Gedächtnisspuren vollkommen ausgelöscht werden, wenn innerhalb von Stunden oder Tagen nach dem Lernprozeß der Konsolidierungsprozeß gestört wird. Dies ist im Tierversuch experimentell nachweisbar. Im Rahmen des Testes zeigte es sich, daß durch das Erinnern (wozu die Tiere während des Testverlaufs angehalten waren) die bereits befestigten Gedächtnisspuren wieder labil wurden und dann wieder der gleichen Konsolidierung bedurften, wie die ursprünglichen Engramme nach dem ersten Lernprozeß. Diese erneute Konsolidierung fällt, unter normalen Bedingungen, nicht auf, weil sie ungestört und verläßlich abläuft. Allerdings bedeutet dies, daß die **Engramme nach wiederholtem Erinnern gar nicht mehr mit denen identisch sind, die der erste Lernprozeß hinterlassen hatte.** Beim Erinnern sind es demnach die neuen Spuren, die erneut geschrieben werden. Diese Ergebnisse haben für die Beurteilung der Authenzität von Erinnerungen weitreichende Konsequenzen. Wenn das Erinnern auch immer mit Neu-Einschreibungen einhergeht, so muss man die Möglichkeit in Betracht ziehen, daß bei diesem erneuten Konsolidierungsprozeß auch der Kontext, in dem das Erinnern stattfand, mitgeschrieben und der ursprünglichen Erinnerung beigefügt wird. Es ist dann nicht auszuschließen, daß die „alte Erinnerung" dabei in neue Zusammenhänge eingebettet und damit aktiv verändert wird. Sollte dies zutreffen, dann wäre das Erinnern auch immer mit einer Aktualisierung der Perspektive verbunden, aus der die erinnerten Inhalte wahrgenommen werden. Die ursprüngliche Perspektive würde durch all die weiteren Erfahrungen, die der Beobachter seit der Ersterfahrung des Erinnerten gemacht hat, überformt und verändert werden. Das, was schon für die Mechanismen der Wahrnehmung zutraf, scheint also noch in weit stärkerem Maße für die Mechanismen des Erinnerns zu gelten. Letztere sind offensichtlich nicht darauf ausgerichtet ein möglichst getreues Abbild von dem zu liefern, was ist und dieses möglichst authentisch erinnerbar zu halten. Was jedoch bei Assoziativspeichern zum Problem wird, ist das Überschreiben des Alten durch Neues, wodurch einzelne Neurone an der Repräsentation von immer mehr unterschiedlichen Inhalten partizipieren müssen, wodurch es immer schwieriger wird die einzelnen Inhalte voneinander zu trennen. Dabei können auch die Stabilität und Präzision bereits bestehender Repräsentationen abnehmen. Erinnerungen sind dann nur noch bruchstückhaft abrufbar oder verschwimmen wie defokussierte Bilder, wenn zu viele Neuronen aus diesen ursprünglichen Repräsentationen durch nachfolgendes Lernen in andere, neue Repräsentationen eingebunden werden. (nach Prof. Dr. W. Singer, FAZ vom 28. 09. 2000).*

Im Rahmen der Hypnosetherapie ist zu eruieren, ob im Hypnosezustand noch die ursprünglichen Engramme erfaßt werden können oder, ob dieses in Hypnose (mittels Fokussierung) möglich ist.

3. Praktische Anwendung der Hypnose

3. 1. Tranceinduktion

Vor Beginn der eigentlichen Hypnotherapie muss eine Tranceinduktion durchgeführt werden. Vor der ersten Tranceinduktion (TI) ist die genaue Exploration, Differentialdiagnostik, Diagnosefindung und Entscheidung zur Hypnoseindikation erforderlich. Ein vorbereitendes, klärendes Gespräch ist vor weiterer TI sinnvoll, um die Themen der Imagination abzusprechen. Bei einem Patienten bzw. Klienten, der unter Heuschnupfen leidet, kann die Imagination einer Wiese den Heuschnupfen auslösen. Einem Aquaphobiker sollte anfangs die Vorstellung auf einem See, in einem Ruderboot, zu sitzen, nicht zugemutet werden. Methodisch können zur TI grundsätzlich alle Sinnessysteme benutzt werden.

Gesichtssinn: Fixation auf einen nahen oder entfernten Punkt. Bei Kontaktlinsenträgern ist die entferntere Punktfixation zweckmäßiger. Als Nahfixation bietet sich die eigene Zeigefingerkuppe oder die des Hypnotherapeuten an. Des weiteren können Tafeln mit Farb- oder Spiralmotiven fixiert werden. Eine Patientin fixierte spontan meine Stirn, ähnlich der Faszinationsmethode. Auch wenn ein Patient dauernd seine Augen offenhält, kann er in den Trancezustand geführt werden. Dabei sollten in seiner Blickrichtung nicht zu viele Störreize vorhanden sein. Meist schließen die Patienten nach ein bis zwei Minuten ihre Augen von selbst. Andere schließen ihre Augen, wenn suggeriert wird *„jetzt schließen Sie Ihre Augen!"* Im folgenden ein Beispiel (vgl. Kossak 1989): *„Sie setzen sich wie immer ganz entspannt und locker hin und suchen sich Ihren Fixationspunkt aus, beobachten diesen Punkt ganz intensiv, schauen ihn ganz intensiv und konzentriert an. Sie werden in kurzer Zeit feststellen, daß die Helligkeitsunterschiede deutlich zu bemerken sind ... daß Augenbrennen einsetzt ... und auch die Schärfeunterschiede sehr schnell festzustellen sind. Sie lassen diese Effekte auf sich wirken und merken dabei, wie Sie schon jetzt entspannter werden. Sie merken, daß Ihre Augenlider schwerer und schwerer werden, die Gedanken kommen und gehen. Schauen Sie sich diesen Punkt weiter an, das Verändern der Helligkeit und der Schärfe. Sie bemerken nun, daß Ihre Augenlider schwerer und schwerer werden, und früher oder später von alleine zufallen. Sie spüren dann ganz deutlich Ihre Atmung, das Auf und Ab Ihrer Atmung und stellen fest, daß die Gedanken kommen und gehen. Die Geräusche ringsum sind vielleicht am Anfang stärker wahrnehmbar, treten dann in den Hintergrund, bis sie gleichgültig und uninteressant geworden sind. Sie hören während der ganzen Zeit ganz deutlich meine Stimme, aber alle anderen Geräusche sind uninteressant geworden, weit weggerückt."*

Ich induziere beispielsweise folgendermaßen: *„Sie sitzen bzw. liegen hier im Stuhl. Falls etwas unbequem sein sollte, können Sie jederzeit Ihre Körperhaltung verändern. Während ich zu Ihnen spreche und Sie zunehmend entspannter sitzen bzw. liegen rücken die Geräusche, die Sie von außen noch hören, mit der Zeit immer mehr in den Hintergrund. Wenn Sie wollen, kön-*

nen Sie die Augen gleich schließen, um besser und schneller abzuschalte und zu entspannen. Sie können aber auch einen Punkt an der Decke fest ansehen." **Falls der Klient fixieren will**: "*Je schärfer, intensiver und länger Sie diesen Punkt ansehen, desto mehr bemerken Sie, daß der Punkt mal scharf, mal verschwommen, mal heller, mal dunkler wird, und mit der Zeit spüren Sie ein leichtes Brennen in den Augen sowie ein Müdigkeits- und Schweregefühl in den Augen, so daß sich das Oberlid von der angenehmen Schwere von selbst schließt. Sie bemerken allmählich eine angenehme Schwere und wohlige Wärme im ganzen Körper. Dieses angenehme Gefühl kann sich zuerst im Rücken, im Brustraum, in den Armen oder in den Beinen entwickeln. Von dort, wo es beginnt, breitet es sich schnell über den ganzen Körper aus. Sie spüren zunehmend eine innere Ruhe und Entspannung. Die Atmung ist ruhig und regelmäßig. Mit jedem Atemzug verstärkt sich Ihre innere Ruhe und Entspannung ... lassen Sie sich einfach in diesen Stuhl fallen ... einfach fallen lassen, kommen lassen .... Sie können an alles denken. Ihr Unbewußtes und teils auch Ihr Bewußtes wird genau zuhören und Ihnen vielleicht jetzt oder in der nächsten Zeit Lösungsvorschläge, neue Sichtweisen, neue Denkweisen, neue Verhaltensweisen empfehlen und anbieten, so daß Sie für sich das Beste auswählen können.*"

Hörsinn: Der Therapeut sollte so laut sprechen, daß ihn der Patient auch versteht. Der Input über dieses Sinnessystem erfolgt einerseits über die verbalen Instruktionen (s. o.), andererseits durch gleichförmige Geräusche, z. B. lauteres Uhrticken, Metronom, tropfenden Wasserhahn, Melodien oder Tinnitus.

Kinästhetischer Sinn: Dieses Sinnessystem kann z. B. bei Patienten angesprochen werden, die weder sehen noch hören können, eventuell auch bei dementen Patienten, um sie zu beruhigen. Das kinästhetische System ist das älteste Sinnessystem. Regelmäßige, sanfte Streichbewegungen an den Unterarmen oder im Gesicht können, sofern dies möglich und sinnvoll ist, angewandt werden. Streichbewegungen eignen sich auch über schmerzenden Körperstellen, bei denen eine Anästhesie bzw. Analgesie erzeugt werden soll. Grundsätzlich sollte der Patient diese Streichbewegungen als angenehm empfinden und sie sollten ethisch-moralische Grundsätze nicht verletzen.

Gleichgewichtssinn: Der Gleichgewichtssinn wird u. a. durch Schaukelbewegungen, passive Kopfdrehungen, schnelles Drehen um die Körperachse, rhythmische Tänze (vgl. TTT, S. 67) gereizt. Jüngere Kinder können, auf dem Schoß der Mutter sitzend, durch Schaukelbewegungen oder durch Wiegen in einen Trancezustand versetzt werden.

Geruchssinn: Die Suggestion, den Lieblingsgeruch zu riechen, z. B. Veilchen oder Zitrone, kann die TI verstärken (vgl. "Gartenszene").

Geschmackssinn: Ebenso kann die Suggestion der Lieblingsspeise oder des Lieblingsgetränkes die TI verstärken (vgl. "Gartenszene").

Ein weiteres Verfahren zur Tranceinduktion ist beispielsweise die

Zählmethode: Der Patient wird aufgefordert, leise und langsam vor sich hinzuzählen, ohne dabei seine Lippen zu bewegen. Die meisten Patienten fallen zwischen den Zahlen 20 und 40 in den Trancezustand. Bei Patienten, die zu Zwängen neigen, sollte diese Methode mit Zurückhaltung oder gar nicht eingesetzt werden. Manche berichten stolz *„ich habe bis 786 gezählt!"* Diese Methode kann gut zur Altersregression Erwachsener und Jugendlicher benutzt werden. Der Patient soll von seinem jetzigen Alter langsam rückwärts zählen und dort, wo er aufhört, z. B. bei 14, sei das Lebensalter, aus dem er ein Erlebnis vor seinem geistigen Auge „einstellen" kann.

Atemregulierung: Durch eine ruhige, regelmäßige Atmung soll die innere Ruhe verstärkt werden.

Einbetten in eine Cover story: Kroger und Fezler (1976) haben ein hypnobehaviorales Modell entwickelt, in dem sie Ansätze der Hypnose mit der Verhaltenstherapie kombinieren. Die standardisierten strukturierten Bilder sind von ihnen so konzipiert, daß stets unterschiedliche sensorische Inputs angesprochen werden. Je nach Therapie-Indikation werden dann die unterschiedlichen Szenen miteinander kombiniert. Für den angehenden, aber auch für den fortgeschrittenen Hypnotherapeuten können die 25 Szenen, z. B. Strand-, Garten-, Berghütten-, Wüsten-, Vulkan- oder Herbstszene etc. hilfreich sein. Sie geben Formulierungshilfen für anschauliche Imaginationsgestaltungen. Bei vielen Bildern spielt die Angstreduktion eine entscheidende Rolle bei der Konditionierung (vgl. S. 43). Angst manifestiert sich bei unterschiedlichen Menschen in verschiedener Weise. Der eine reagiert auf Spannungen mit zuviel Rauchen oder Alkoholtrinken, der andere mit Magenschmerzen oder anderen Körperstörungen. Dabei handelt es sich um eine fehlerhafte Angstbewältigung im eigenen Leben.

Als Beispiel für die Suggestion von Geschmack und Geruch mögen Ausschnitte aus der „Gartenszene" dienen. *„Es ist Mittsommer. Sie sind inmitten eines riesigen Gartens. Der Garten erstreckt sich Meile um Meile. Sie gehen einen Pfad entlang, auf dessen beiden Seiten Orangenbäume stehen. Die Orangenbäume sind dunkelgrün, mit leuchtend gelben Orangen. Es liegen auch sehr reife Orangen auf der Erde. Der Orangenduft liegt schwer in der Luft. Sie pflücken eine Orange und beißen hinein ... der süße Apfelsinensaft fließt in Ihren Mund, läuft durch den Hals in den Magen. Schmecken Sie die Orange. Sie gehen weiter und sehen einen Zitronenbaum. Sie pflücken eine Zitrone. Sie schälen die Zitrone, riechen den zitronigen Duft. Sie beißen in die Zitrone. Der saure Zitronensaft fließt in Ihren Mund. Der Speichel fließt. Ihr Mund zieht sich zusammen.... Sie fließen, Sie träumen ... in dieser Mittsommernacht".*

Armlevitation: Bei der Armlevitation wird dem Patienten die Leichtigkeit bzw. Schwerelosigkeit einer Hand oder eines Arm suggeriert. Als Hilfe kann ein imaginärer großer Luftballon, der um das Handgelenk gebunden ist, dienen. Beispiel: *„Stellen Sie sich sich ihre rechte bzw. linke Hand lebhaft vor Ihrem geistigen Auge vor. Sie sehen immer deutlicher die Fingernägel, den Ring am Ringfinger, die feinen Falten der Finger ... die Adern auf dem Handrücken. Das Blut fließt langsam aus den Fingern und der Hand in den Unterarm und von dort in den Oberarm bis in den Körper. Sie merken, daß die Adern auf der Hand immer dünner werden und spüren zunehmend eine Leichtigkeit in der Hand. Diese angenehme Leichtigkeit kann sich zuerst in dem einen oder anderen Finger bemerkbar machen und von diesem in die anderen Finger und in die ganze Hand übergehen. Sie spüren (der Patient* *atmet ein)* deutlich eine zunehmende Leichtigkeit und Schwerelosigkeit in den Fingern und in der Hand, die bis in den Unterarm reicht. Vielleicht will sich schon der eine oder andere Finger bewegen. Mit der Zeit spüren sie auch den sanften Zug des Luftballons um Ihr Handgelenk. Ihr Arm wird immer leichter und leichter und (falls er dies tut) hebt sich langsam von der Unterlage ab in die Höhe. Er schwebt immer höher und höher."

Der Arm kann etwa im Winkel von 45 Grad bis über Schulterhöhe hinausgehoben sein. Manche Patienten heben den Arm bis vor ihr Gesicht. Bei der Armlevitation ist der Patient in einer passiv selbstbeobachtenden Situation. Zusätzlich kann der Patient im weiteren Verlauf der Trance bei einer Bejahung der gestellten Frage oder bei positiven Gefühlen den rechten Zeigefinger heben und den linken Zeigefinger bei einer Verneinung der gestellten Frage oder bei negativen Gefühlen.

So kann die Sprache des Unterbewußten - nun äußerlich sichtbar - sinnvoll in die Hypnotherapie integriert werden, besonders wenn der Patient zwar verbal etwas bejaht, aber mittels der Körpersprache den linken Zeigefinger oder beide Zeigefinger gleichzeitig hebt. Die Armlevitation als ein Zeichen der Trance ist auch bei einer Zahnextraktion in Hypnose sinnvoll. Der Vorteil einer derartigen Behandlung ist der geringe Blutverlust, die schnellere Wundheilung, die anschließende sofortige Verkehrstüchtigkeit des Patienten, seine fast gehobene Stimmungslage, die seltenen und abgeschwächten Schmerzen, mit der damit verbundener Analgetikaeinsparung. Die Behandlung in Hypnose ist auch bei denjenigen Patienten vorzuziehen, die unter einerAllergie gegen Lokalanästhetika leiden. Zusätzlich empfiehlt sich während der Behandlung eine „Cover story".

Der Patient geht z. B. aus seiner realen Situation imaginär in eine herrliche Strandszene und liegt im wohlig warmen Sand ganz entspannt da. Das Geräusch des Zahnbohrers kann in das Motorgeräusch eines Motorbootes in der Ferne transformiert werden. Nachteile der Behandlung in Hypnose sind einmal die zu lange Vorbereitungszeit (ca. ein bis zwei Stunden, bei Kindern noch länger) und zum anderen die schlechte Bezahlung der Hypnotherapie durch die Krankenkassen. Der Zahnarzt sollte für diese Methode privat liquidieren.

Fraktioniertes Verfahren: Diese Methode (vgl. Vogt, S. 35ff) eignet sich beispielsweise bei Patienten, die leugnen in Trance gewesen zu sein. Bei dieser Methode wird der Patient in mehreren Stufen teilweise desuggeriert und gefragt, was er im Trancezustand erlebt und empfunden hat. Dann wird die Trance wieder verstärkt. Erst am Ende wird er voll desuggeriert. Während einer Röntgenuntersuchung, bei der die Patientin gut 90 Minuten ruhig liegen mußte, reagierte sie ängstlich und mit starkem Zittern am ganzen Körper, so daß die Untersuchung in der Vorbereitungsphase abgebrochen werden mußte. Eine Verbalsuggestion, mit der sie sonst in den Trancezustand kam, half nicht. Erst die Kombination aus Verbalsuggestionen, Fixation und kinästhetischen Reizen am Unterarm, induzierte innerhalb von fünf Minuten eine Trance, so daß die Untersuchung ohne Unterbrechung bis zum Ende durchgeführt werden konnte.

3. 2. Indikationen der Hypnose

In der Hypnose, im Sinne einer therapeutischen Suggestion, spielen physiologische, neurophysiologische und psychologische Mechanismen eine wichtige Rolle. Durch frühere und aktuelle experimentelle Untersuchungen konnte bzw. kann die Wirkung der Hypnose exakt nachgewiesen werden. In letzter Zeit rückt in der Hypnoseforschung das Interesse z. B. an Leistungsbedingungen in Hypnose oder an psychoimmunologischen Beeinflussungen in Hypnose und autogenem Training in den Vordergrund. Abgesehen von der exakten Durchführung der Hypnosetechnik muss der qualifizierte Hypnotherapeut eine Anzahl spezieller Forschungsergebnisse (auch aus den wissenschaftlichen Nachbardisziplinen) zur Kenntnis nehmen und in der Therapie berücksichtigen. Nur so wird er erfolgreich arbeiten können. Generell ergibt sich eine sehr ausgedehnte Wirkungs- und Verwendungsmöglichkeit der Hypnose (vgl. Schulz 1983).
Es gibt „spektakuläre" Heilerfolge, aber auch Erfolge mit geringer oder ausgeprägter Langzeitwirkung. Bei Rückfällen ist die Wiederholung einer Hypnosetherapie indiziert. Egal, ob es sich um einen gesunden oder kranken Organismus handelt: die Hypnose kann prinzipiell eine Heilwirkung entfalten, soweit das reparable funktionelle Geschehen reicht. Daher ist es fast aussichtslos, eine vollständige Indikationsliste geben zu wollen (vgl. Schultz 1983). Im folgenden nur eine angedeutete Auswahl von Gesundheitsstörungen, bei denen sich die Hypnotherapie als erfolgreich erwiesen hat. Eine Kombination mit anderen Psychotherapien bleibt davon unberührt.
Vegetative Funktionsstörungen: z. B. Zirkulationsstörungen (Hypertonus, Hypotonus u. a.), funktionelle Herzstörungen (nervöses Herzstolpern, seelisch bedingte Angina pectoris, Herzphobie u. a.), funktionelle Atemstörungen (psychische Atemnot u. a.), funktionelle Magen- und Darmstörungen (Ösophagospasmus, chronische Obstipation, nervöse Durchfälle u. a), funktionelle Störungen des uropoetischen Systems (Polyurie, Strangurie, Enuresis u. a.).
Psychosomatische Erkrankungen: Nicht jede Krankheit, die psychosomatisch sein kann, muss es auch sein (vgl. Langen 1971). Bei allen psychosomatischen Krankheiten kann die Hypnose eine wichtige Streßabschirmung bewirken (Asthma bronchiale, Ileitis terminalis u. a.).
Psychomotorische Funktionsstörungen: Diese Störungen treten oft als Mischstörungen nach Insulten oder Unfällen auf. Das bedeutet, es bestehen körperliche Störungen mit deutlicher psychischer Überlagerung (Torticollis spasticus, essentieller Tremor u. a.).
Schlafstörungen: Ein- und/oder Durchschlafstörungen oder vorzeitiges Erwachen (endogene oder reaktive Ursachen u. a.)
Schmerzzustände: Neuralgien, Zosterschmerz, Phantomschmerz, Karzinomschmerz, Migräne und ähnliches.
Suchtverhalten: Alkoholismus, Nikotinabusus, Medikamentenabusus, Drogenabusus, Spielleidenschaft, Abhängigkeit von spiritistischen Sitzungen u. a., cave: Hypnosesucht!
Störungen des Eßverhaltens: Adipositas, Bulimie, Anorexia nervosa u. a..

Angstsyndrome: Angstneurose, Phobien, Prüfängste, Flugangst, Zahnarztphobie u. s. w..

Verhaltensauffälligkeiten: Kleptomanie, ungesteuerte Aggressionen etc..

Sexualstörungen: Homosexualität, Fetischismus, spontaner Orgasmus, Menstruationsstörungen, psychische Impotenz u. a..

Vertreter folgender medizinischer Fachdisziplinen werden mit Krankheiten konfrontiert, die gut auf die Hypnotherapie ansprechen: Psychiater (endogene, affektive, neurotische, reaktive Störungen, Foltersyndrom u. a.), Neurologen (funktionelle, zentrale und periphere, vegetative Störungen, Schmerzsyndrome , Störungen aufgrund einer Einwirkung neuro- oder psychotoxischer Substanzen u. a.) Augenärzte (funktionelle Sinnesstörungen, Glaukom u. a.), Hals-Nasen-Ohren-Ärzte (funktionelle Sinnesstörungen u. a.), - Internisten (einige Hormonstörungen, obengenannte psychosomatische Erkrankungen u. a.), Urologen (funktionelle Störungen des uropoetischen Systems, Impotenz u.a.), Gynäkologen (funktionelle Störungen des Genitalsystems, Klimaxbeschwerden, Dysmenorrhoe, Geburtsvorbereitung, Impotenz u. a.), Dermatologen (Hauterkrankungen, die auf seelischer Ursache beruhen, Haarausfall, Neurodermitis, Hautprobleme im Genitalbereich u. a.), Pädiater (Hormonstörungen, Schmerzsyndrome, s. Internist), Zahnarzt, Kieferorthopäden (Ängste vor operativen Eingriffen u. a.), Chirurgen (Ängste vor operativen Eingriffen, Erzeugung einer lokalen Analgesie, wenn Analgetika zu Nebenwirkungen führen u. a.), Sportmediziner (Leistungsoptimierung, Schmerzbehandlung u. a.), Schmerztherapeuten (Schmerz bietet sich für eine interdisziplinäre Zusammenarbeit und eine Kooperation mit klinischen Psychologen an.) Der klinisch tätige Psychologe kann die Hypnose in Beratungs- und Erziehungszentren sowie in der Gefangenenbetreuung einsetzen.

3. 3. Kontraindikationen der Hypnose

Der Aspekt der Kontraindikation muss von der Persönlichkeitsstruktur des Therapeuten und Patienten sowie dessen Erkrankungen her gesehen und beurteilt werden. Die Grenzen zwischen relativer und absoluter Kontraindikation können fließend ineinander übergehen und wechseln. Besitzt der Hypnotherapeut keine adäquate Persönlichkeitsstruktur und zeigt beispielsweise Verhaltensmängel im zwischenmenschlichen Bereich oder gravierende psychische Erkrankungen, z. B. endogene Depression, Psychose, bzw. einen zu geringen Ausbildungsstand, sollte er keinesfalls experimentelle oder therapeutische Hypnosen durchführen. Auch darf er keine Hypnose ausüben, wenn er diese zu delinquenten Zwecken mißbraucht. Der Patient, der eine mangelnde oder fehlende Selbstverfügung besitzt, begründete oder unbegründete Einwände gegen die Hypnose anführt, eine zweckmäßige Diagnostik und Differentialdiagnostik oder eine notwendige Therapie mit Psychopharmaka oder anderen Pharmaka ablehnt, ein Abhängigkeitsverhältnis zum Therapeuten aufbauen will oder eine Hypnose fordert, obwohl eine andere Psychotherapie indiziert erscheint, sollte keine

Hypnosetherapie erhalten. Zurückhaltung ist auch bei schweren Persönlichkeitsstörungen, multiplen Persönlichkeiten oder Borderline-Syndromen geboten. Falls der Patient sich noch in Hypnotherapie eines anderen Therapeuten befindet oder Hinweise für eine Hypnosesucht vorliegen, sollte ebenfalls nicht therapiert werden. Von den Erkrankungen stellen z. B. floride Psychosen, schwere psychische Störungen, die sich erst unter der Hypnotherapie einstellen (Ängste bzw. Abneigung gegen diese Therapie u. a.) oder hirnorganische Psychosyndrome, eine Kontraindikation dar. Falls Drittpersonen, z. B., wenn Eltern wollen, daß ihr Kind in Hypnose „umfunktioniert" werden soll, so ist dies abzulehnen.

3. 4. Grenzen der Hypnose

Die Grenzen der Hypnosetherapie stellen die Kontraindikationen dar. Auch Umweltstörungen, z. B. Aufenthalt im Operationssaal, zu lauter Straßenlärm, unangenehme Gerüche, können die Hypnose beeinflussen oder verhindern. Organschäden, die nicht mehr reversibel sind (Differentialdiagnostikum) sprechen nicht auf die Hypnose an. Zahlreiche Variable können über Mißerfolg oder Erfolg einer Hypnosetherapie entscheiden. Eine wichtige Grenze ist die moralisch-ethisch-religiös-juristische, wenn beispielsweise delinquente Ziele erreicht werden sollen, wie Versicherungsbetrug, Abortsuggestion (vgl. Kossak 1986, S. 116), die „Duldung" der Patientin zur sexuellen Belästigung benutzt oder der Sportler zu Höchstleistungen als „lebender Reflexautomat" getrimmt wird. Zeugenaussagen vor Gericht sind gemäß § 136a StPO nicht als Beweisstück zugelassen, wohl aber zur Hypothesenfindung (vgl. Kossak 1986). Meist stellt nicht die Hypnose in sich eine Gefahr dar, sondern die fehlerhafte Anwendung der Hypnose durch den Hypnotherapeuten.

3. 5. Führung in der Hypnose

Der Trancezustand ist meist nach ein bis drei Minuten erreicht. Anschließend wird dieser, besonders bei Ersthypnosen, durch eine Ruhe- oder Leerhypnose (d. h., es werden keine therapeutischen Suggestionen gegeben) weiter vertieft. Dabei kommt es, ähnlich wie beim autogenen Training, zur organismischen Umschaltung (vgl. Schulz 1952), zu einem angenehmen Ruhe- und Entspannungsgefühl. Die Atmung wird ruhig und regelmäßig, die Hauttemperatur nimmt zu, der Puls kann langsamer werden, bleibt aber, je nach Imagination, manchmal auch erhöht. Imaginationen wie z. B. Wiese, Wald, Strand, d. h. von Orten, an denen sich der Patient wohlfühlt, vertiefen die Entspannung. Zuvor muss also der Patient gefragt werden, an welchen Orten er am liebsten ist, sonst kann statt Ruhe Unruhe produziert werden, wenn der Patient beispielsweise eine Szene am Strand imaginieren soll, obwohl er die See ablehnt (z. B. Aquaphobie) und lieber im Gebirge ist. Schon diese Ruhe- oder Leerhypnosen haben heilende Wirkungen (vgl.

Polzien 1959). Durch regelmäßige, monotone Wiederholungen von Ruhe-Suggestions-Formeln werden die hypnotischen Schichten in den subkortikalen Arealen leicht induziert (vgl. Stocksmeier 1984), die trophotrope vegetative Umschaltung wird ausgelöst. Durch die visuelle, auditive Impulsreduktion und Fokussierung auf kinästhetische-thermoregulatorische Elemente kommt es rasch zu einer körperlichen Immobilisation mit psychischer Ausgewogenheit und trophotroper vegetativer Ausgangslage. Außer bei der Ersthypnose empfiehlt sich diese Führung auch noch bei überarbeiteten und überlasteten Patienten. Bei Patienten, die nach Beendigung der Hypnosesitzungen angeben, sie seien gar nicht in Hypnose gewesen, bietet sich die fraktionierte Form von Vogt/Brodmann (vgl. auch S. 35ff) an. Diese kann während einer Sitzung mit der Leerhypnose beginnen.

Der Patient wird dann teildesuggeriert, d. h., er wird aufgefordert, seine Augen zu öffnen (bleibt aber in seiner entspannten Haltung), um über seine Eindrücke zu berichten. Nach Fixation schließt er wieder die Augen, die Entspannung wird suggestiv vertieft und die Imaginationen werden vorgeschlagen. Er wird erneut teilweise desuggeriert. Seine geschilderten Erlebnisse werden in bezug auf die Suggestion positiv verstärkt. Negative Erscheinungen werden umgedeutet, z. B.: *„Wenn Sie den Suggestionen nicht gefolgt sind, so zeigt dies Ihnen deutlich, daß Sie auch in Hypnose über sich bestimmen können!"* Man kann diesen Widerstand auch mit der Ericksonschen Methode aufgreifen und therapeutisch nutzbar machen, z. B. führt der monoton wiederholte Satz: *„Ich lass' mir nichts suggerieren!"* über kurz oder lang in den Trancezustand. Auch der „verneinende Befehl" (vgl. Grinder und Bandler 1988) stellt neurolinguistisch ein hypnotisches Kommunikationsmuster dar: *„Denken Sie nicht an den Trancezustand! Ich möchte nicht, daß Sie sich allzu schnell entspannen!"* Ungewollt ist der Patient auf „Trance" und „Entspannung" fokussiert, weil er sich klarmachen muss, was diese Worte bedeuten. Gemeinplätze helfen ebenfalls: *„Sie sitzen/liegen hier ... Sie fühlen den Druck Ihres Körpers im Stuhl ... jetzt gibt es nichts wirklich Wichtiges außer der Aktivität Ihres Unbewußten ... Wir werden dem Unbewußten so viel Zeit geben, wie es braucht, um alles geschehen zu lassen ... Ihnen wird klar, daß dieser Trancezustand nicht durch mich, sondern durch Sie selbst entsteht .... Wir vergessen nichts im Leben, alles ist gespeichert ... In diesem Zustand können Erinnerungen wachgerufen werden und Ihnen helfen, sich wieder wohl und stark zu fühlen und positive Gedanken zu haben ... Ihr Unbewußtes wird Sie befähigen, die richtigen Dinge, zur rechten Zeit, in der richtigen Art und Weise, zu tun ..."*

Falls erforderlich, können drei bis fünf Teilhypnosen durchgeführt werden. Zum Schluß der Sitzung wird der Patient voll desuggeriert. Durch diese Technik kann ein immer entspannterer Zustand erreicht werden, ähnlich wie wenn man das autogene Training fraktioniert anwendet. Die Patienten berichten in den folgenden Teilsitzungen fast alle über eine angenehme Verstärkung der Empfindungen. Diese Methode eignet sich als Führung in Hypnose für wenig suggestible Persönlichkeiten, Skeptiker und besonders für die Patienten, bei denen es im Verlauf einer normalen Hypnose zu Störungen kommt, z. B. wenn bestimmte Suggestionen nicht visualisiert werden können, unangenehme Empfindungen angegeben werden oder es laufend zum Rapportverlust kommt. Die Führung in der Hypnose kann neutral (Leerhypnose), therapeutisch (spezielle therapeutische Suggestionen, z. B. psychagogisch), experimentell (z. B Einfluß der Hypnose auf die Pulsfrequenz oder kortikale Durchblutung) oder spontan (abwarten, was sich spontan in der Hypnose entwickelt) sein. Sie kann direkt (klassische Form, autoritär), indirekt (Ericksonsche Methode) oder kombiniert (direkt-indirekt) bzw. nach den Methoden des neurolinguistischen Programmierens (vgl. Grinder und Bandler 1986) angewandt werden. Das neurolinguistische Programmieren (NLP) ist ein Modell menschlichen Kommunizierens und Verhaltens. Es basiert auf den konsequenten Beobachtungen (z. B. von Erickson und Satir) und wurde von Grinder und Bandler weiterentwickelt. Dieses Kommunikationsmuster ist ebenso hilfreich im Alltagsleben wie während einer hypnotischen Sitzung.

Grinder und Bandler sind der Auffassung, daß wenn man unter Hypnose die Veränderung des Bewußtseinszustandes des anderen versteht, dann in der Tat jede gelungene Kommunikation „Hypnose" ist. Ich meine, daß durch diese weite Definition der Hypnose der Begriff selbst und ihr Inhalt verwässert wird. Im Alltag herrscht während eines Gespräches sicherlich, je nach Fokussierungsgrad, eher ein „Trancezustand" vor. Den Begriff „Hypnose" möchte ich für die eigentliche Therapie freihalten.

Die Führung in Hypnose kann aufdeckend (z. B. Ansprechen von Konflikten) oder zudeckend (z. B. neutralere Themen, Ruhehypnose) bzw. zukunftsorientiert (Progression) sein. Selbsthypnose kann spontan auftreten, ohne erst erlernt worden zu sein, sie kann aber auch durch die Führung in Hypnose erlernt werden. Sie ist abhängig von der Erfahrung, die der Hypnotiseur hat, von der Persönlichkeit des Patienten und von der Art und Dauer der Erkrankung oder des Verhaltens, das verändert werden soll. Durch Selbsthypnose hat der Patient beispielsweise die Möglichkeit Verhaltensmodifikationen (z. B. keine oder weniger Genußmittel, Bulimiebekämpfung) zu erlernen oder Zwangslagen (z. B. Foltersituationen) bzw. chronische Erkrankungen besser ertragen zu lernen. Um das Selbstvertrauen eines Patienten aufzubauen, kann man beispielsweise folgende Suggestionsformel verwenden: *„Von heute an und von Tag zu tag immer mehr strömen mir, in jeder Hinsicht, Gedanken zu, die mit den früheren gar keine Ähnlichkeit haben ... Es werden klare Gedanken sein ... voll Zuversicht, ... Hoffnung ... und Selbstvertrauen."* Während der Hypnose muss sowohl auf die verbalen Äußerungen des Patienten als auch besonders auf seine Körpersprache (ideodynamische Signale) geachtet werden.

Entsteht eine körperliche Unruhe oder ein Affektausbruch, so muss der Therapeut sofort intervenieren, ebenso wenn es zu einem Rapportverlust kommt, der Patient z. B. einschläft. Ist er kurz vor dem Einschlafen, empfiehlt sich ein fester Rapport, wie: *„Sie sind in einem angenehmen Zustand ... hören aber meine Stimme ganz deutlich, Sie hören sie immer lauter und lauter und deutlicher ... lauter und deutlicher .... heben Sie den rechten Arm an und ballen Sie kräftig die Faust ... (wenn der Patient dies tut) ja ... ganz kräftig ... das ist gut ... machen Sie die Augen auf und sehen Sie sich Ihre*

Faust an ... jetzt lockern Sie die Faust und lassen Ihren Arm wieder langsam auf die Stuhllehne sinken ... ." Durch diese Intervention werden vermehrt visuelle, auditive und kinästhetische Inputs angeboten. Die Monotonie wird dadurch unterbrochen. Dies geschieht auch durch die Modulation der Stimme des Therapeuten bzw. des Satzaufbaues der Suggestionen. Hilft diese Intervention nicht, d. h., schläft und/oder schnarcht der Patient weiter, sei es durch Erschöpfung oder z. B. aufgrund eines Widerstandes, so hilft folgendes Vorgehen: *„Sie schlafen entspannt hier im Stuhl und hören meine Stimme in der Ferne ... (immer lauter sprechen). Sie hören diese immer näher und näher und lauter und lauter ... ich berühre jetzt Ihre rechte Hand und bewege den Arm kräftig hin und her ... diese Bewegung wird Ihnen zunehmend bewußter und bewußter ... versuchen Sie dies mit der anderen Hand/dem anderen Arm nachzumachen.*" Bei den passiven körperlichen Bewegungen wird das Schnarchen meist weniger oder hört ganz auf.

Beginnt der Patient mit aktiven Bewegungen, so wird dies positiv verstärkt. Anschließend folgen kräftige Desuggestion und Nachgespräch. Schläft ein Patient permanent ein, so ist der Hypnoseblock vorerst zu beenden. Schläft der Patient weiter, so suggeriert man ihm positiv, *„Sie schlafen schön entspannt ... genießen Sie diese angenehme Entspannung ... in zehn Minuten werden Sie entspannt aufwachen, da ich mich um andere Patienten kümmern muss!*" Will der Therapeut den Behandlungsraum verlassen, so muss er dies dem Patienten mitteilen, beispielsweise mit folgenden Worten: *„Ich verlasse jetzt das Zimmer und melde mich, wenn ich wieder komme!*"

Manche Patienten sind nach etwa fünf Minuten wieder im Trancezustand bzw. spontan erwacht. Ein posthypnotischer Auftrag sollte vorher mit dem Patienten besprochen werden. Für den posthypnotischen Auftrag gilt das gleiche wie für jede Suggestion: Er muss dem moralisch-ethisch-religiösen Weltbild des Patienten und den Normen der jeweiligen Gesellschaft entsprechen. Wird dies vom Therapeuten bewußt oder aus Unwissenheit nicht beachtet, so kann er beispielsweise zum Handlanger delinquenter Handlungen seines Patienten werden. Außerdem kann sich zwischen Therapeuten und Patienten ein pathologisches Abhängigkeitsverhältnis entwickeln. Ähnliche Fehler können von sogenannten Schauhypnotiseuren gemacht werden, da diese nicht als Hypnotherapeut ausgebildet sind. Kossak (1989) hat sich eingehend mit diesem Thema befaßt.

3. 6. Desuggestion

Ein Fehler ist es, die Desuggestion nicht einzuleiten, obwohl diese Intervention wegen des Verhaltens des Patienten (z. B. bei starkem Unruhegefühl während der Ersthypnose) notwendig wäre. Ein weiterer Fehler ist die unvollständige Rücknahme bestimmter (zuvor erteilter) Suggestionen, z. B. der Armlevitation. Im erhobenen Arm muss wieder ein „normales" Gefühl mit guter Durchblutung und angenehmer Schwere suggeriert werden. Wird dies versäumt, so empfindet der Patient ein „unangenehmes" Gefühl in diesem Arm und kann damit nicht schnell reagieren, z. B.

bei Schaltvorgängen während des Autofahrens, was mit erhöhter Unfallgefahr verbunden ist. Schwerwiegend kann sich auch eine vergessene Rücknahme auswirken: Der Patient geht im Trancezustand aus der Praxis und ist nicht verkehrstüchtig, da sein Bewußtsein noch eingeengt ist. Diese Fehler sind Kunstfehler, da sie zum Schaden des Patienten führen können. Selbst wenn der Patient während der Hypnose die Augen öffnet und offenläßt, muss die Desuggestion kräftig erfolgen.

Ich benutze dabei meist folgende Formeln: *„Wir werden die Übung gleich beenden ... ich werde bis drei zählen ... bei eins atmen Sie tief durch, bei zwei beugen Sie bitte kräftig die Arme und bei drei machen Sie bitte wieder die Augen auf ... das Bild, das Sie vor Ihrem inneren Auge haben verblaßt immer mehr ... es verblaßt immer mehr ... Sie fühlen sich anschließend angenehm locker und frei ...."* Ich beginne jetzt zu zählen (mit kräftiger, lauter Stimme): *„eins, atmen Sie tief durch, zwei beugen Sie kräftig die Arme und bei drei machen Sie wieder die Augen auf. Sie fühlen sich angenehm und frei ..."* Oder, *„Sie fühlen sich hier im Stuhl liegend ... Sie können langsam wieder in die Gegenwart zurückkommen ... in der Zeit, die Sie dafür brauchen ... die Sie sich auch nehmen können ... so daß Sie sich angenehm, entspannt, locker und frei fühlen..."*

Einige bemerken dieses wachere Bewußtsein aufgrund eine kräftigeren Atmung oder Bewegung in den Gliedern ... *„irgendwann haben Sie das Bedürfnis ... sich zu recken und zu strecken ... wie Sie es morgens beim Aufwachen gewohnt sind ... Sie recken und strecken sich und fühlen sich entspannt, munter und frisch."* Die Desuggestionsformeln müssen, besonders beim Anfänger und Hypnoseunerfahrenen, klar und nicht mehrdeutig sein. Nett hingesprochene Sätze können gefährlich sein, ebenso die Methode nach Erickson, da Erickson sehr stark mit unterschwelligen und verschachtelten Instruktionen arbeitet. Darin kann ein erhöhtes Risiko der Fehlinterpretation seitens des Patienten liegen. Nur der erfahrene Therapeut kann damit umgehen. Der Therapeut sollte den in Trance liegenden Patienten nicht an den Armen oder Beinen zerren, um ihn zu desuggerieren.

Auf dieses Verhalten reagiert der Hypnotisierte mit erheblichen und langdauernden Ängsten und Verwirrtheitszuständen. Heyer (1927) berichtet, daß Kronfeld während einer Demonstrationshypnose bei einem Epileptiker einen Anfall auslöste (Affektepilepsie). Durch das Anfallsgeschehen wurde der Epileptiker desuggeriert. Ein Patient von mir, der unter Absencen litt, hatte während einer Ruhehypnose Absencen. Durch die Absence wurde der hypnotische Zustand nicht unterbrochen. Nach normaler Desuggestion berichtete er, daß er eine Absence hatte, die „kürzer als im Wachzustand war" und von der er sich in der Hypnose schneller erholt habe als sonst. Manche Patienten desuggerieren sich spontan: Wegen eines Notfalltelefonates mußte ich in einen anderen Raum zum Telefon gehen und sagte dies auch dem hypnotisierten Patienten. Ich fügte hinzu, er solle weiter in diesem angenehmen Zustand bleiben. Als ich einige Minuten später zu ihm ging, hatte er sich selbst desuggeriert.

3. 7. Ratschläge für Anfänger und Fortgeschrittene

Ein Hypnosetherapie-Anfänger wird wahrscheinlich, bevor er mit der Hypnosetherapie beginnt, einen oder zwei Grundkurse in Hypnose absolviert haben. Es ist von Vorteil, wenn er selbst schon das autogene Training erlernt hat und dieses den Patienten beibringt. Erfahrungen in der progressiven Muskelentspannung (nach Jacobsen) und im katathymen Bilderleben (nach Leuner) können ebenfalls nützlich sein. Er sollte am besten mit Ruhehypnosen beginnen und so Erfahrungen in der Führung in Hypnose sammeln. Bei eventuell auftretenden Schwierigkeiten sollte er sich umgehend mit einem Hypnoselehrer in Verbindung setzen. Manche Kollegen sind beim ersten Mal aufgeregt und vergessen den Suggestionstext.

Um dies zu vermeiden, sollte man sich einen schriftlich festgelegten Suggestionstext zurechtlegen. Nach einiger Zeit kann dieser Text zunehmend spontaner entworfen werden. Auch für spätere gezielte therapeutische Suggestionen sollten mehrere Suggestionsformeln vorher aufgeschrieben und überdacht werden. Zur Ersthypnose gehören ein oder mehrere ausführliche Gespräche. Außerdem sollte dem Patienten ein Aufklärungsblatt über Hypnose mitgegeben werden, so daß er sich nochmals in Ruhe darüber informieren kann. Falls die Hypnose bei Kindern durchgeführt werden soll, empfiehlt sich ein eigenes Informationsblatt für Kinder im Alter von acht bis vierzehn Jahren. Die Eltern der Kinder müssen ebenfalls über das Wesen der Hypnose aufgeklärt werden. Bei jüngeren Kindern ist die Mutter bei der Hypnose anwesend. Den Kindern erzähle ich, daß dieser Zustand, den wir anstreben (das Wort „Hypnose" lasse ich, besonders bei jüngeren Kindern, meist weg), ganz angenehm entspannend ist. Sie sollen sich an ein schönes Erlebnis, Märchen oder an eine schöne Fernsehsendung für Kinder erinnern. Diese Erinnerungen werden von älteren Kindern oft als „das Schönste an der ganzen Hypnose" kommentiert. Anschließend geben die Kinder an, daß sie sich „viel lockerer, fröhlicher und freier" fühlen (Abb. 5).

Während der Hypnose sind Kinder, verglichen mit Erwachsenen, meist motorisch agiler und machen die Augen öfter auf. Die Tranceinduktion geschieht durch Fixation, z. B. eines Punktes an der Decke und eine Verbalsuggestion, die überwiegend die Körperentspannung betont. Vor therapeutischen Suggestionen, z. B. konzentrierteres Lernen in der Schule und/oder zu Hause, sind die Kinder zu fragen, ob sie dieses auch von sich aus möchten. Denn meist kommen die Eltern mit dem Kind und wünschen wegen unterschiedlichster Störungen, z. B. Schulschwierigkeiten, Enuresis, Kopfschmerzen, Verhaltensstörungen oder mißlungener tiefenpsychologischer Therapien eine Hypnose. Bei Kindern und Erwachsenen mache ich, falls erforderlich, anfangs psychometrische Teste (z. B. Kinder-Angst-Test [K-A-T], Subjektiv-Index-Nervöser-Erregungs- und Angstzustände [S.I.N.E.], Selbstbeurteilungs-Skala zur Diagnose der Depression nach Zung), die sich auch zur Verlaufskontrolle eignen, um den Erfolg oder Mißerfolg der Hypnosetherapie zu dokumentieren. Zu diesem Zweck empfiehlt es sich auch, für jeden Patienten einen „Hypnosebogen" (Abb. 6) anzulegen. Mit der Zeit wird jeder Therapeut die Techniken, Methoden und Tests anwenden, von deren Wirkung bzw. Aussagekraft er überzeugt ist. Er wird lernen müssen, seine Sprache jeweils der der Kinder und der der Erwachsenen anzugleichen, um in deren Verhaltensrahmen besser arbeiten zu können. Er wird erkennen, daß die Hypnosetherapie die **individuellste und umfassendste Form der Psychotherapie** darstellt. Sie ist zwar kein Allheilmittel, aber eine biologische Psychotherapie. Das hat nichts mit einem „hypertrophen Anspruch" zu tun, wie es mancher Psychoanalytiker beurteilt. Suggestion und Hypnose wirken eben dort, wo „Leben" ist, und Leben ist mannigfaltig. Der Patient erhält in der Hypnosetherapie seinen psychotherapeutischen „Maßanzug".

Komplizierte Persönlichkeitsstrukturen, besonders Psychotiker oder multiple Persönlichkeiten, sollte der Anfänger vorerst nicht therapieren. Sollte ihm während eines Hypnoseblocks klar werden, daß er sich mit dem Patienten „übernommen" hat, so sollte er den Mut haben, die Hypnosetherapie abzubrechen. **Der Grundsatz: „nil nocere" gilt auch für die Hypnosetherapie**. Der Patient sollte in einem verstellbaren Liegestuhl die Körperhaltung einnehmen, die er möchte. Er kann zu jeder Zeit eine Unbequemlichkeit sofort verbessern oder abstellen. Manche Patienten fixieren während der Hypnose fortwährend einen Punkt. Auf die indirekte Aufforderung, *„wenn Sie wollen, können Sie die Augen schließen, ... um sich noch intensiver zu entspannen ..."*, schließen die meisten dann die Augen. Wenige, z. B. einige schizophrene Patienten, behalten die Augen entweder ganz oder bis zu einem kleinen Spalt offen.

Andere geben an, sie hätten schon als Kinder „mit offenen Augen geträumt". Ist der Therapeut oder der Patient erkältet (z. B. Husten, verstopfte Nase), so sollte die therapeutische Sitzung verschoben werden. Manche Therapeuten bevorzugen die Flüstertechnik. Der Patient muss jedoch das Gesprochene verstehen können. Eine eventuelle Schwerhörigkeit ist dabei zu berücksichtigen. Der Therapeut sollte auf die eigene Körperhygiene und eventuellen Mundgeruch achten. Der Patient sollte Blase und Darm vorher entleeren. Wenn der Therapeut wegen eines dringenden Hausbesuches unter Zeitdruck steht, sollte er besser die Sitzung verschieben. Die Arzthelferin sollte keine Telefonate in das Sprechzimmer durchstellen, sondern falls nötig, dafür das Ende der Hypnosesitzung abwarten.

Bei Anrufen, die einen Notfall beinhalten, muss die Helferin kurz auf eine Summertaste drücken, um so dem Therapeuten zu signalisieren, daß er dringend am Telefon verlangt wird. Der Therapeut sollte dem Hypnotisierten dann ankündigen, daß er für kurze Zeit den Raum verläßt. Wenn er später wieder eintritt sollte er dies dem Patienten mitteilen. Sollte der Therapeut umgehend einen Notfall-Hausbesuch machen müssen, so ist zuvor die Hypnosesitzung zu beenden. Der Anfänger sollte Basiswissen im psychotherapeutischen Umgang mit dem Patienten besitzen (z. B. Empathie, Wir-Bildung). Er sollte keinesfalls denken, er habe mit der Hypnose eine „Wunderwaffe", mit der er alles bekämpfen könne. Die Gefährlichkeit liegt weniger in der Hypnosemethode als vielmehr in der Dummheit des Hypnotherapeuten-Anfängers, denn ihm sollte die Gefährlichkeit der Hypnose in speziellen Situationen (wie beispielsweise auf Parties) bekannt

Wie erkläre ich meinem Freund „Hypnose"?

Als erstes sagt der Arzt, daß Du nun Deine Augen
schließen sollst und daß die Geräusche, die Du hörst,
langsam in den Hintergrund treten. Mit der Zeit
spürst Du vielleicht einen langsam zunehmenden
Druck der Ober- und Unterschenkelmuskulatur sowie
der Waden und der Unter- bzw. Oberschenkelmuskula-
tur gegen das Polster. Und nun, stell Dir einmal vor,
daß Du einen Luftballon um Dein Handgelenk gebunden
hättest und daß dieser Deinen Arm ganz langsam
höher zieht. Wenn Du nicht mehr höher kannst,
bleib noch ein wenig mit Deinem Arm oben und stell
Dir vor, daß nun noch ein Gewicht an dem Handgelenk
hängt und dadurch langsam wieder sinkt. Nach
dieser Übung fühlst Du Dich lockerer, entspannter und
freier. Ich fange nun an bis drei zu zählen. Bei
eins atme tief durch, bei zwei bewegst Du kräftig
Deine Arme und bei drei machst Du die Augen bitte
wieder auf. Nun hast Du Deinen Arm genauso
alleine gehoben, wie Du Deine Blase im Griff hast.
Was ich bei der Hypnose denke und wie ich sie
empfinde!

Ich empfinde die Hypnose eigentlich als ganz angenehm
und sehr entspannend. Wenn der Doktor sagt, daß ich
mir z.B. ein schönes Erlebnis ausdenken soll, kann
ich mich schon in die Zeit zurückversetzen und mir
alles nochmal durch den Kopf gehen lassen. Das
ist eigentlich das schönste an der ganzen Hypnose.
Nachdem man noch einmal zurückgedacht hat, ist
man viel lockerer, fröhlich und frei.

Abbildung 5: *Beispiel für Hypnoseerfahrungen von Kindern.*

sein. Jeder Hypnosetherapeut sollte Zurückhaltung in puncto Hypnosetherapie üben, wenn der Patient wichtige und sinnvolle diagnostische Methoden
oder notwendige Medikamente (z. B. Antidepressiva) ablehnt, auf einer
Hypnose „beharrt", schon in laufender Hypnosetherapie ist oder, wenn er
andere, derzeit sinnvollere, Psychotherapiemethoden ablehnt. Ein Kapitel
für sich ist oft das Verhalten der Angehörigen des Patienten, die diesen zum
Hypnotherapeuten „schleppen" und hier und sofort, bei einem jahrelang
bestehenden Krankheitsbild, eine „Hypnose haben möchten". Der Patient
selbst sagt meist kaum ein Wort. Die Angehörigen haben oft in den Tagen
zuvor in irgendeiner Illustrierten etwas über „Hypnose" gelesen. Aus Erfahrung lehne ich bei so einer Konstellation die Hypnosetherapie ab, da die
Angehörigen, auch im Verlauf der Therapie, starke, teils querulatorische
Forderungen an den Hypnotherapeuten stellen.
Dem Patienten sage ich klipp und klar, daß die ersten zwei bis drei Hypnosen
„Probehypnosen" sind. In dieser Zeit kann er oder der Therapeut entscheiden, ob diese Therapie weitergeführt werden sollte oder nicht. Therapeut und
Patient stehen auf einer Ebene (Wir-Bildung). Ein Abhängigkeitsverhältnis,
wie es z. B. in der Psychoanalyse oft vorkommt, sollte sich keinesfalls ent-
wickeln. Je nach Erkrankung oder Problem erhält der Patient sechs bis zwölf
hypnotische Sitzungen in einem Block, meist eine Sitzung pro Woche.
Danach lasse ich dem Patienten einige Monate Zeit, das, was er in der
Hypnosetherapie erfahren hat, innerlich weiter zu verarbeiten. In dieser Zeit
finden wenigstens ein bis zwei Gespräche statt, um die Situation zu klären
oder Testkontrollen durchzuführen. Falls erforderlich, wird nach zwei
Monaten ein weiterer Block angehängt. Fehlt ein Patient unentschuldigt bei
zwei Terminen, so wird er nicht mehr zur Therapie angenommen. Bei Patienten mit Prüfungsängsten, die z. B. in drei bis vier Wochen Prüfung haben,
reichen - sofern es die Praxistermine zulassen - zwei Termine pro Woche,
über zwei bis drei Wochen verteilt, völlig aus. Meist geben die
Hypnotisierten nach der vierten oder fünften Sitzung eine deutliche
Reduktion ihrer Ängste an. Leider stellen sich manche Patienten nach der
bestandenen Prüfung nicht vor, sondern rufen nur kurz an. Ein zweiter
Block, der das Thema „Wie arbeite ich physiologischer?" behandelt, wäre
bei den meisten indiziert. Will man einem Patienten noch zusätzlich ein
Buch zum Selbststudium an die Hand geben, so gibt es hierfür verschiedene
Möglichkeiten (z. B. Bick 1983, Bongartz und Bongartz 1988).
In der Hypnosetherapie etwas Fortgeschrittene sollten, je nach Praxis-
Ressourcen, die Therapie auch experimentell betreiben, z. B. jeweils vor, in
und nach Hypnose folgende Untersuchungen durchführen: Puls, Blutdruck,
Hauttemperatur, Elektrokardiogramm, transkranieller Doppler, Elektro-
enzephalographie, evozierte Potentiale, Laborwerte etc. Dadurch wird das
Wissen auf physiologischem und neurophysiologischem Gebiet gefördert,
was letztlich dem Patienten zugute kommt.

Hypnosebogen   *(Erwachsene/Kinder)*

Patient: Geschlecht.: m □ w□, **Alter.:**..........**Jahre**
Diagnose: ....

Anamnese:

non-verbaler Hinweis:
Störungen im/in der: Sinnessystem - vegetativen Nervensystem - Motorik -
                         Emotion - Kognition
Inputs: visuell, auditiv, kinästhetisch............zerebrale Dominanzen
Akzeptivität: vorhanden/nicht vorhanden
Suggestibilität: vorhanden/gering vorhanden/z. Z. nicht sicher vorhanden
                       (z. B. Pendel, Armlevitation, Bodysway................................)
Ziel der Hypnotherapie:
Vorgeschlagene imiginäre Methoden:
1. Optische Veränderungen (Zooming, Lagerveränderung, Form- und Farbveränderung)
2. Zeitveränderung (Veränderung des Zeitablaufes, Zeitverschiebung) 3. Selbstwahrnehmung (Spiegelbild, Selbstbegegnung, gewünschte - abgelehnte Rolle, Ich-Stärkung)
4. Regietechniken 5. Probehandeln (so handeln, als ob etwas mißlingt, Alternativverhalten üben)
6. emotive Vorstellungen 7. Steigerungstechniken 8. emotionale „Feuerwehrübungen" 9. Umdeutungen 10. Symbolisieren 11. heilende Bilder 12. geheimer Raum 13. roter Ballon 14. Abfalltechnik 15. Raum mit vielen Türen, 16. hypnotischer induzierter Traum 17. Schultafel, Projektionwand 18. die Pille 19. helfende und hemmende Personen 20. Personifizierung von Problemen, 21. die Galeere 22. Freude 23. Entspannung, 24. Suggestion à échéance (Eingebung auf bestimmten Termin) 25. ankern 26. Rondell 27. Geschichte, 28. innere Oase, 29. Leitsätze: Indifferenz, Vertrauen, Zuversicht, Hoffnung 30. Katzen- und Hundebaby 31. Welle 32. Zeitmaschine 33. affektive Brücke 34. Antizipation 35. Altersregression 36. Dissoziation

Hypnosemethoden: Neue Schule von Nancy gestufte Aktivhypnose nach *Kretschmer und Erikson*
                       fraktionierte Hypnose nach Vogt/Brodmann zudeckend, aufdeckend, psychagogisch

Verhaltensanalyse: S_1 ____ $R_1 = S_2$ ____ $R_2 = S_3$ ____ R^3
                         ① ② ③

$S_1 =$ $R_1 =$ ① =
$S_2 =$ $R_2 =$ ② =
$S_3 =$ $R_3 =$ ③ =

Ablationshypnose/posthynotischer Auftrag/Terminhypnose
Tests vor: ....   **nach:** ....   **Hypnosen**
ZUNG/SINE/ SAS/ MMPI   ....
Wirkeintritt nach: Hypnosen, bei insgesamt: Hypnosen
Beurteilung des Patienten: **des Arztes:**   (0 = kein, 1 = befriedigender
                                                   2 = guter, 3 = sehr guter Erfolg)
Wirkdauer: .....   Wochen/Monate/Jahre
Procedere: weiterer Hypnosetherapieblock, Autosuggestion, VT,
                       Analyse/Tiefenpsychologie, AT/Oberstufe

Schädigungsfolgen durch Hypnose: ....

Abbildung 6: Hypnosebogen für Kurzanamnese, Strategie, Verlaufskontrolle und Epikrise (S = Stimulus, R = Reaktion, 1 usw. = Strategie, mit der die Reaktion auf den Stimulus verändert wird.

3. 8. Kasuistik und Behandlungsbeispiele

Torticollis spasticus

Die 48jährige Patientin litt, als sie in die Praxis kam, seit etwa zehn Jahren an einem sogenannten „Schiefhals". Hirndiagnostik und Muskelstromkurve waren unauffällig. Mit der rechten Hand hielt sie ihren Kopf, der sich fast permanent nach links drehte und neigte. Bisher hatte sie keine Psychotherapie erhalten. Sie war seit 30 Jahren verheiratet, kam aus geordneten Verhältnissen und hatte drei erwachsene Kinder, die schon außer Haus waren. Es bestand eine chronische Konfliktsituation mit der Schwiegermutter, die etwas entfernt in einer eigenen Wohnung lebte. Die Patientin gab an, daß sie „ständig unter Spannung stehe" und ein schlechtes Gewissen habe, wenn sie „nur herumsitze". Sie nahm keine Medikamente. Bei ihr wurden in einem Zeitraum von zwölf Monaten drei Hypnoseblöcke durchgeführt, zunächst ein erster Block, mit zehn Hypnosen, nach zwei Monaten ein zweiter Block, mit sieben Hypnosen und ein dritter Block, nach vier Monaten, mit acht Hypnosen. Die Sitzungen fanden jeweils einmal pro Woche statt. Bereits nach der vierten Hypnose des ersten Blocks setzte schon ansatzweise eine Besserung ein.

Am Ende des dritten Blockes wurde die Patientin gefragt, um wieviel Prozent sie sich besser fühle als zu Beginn (anfangs fühlte sie sich zu 100 Prozent schlecht) gab sie an, im allgemeinen um 50 Prozent besser und manchmal fühle sie sich noch besser. Sie ging wieder ins Theater, in Konzerte oder zu Festivitäten und konnte erhobenen Hauptes Bus und Bahn fahren. Als neutrale Suggestion bzw. Imagination wurde ein von ihr erlebtes Strandbild gewählt. Strukturierte Imaginationen waren unter anderem das „Stehen vor dem Spiegel", verbunden mit der Frage, wie sehe ich mich (Eigenakzeptanz), „geraden Hauptes gehen" (Stärkung des Selbstbewußtseins), Fahrradfahren oder die Schubkarre lenken (Selbststeuerung, im Gleichgewicht sein), Ausbau der „inneren Oase" („nein" sagen, abschalten lernen), Altersprogression, „was kann ich unternehmen?". Gegen Ende des letzten Blockes nochmals eine Imagination „vor dem Spiegel". Die Patientin sieht sich im jetzigen Alter, fühlt sich zufrieden und will neue Aufgaben beginnen, z. B. Kunst studieren. Verabredungsgemäß soll sie sich nach einem Jahr wieder vorstellen.

Selbsthypnose (SH) bei Ohrgeräuschen (Tinnitus)

Der Patient hatte in der Gruppe eine Anleitung bekommen und sollte die Selbsthypnose mit Hilfe eines Tonbandes täglich weiterüben. Dazu einige Hinweise. ***Phase der Hypnoseeinleitung, Induktion:*** Informieren Sie zunächst Ihren Partner, Ihre Familie, daß Sie 15 - 20 Minuten nicht gestört werden möchten. Stellen Sie eine Eieruhr auf die gewünschte Übungszeit ein und stellen Sie diese gegebenenfalls in den Nebenraum, so daß Sie das

Läuten hören können. Setzen oder legen Sie sich bequem hin. Sie können die Augen offen lassen und einen Punkt im Zimmer fixieren, am besten über Ihrem Kopf, so daß die Augen nach oben und nach innen sehen müssen. Denken Sie auch intensiv an diesen Punkt. Sie sehen den Punkt anfangs recht scharf und im Verlauf mal heller, mal dunkler, mal scharf, mal unschärfer und zuletzt weitgehend unscharf. In diesem Zustand stellt sich meist eine Ermüdung der Augen ein, so daß Sie diese schließen können.

Diese Hypnoseeinleitung dauert etwa zwei bis drei Minuten. Sie können auch die Augen gleich schließen und leise und langsam von Null an aufwärts zählen, ohne dabei die Lippen zu bewegen. Der gewünschte Hypnosezustand stellt sich meist zwischen den Zahlen 30 und 50 ein. Diese Methode ist für Kontaktlinsenträger besser, als die unter zuvor genannte, da bei dieser die Linsen verrutschen können. *Neutrale Suggestionsformeln:* Neutrale Suggestionsformeln dienen der Ruhe und Entspannung sowie der inneren Sicherheit. Holen Sie sich in Ihrer Vorstellung eine angenehme Situation in Ihre Erinnerung zurück, z. B. ein Urlaubserlebnis. Erleben Sie dies intensiv nach, z. B. die angenehme Wärme am Strand, den leichten Wind von der See, das Schreien der Möwen, den warmen Sand, der angenehm unter dem entspannten Körper liegt, die blaue Farbe des Meeres und Himmels oder den Geruch der Seeluft, den salzigen Geschmack auf den Lippen (auch Vorschläge aus der Gruppe). *Suggestionsformeln, die sich mit den Beschwerden befassen:* Die Ohrgeräusche (Tinnitus) rücken von Tag zu Tag, von Monat zu Monat, immer mehr in den Hintergrund. Stellen Sie sich dabei das Bild eines Schiffes vor, das gegen den Horizont fährt, langsam kleiner wird und schließlich verschwindet. Umgekehrt kann man sich die Geräusche - mit der Frage, *„was soll gesendet werden, was soll ich tun?"* - auch als Sender vorstellen. Oder „setzen" Sie sich an einem Tisch gegenüber. Auf der einen Seite sitzen Sie, auf der anderen die Ohrgeräusche (bzw. auch daneben die Ruhe) in Form einer Person. Sie können auch Fragen stellen, z. B. *„warum seid Ihr da? Was wollt Ihr?"* - vielleicht hören Sie Antworten. Sie können sich auch wortlos die Hand geben. *Rückholmanöver (Desuggestion):* Das Rückholmanöver muss kräftig sein, sonst sind Sie nicht verkehrstüchtig. Sie dürfen es auch nicht vergessen, sonst können negative Gefühle und Mißempfindungen auftauchen vgl. Fallbesprechung in der Gruppe!). Wenn Sie die Selbsthypnose beenden wollen, bzw. wenn die Eieruhr oder der Wecker läutet, zählen Sie bis drei. Bei „eins" atmen Sie tief durch, bei „zwei" beugen Sie kräftig die Arme, recken und strecken sich und bei „drei" machen Sie die Augen wieder auf und fühlen sich sicher, frisch und frei. Das Rückholmanöver muss auf die gleiche Seite des Tonbandes gesprochen sein wie der übrige Text. *Allgemeine Hinweise:* Bei Unruhe oder Angst während der Übung sofort die neutrale Suggestion benutzen oder die Übung unterbrechen. Die Hypnoseeinleitung, die Reihenfolge der Suggestion (neutrale Suggestion - gezielte Suggestionen, hinsichtlich der Beschwerden, neutrale Suggestionen - Rückholmanöver) auf-schreiben und mit ruhiger, langsamer, gleichförmiger Stimme auf das Band sprechen. Die eigene Stimme auf dem Band fördert die Selbständigkeit. Die eigene Führung in Selbsthypnose ist besser gewährleistet. Kein Abgleiten in den

Schlaf oder ausschließliche Entspannung. Keine Furcht und Flucht davor, Probleme anzusprechen. Etwa alle sechs bis acht Wochen sollte man die Suggestionen variieren und das Band neu besprechen. Falls Sie Fragen haben können Sie mich anrufen. Wir treffen uns zur „Zwischenbilanz" am Montag in der Praxis. Nach der Phase der Selbsthypnose wird die Gruppentherapie fortgesetzt. Lassen Sie das Band niemand anderen hören (negative Auswirkungen)! Vor jeder Selbsthypnose ist eine ärztliche Abklärung der Beschwerden notwendig.

Homosexualität

Der 36jährige Jurist hatte wegen seiner homosexuellen Neigung seit dem 18. Lebensjahr drei Psychoanalysen, je Analyse vier bis fünf Jahre, in einer Sitzung wöchentlich, hinter sich. Er gab an, daß ihm diese Psychotherapie nicht half, sich akzeptieren zu können. Er zeigte anfänglich eine gewisse Therapeutenscheu. Das Motiv, zur Hypnosetherapie zu kommen, war sein „letzter Versuch". Eine weitere analytische Therapie lehnte er ab, und zur Verhaltenstherapie wollte er nicht. Wegen seiner depressiven Verstimmung erhielt er von seinem behandelndem Arzt Antidepressiva, die er während der Hypnosetherapie (zehn Sitzungen, eine pro Woche) weiter einnahm. Eine sogenannte Borderline oder multiple Persönlichkeit konnte ausgeschlossen werden. Die Durchblutung der Hirnrinde war für das Alter etwas vermindert. Da er mit sich (Zwangsstruktur) und der Umwelt (häufige Trennungen) nicht zurechtkam, wurden anfangs Ruhehypnosen (fraktionierte Methode nach Vogt), mit Vertiefung der muskulären Entspannung, die Phrenohypnose nach Braid und die Methode von Erickson angewandt (Ressourcen, Reframing etc.). Zur Aggressionskanalisation erhielt er die Imagination, Kapitän auf einer Galeere zu sein. Die Rudersklaven im vordersten, mittleren und hinteren Drittel der Galeere konnte er aus Personen seiner früheren, bis hin zur jetzigen Umgebung zusammensetzen. Er konnte bestimmen, wohin die Galeere, die „tief im Wasser lag", fahren sollte. Wenn sie strandete, konnte er ins Wasser springen, tauchen und sehen, welches Hindernis die Fahrt bremste. In der Suggestion des „gegenüber am Tisch sitzen" konnte er die personifizierten Hindernisse fragen, weshalb sie da waren und was sie von ihm wollten. Er gewann durch die Hypnosetherapie rasch Selbstvertrauen und lernte, sich so zu akzeptieren, wie seine Veranlagung war. Zuletzt sollte er ein Schiff imaginieren. Er sah sich mit seinem jetzigen Freund auf einem Segelschiff auf dem ruhigen Meer fahren.

Führung in Hypnose, wenn der Patient einzuschlafen droht

Die Tiefe der Hypnose kann in jeder Sitzung wechseln. Ein 45jähriger Patient entspannte sich rasch und tief. Bei der sechsten Hypnose sollte er warten, bis sich ein „freies Bild" einstellte. Das Gesicht und die Körperhaltung waren wie sonst voll entspannt. Plötzlich begann er zu

schnarchen. Mit zunächst leiser Stimme sagte ich: *„Sie sind angenehm entspannt ... genießen Sie noch eine Weile diese angenehme Entspannung, die guttut ... (weiterhin Schnarchlaute) ... Ich werde gleich ihren linken Arm berühren und, wenn ich es sage, kräftig beugen. Dabei können Sie mithelfen, indem Sie auch Ihren rechten Arm kräftig mitbeugen. ".* Mit zunehmend lauter werdender und imperativer Stimme: *„Nachdem Sie sich entspannt haben, werden wir die Übung beenden ... ich zähle bis drei... bei eins atmen Sie tief durch ... bei zwei beugen Sie kräftig die Arme ... und bei drei machen Sie die Augen auf und recken und strecken sich ... Sie fühlen sich frisch und frei. "*
Dabei fächelte ich mit einem Blatt Papier Luft über das Gesicht des Patienten, dadurch wird die Weckreaktion gesteigert, weil das Gesicht über ein großes kortikales Areal verfügt.

Behandlung der vergessenen Rücknahme des autogenen Trainings

Eine 42jährige Patientin kam aufgeregt in meine Praxis und gab an, daß sie sich nach einer Übung im Fortgeschrittenenkurs für autogenes Training (AT) nicht zurückgenommen habe und jetzt unter massiven Ängsten und Depressionen leide und sich rundum nicht richtig wohl fühle. Sie wußte während des AT zwar, daß sie sich „zurückholen" muss (hidden observer), tat dies aber nicht. Gezielter gefragt, gab sie an, daß sie bei einem Psychothera-peuten das AT für Fortgeschrittene lerne. Als sie zu Hause weiterübte, tauchten urplötzlich Bilder über vor ihrem geistigen Auge auf, als sie im Alter von vier Jahren an Scharlach erkrankt, einsam und verlassen im Krankenhaus lag. Seit dieser Übung hatte sie ein extremes Einsamkeitsgefühl mit den oben genannten Beschwerden. Als therapeutische Intervention wurde die Patientin hypnotisiert, wodurch sie eine entspannte Körperlage und ein ruhiges Gefühl erreichte. Danach erfolgte die Einstellung einer strukturierten Imagination der letzten Bilder, die sie beim autogenen Training hatte. Sie sah sich im Krankenhaus allein im Bett liegen, die Eltern hätten sie einmal pro Woche besucht. Von den Krankenschwestern sei sie gut verpflegt und umsorgt worden. Einmal habe sie zwar ihre Suppenschüssel im Bett ausgegossen, habe aber deshalb keine Schelte erhalten. Am Entlassungstag sei sie mit einem Bus, in dem sie vorne sitzen durfte (privilegierter Platz unter den Kindern), direkt vor die Haustüre gefahren worden. Ihre Mutter habe sie schon vor der Haustüre erwartet. Sie gab in Hypnose an, noch ein unangenehmes Gefühl zu haben, sie wisse jedoch nicht wieso. Ein zweites Bild stellte sich ein. Etwa eineinhalb Jahre später habe sie wegen Masern erneut im Krankenhaus gelegen. Sie erlebte dort ebenfalls ein extremes Einsamkeits- und Trennungsgefühl. Auch heute habe sie ähnliche Beschwerden, wenn ihr Mann beruflich außer Haus sei. Eingesetzt wurden neutralisierende Suggestionen, mit Entspannung im ganzen Körper, positive Assoziationen hinsichtlich des Alleinseins (z. B. was sie unternehmen kann, wenn sie allein ist). Weitere Verhaltensstrategien waren andere Leute anrufen oder den Bruder bzw. Nachbarn zu besuchen. Danach wurde die Patientin gebeten, von Kopf bis Fuß ihren Körper im Geiste durchzugehen, wo eventuell Verspannungen bemerkbar seien. Sie gab nach einiger Zeit diskrete Anspannungen im Bauchraum und im Nackenbereich an. Für beide Organgebiete wurde eine gezielte Entspannungssuggestion angewandt. Darunter vergingen die Verspannungen im Nacken, die im Bauchraum milderten sich. Daraufhin wurde die Suggestion gegeben: Die Patientin sitzt an einem Tisch, die Bauchschmerzen ihr gegenüber. Sie sollte die Bauchbeschwerden fragen, wieso sie da seien. Es kam heraus, daß diese Beschwerden ihr Schuldgefühl waren, weil sie sich nicht vom AT „zurückgeholt" hatte. Es folgte eine weitere Entspannungssuggestion. Danach fühlte sich die Patientin frei und im ganzen Körper entspannt. Dieses Beispiel zeigt noch einmal eindringlich, daß sich die Patienten sowohl vom AT als auch von der Hypnose sorgfältig zurückholen müssen bzw. zurückgeholt werden müssen. Die Unterlassung kann ein Kunstfehler sein, für den der Hypnotiseur haftet.

Prüfungsängste

Meist kommen Patienten mit Prüfungsängsten relativ kurzfristig vor einer Prüfung, z. B. Examen, Fahrprüfung oder Klassenarbeiten. Ist der Prüftermin in drei Wochen, so werden pro Woche zwei Hypnosesitzungen, d. h. insgesamt sechs Sitzungen durchgeführt. Meistens geben erwachsene Patienten nach der dritten oder vierten. Sitzung, Kinder oder Jugendliche nach der zweiten oder dritten Sitzung, eine Besserung an. Nach der Induktion folgen zunächst neutrale Suggestionen, z.B.: *„Sie sehen von Tag zu Tag, von Woche zu Woche vieles lockerer und gelassener ... Sie vertrauen auf sich selbst!"* Es folgt die strukturierte Suggestion: *„Stellen Sie sich eine Prüfungssituation vor. Sie sitzen oder stehen vor dem Prüfer ... auf einem fliegenden Teppich und können damit hinter den Prüfer fliegen oder seitwärts oder über den Prüfer ... wie fühlen Sie sich dabei?"*
In den meisten Fällen wird von den Patienten eine Lockerung angegeben. Die zuvor empfundene „Ausweglosigkeit" ist nicht mehr vorhanden. Anschließend wird die neutrale Suggestion wiederholt. Eine andere Möglichkeit ist es den Patienten nach seiner Lieblingsfarbe zu fragen. Meist ist dies Blau oder Grün. Als spezielle Suggestion und Imagination soll sich der Patient seine Lieblingsfarbe vorstellen und dabei auf sein Gefühl achten. Er empfindet Ruhe, Entspanntheit und Zufriedenheit. Dann soll sich der Patient die Prüfungssituation vorstellen und ebenfalls auf seine Gefühle achten. Er empfindet Anspannung und Nervosität und oft eine Verkrampfung im Nackengebiet. Danach wird er aufgefordert eine „Bildüberblendung" (im Sinne einer Ankertechnik) vorzunehmen, d. h. die Lieblingsfarbe hinter den Prüfer zu imaginieren und dabei auf sein Gefühl zu achten. Der Patient gibt eine „gelockerte, entkrampfte" Prüfungssituation an. Dies soll er täglich in Form einer Selbsthypnose üben. Die Therapie ist sehr effektiv: Etwa 90 Prozent der Patienten bestehen die Prüfung.

Depression

Die Zahl der Patienten mit depressiven Syndromen (reaktiver, larvierter, neurotischer oder endogener Genese) nimmt zu. Der Depressive sieht sich, die Umgebung und die Zukunft einseitig düster und negativ. Er übertreibt in Gedanken und Imaginationen das Negative einer Situation. Ist für ihn z. B. eine Situation zu 20 Prozent negativ, so bewertet er diese zu 100 Prozent negativ. Er grübelt und erzählt nur negative Dinge von sich oder anderen oder aus den Nachrichten. Ziel der Therapie ist es, die Schwarz-Weiß-Malerei aufzudecken und neue Denk- und Verhaltensweisen, mittels gezielter Imagination, einzuüben. Dadurch kann das Abgleiten in einen depressiven Zustand bzw. das Verharren in diesem Zustand abgefangen, gemildert oder diesem vorgebeugt werden. Für die Hypnosetherapie sollte der Patient nicht extrem depressiv sein, da wie bei jeder Psychotherapie eine gewisse Motivation und Aktivität dafür vorhanden sein sollte.

Die Hypnosetherapie beruht bei der Depression auf drei Komponenten: Ruhehypnose, neutrale Suggestion und strukturierte Suggestion, mit Probehandeln, mit kognitiver und somit auch emotionaler Umstrukturierung. Die Führung muss sich individuell nach der Mischpulttechnik an den jeweiligen Grad der Depression anpassen, um eine Überforderung des Patienten zu vermeiden. Dies würde die Depression verstärken. Es kann durchaus sein, daß es dem Patienten schwerfällt zu imaginieren, er sieht nur „schwarz", gegebenenfalls noch „dunkelgrau". In einer solchen Situation steht die Ruhehypnose im Vordergrund. Bei schwer agitiert Depressiven gelingt auch diese nicht immer. Der Hypnotherapeut ist bei der Behandlung des Depressiven mit seiner gesamten hypnotherapeutischen Palette gefordert. Die posthypnotische Imagination (posthypnotischer Auftrag) während der Hypnose kann z. B. wie folgt aussehen: *„Sie gewinnen von Tag zu Tag und Woche zu Woche und Monat zu Monat ... immer mehr an Hoffnung und Selbstvertrauen ... Sie sehen vieles lockerer, gelassener, anders .. ."* Hier kann eine spezielle Problematik angesprochen werden, z. B. *„Sie lernen mit der Zeit nein zu sagen ... Ängste kommen, Ängste gehen ... Sie gewinnen mehr Vertrauen zu sich selbst ... Sie lassen sich die Zeit, die Sie brauchen ... der eine braucht mehr Zeit ... der andere weniger Zeit ... Sie haben Ihre Zeit."* Anschließend ist ein Nachgespräch wichtig sowie ein Vorgespräch vor der nächsten Hypnose, um die Depressionsphase besser einschätzen zu können.

3. 9. Kombination der Hypnose mit Pharmakotherapie bzw. anderen Psychotherapien

Pharmakotherapie

Viele psychoanalytisch oder tiefenpsychologisch orientierte Therapeuten lehnen zu Beginn und während der Psychotherapie eine Behandlung mit Psychopharmaka bzw. anderen Pharmaka (z. B. Kardiaka) ab, obwohl diese zwingend notwendig ist. Relativ viele depressive Patienten, die ich in eine psychotherapeutische Kur schicke, rufen mich aus der Kur an und informieren mich, daß der dortige Psychotherapeut die Antidepressiva abgesetzt hat, ihnen die Gruppentherapie schwerfällt und sie zunehmend suizidal reagieren, d. h., daß sie sich deutlich schlechter als vor Kurbeginn fühlen. Der Psychoanalytiker bzw. Tiefenpsychologe vergißt, daß eine Psychotherapie nur dann sinnvoll und nutzbringend für den Patienten sein kann, wenn dieser weniger depressiv geworden ist. In der Depression, egal welcher Genese, sind viele Sinnessysteme gestört oder verändert. Die alleinige psychotherapeutische Behandlung eines Patienten mit mittelschwerer bis sehr schwerer Depression kann einen Kunstfehler darstellen.
Nicht umsonst mehren sich bei der Bundesärztekammer Anzeigen gegen eine derart durchgeführte unflexible „Psychotherapie", bei der die Psychoanalyse und Tiefenpsychologie über den Patienten „gestülpt" wird und der Therapeut unfähig ist, adäquat zu reagieren. Ohne notwendige gezielte Psychopharmakotherapie, allein mit einer Psychotherapie, wird der Patient höchstwahrscheinlich länger in seinem depressiven Zustand belassen. Das bedeutet für viele Leidende eine längere Arbeitsunfähigkeit, so daß die Chancen einer Kündigung seitens des Arbeitgebers steigen. Manche Patienten, die unter den Folgen einer Vergiftung mit neurotoxischen Substanzen, z. B. Holzschutzmitteln, Dioxin, Lindan etc. leiden, werden als „Kernneurosen" fehldiagnostiziert!
Als junger Assistenzarzt in der Psychiatrie beeindruckte mich folgender Fall. Eine Lehrerin litt an einer schweren endogenen Depression und wurde in einer Klinik über acht Monate mit Psychopharmaka behandelt. Zwischenzeitlich wurde ihr wegen der langen Fehlzeit vom Arbeitgeber gekündigt. Der Chefarzt der Klinik wechselte, der neue Chefarzt versuchte es mit Elektroschocks. Die Patientin konnte nach etwa drei Wochen in gutem Gesundheitszustand entlassen werden. Sie verklagte den vorherigen Chefarzt mit der Begründung, daß wenn er frühzeitig mit der Elektroschocktherapie begonnen hätte, wäre sie aller Wahrscheinlichkeit nach eher gesund und somit arbeitsfähig gewesen. Auch wäre ihr nicht gekündigt worden. Dieser Meinung schloß sich auch der Richter im Urteilsspruch an. Eine Therapiekombination hätte der Patientin wahrscheinlich besser und schneller geholfen, in ihr Privat- und Berufsleben zurückzukehren. Analoge Bewertungsmuster könnte ein Richter auch bei einer durch den Psychotherapeuten abgelehnten notwendigen Psychopharmakatherapie ansetzen. Bei der Hypnosetherapie können gemäß der „Mischpulttechnik"

zweckmäßige Psychopharmaka parallel verordnet und je nach Gesundheitszustand und Verhalten des Patienten später ausgeschlichen oder abgesetzt werden. Durch diese differenzierte, sinnvolle Kombination kann der Patient in seinem Privat- und Berufsleben schneller seine Selbständigkeit erlangen. Ein Abhängigkeitsverhältnis zum Therapeuten wird erst gar nicht aufgebaut.

Andere Psychotherapien

Im EBM (Stand vom 1. April 2000) steht unter anderem, daß während einer „großen" Psychotherapie (Psychoanalyse, Tiefenpsychologie) grundsätzlich keine Hypnotherapie und kein autogenes Training durchgeführt werden darf. *Anmerkung: Die Verhaltenstherapie darf mit der Hypnosetherapie kombiniert werden!*
Nach meinen Erfahrungen kann durchaus eine Hypnotherapie vor Beginn der „großen" Psychotherapie (lange Wartezeit) oder danach begonnen werden (sequentielle Methode). In einigen Fällen kann auch die simultane Methode helfen, d .h., während einer laufenden „großen" Psychotherapie kann gezielt Hypnose (z. B. zur Reduzierung des Zigarettenkonsums, der reaktiv einen Brochospasmus hervorruft bzw. die Angst, daß ein solcher eintritt) eingesetzt werden. Die Kombination von Hypnotherapie und Verhaltenstherapie oder rational-emotiver Therapie hat sich bewährt. Eine sinnvolle Kombination stellt die sequentielle Behandlung mit anfänglicher Hypnose und anschließendem autogenem Training dar. Bei Verspannungs- und Migräne-Kopfschmerzen oder anderen Schmerzsyndromen kann die Kombination von Hypnose, autogenem Training, Biofeedback-Verfahren bzw. progressiver Muskelrelaxation (nach Jacobsen) sinnvoll sein. Dabei sollten die einzelnen Methoden nicht miteinander vermischt werden, sondern es sollte klar differenziert werden, was welche Methode bewirkt.

3. 10. Zusammenfassung

Es gibt verschiedene Induktionsverfahren, die einzeln oder kombiniert eingesetzt werden können. Die Methoden der Wahl richten sich nach den jeweiligen Gegebenheiten. Der Hypnotherapeut sollte mehrere Induktionsmethoden beherrschen, um variieren zu können. Grundsätzlich gibt es für die therapeutische und experimentelle Hypnose sehr ausgedehnte Wirkungs- und Verwendungsmöglichkeiten, wie es eben einer echten biologischen Somato- und Psychotherapie zukommt. Beispiele für die einzelnen medizinischen, zahnmedizinischen oder psychologischen Bereiche sowie Krankheitsbilder werden erwähnt. Die relativen oder absoluten Kontraindikationen der Hypnotherapie hängen prinzipiell von den Persönlichkeitsvarianten des Therapeuten und des Patienten ab sowie von Stadium und Ausprägung der Krankheit und deren bisheriger Diagnostik oder Differentialdiagnostik. Die Grenzen der Hypnotherapie finden sich im Rahmen der Kontraindikationen

und dort, wo ethisch-moralisch-religiös-juristische Grenzen überschritten werden und dies der Patient nicht will. Meist stellt nicht die Hypnose in sich eine Gefahr dar, sondern der Mißbrauch der Hypnose durch einen „Therapeuten", d. h. die Grenze des „Therapeuten". Die Führung in Hypnose erfordert das ganze Können und Wissen des Hypnotherapeuten. Sie kann nach unterschiedlichen Methoden - einzeln oder kombiniert - erfolgen. Bei dauernden Nebenwirkungen sollte die Hypnose vorerst abgebrochen werden. Die Desuggestion wird meist vom Therapeuten durchgeführt, kann aber auch spontan durch den Patienten erfolgen. Wichtig ist es, dem Patienten für die Desuggestion die ihm notwendige Zeit zu lassen und alle speziellen vorherigen Suggestionen wie z. B. unnötige, nicht therapeutische Anästhesien oder motorische Hemmungen und Imaginationen in besonderer Form voll zurückzunehmen, so daß das Realitätsbewußtsein wieder vorhanden ist.
Die Desuggestionsformeln müssen klar und eindeutig, der Patient danach voll verkehrstüchtig sein. **Es ist ein Kunstfehler, den Patienten in einem partiellen oder totalen Trancezustand nach Hause zu schicken.** Zweckmäßigerweise sollte der angehende Hypnotherapeut das autogene Training erlernt und gegebenenfalls auch bei Patienten angewandt haben. Der angehende Hypnotherapeut sollte nach dem ersten fundierten Grundkurs in Hypnose bis zum nächsten Grundkurs einige Ruhehypnosen durchführen, um eine gewisse Hemmschwelle gegenüber der Anwendung beim Patienten abzubauen und so Selbstsicherheit zu gewinnen. Hypnosen mit Kindern sollten fortgeschrittenen Therapeuten überlassen werden. Jeder Therapeut lernt aufgrund seiner Erfahrungen, welche Methoden und Teste sinnvoll sind, eigene experimentelle Arbeiten in Hypnose fördern die Motivation. Der Therapeut muss psychotherapeutische Flexibilität besitzen, um jedem Patienten eine auf ihn abgestimmte Hypnosetherapie anzupassen.
Die Hypnose ist zwar kein Allheilmittel, besitzt aber eine weite therapeutische und experimentelle Plastizität. Die Hypnotherapie ist eine probate Heilmethode, die - verglichen mit anderen Psychotherapien - innerhalb kürzester Zeit physiologisch, neurophysiologisch und psychologisch wirkt. Falls sie allein nicht ausreicht, sollte sie beispielsweise mit autogenem Training, Biofeedback-Methoden, progressiver Muskelrelaxation, Verhaltenstherapie, Psychoanalyse oder Tiefenpsychologie simultan oder sequentiell kombiniert werden, um so möglichst viele Persönlichkeitsmerkmale auf bewußten oder unbewußten Ebenen zu erreichen und patienteneigene Resourcen auszuschöpfen. Die Hypnose kann auch als Vehikel benutzt werden, z. B. bei behavioristischen oder tiefenpsychologisch-analytischen Methoden. Notwendige Medikamente (Pharmaka und Psychopharmaka) müssen zusätzlich verabreicht werden. Wird dies versäumt, so stellt dieses Versäumnis einen Kunstfehler dar.

Nachtrag: Gemäß den aktuellen Psychotherapierichtlinien vom 1. Januar 1999 (Kap. C 1. 2. 3) darf die Hypnose bei den fünf probatorischen Sitzungen (VT, Tiefenpsychologie, Psychoanalyse) und sonst nur während der VT angewandt werden.

4. Auswahl zur experimentellen Hypnose

Experimentelle Hypnosen können mit sogenannten neutralen Versuchspersonen, beispielsweise Studenten, aber auch mit Patienten durchgeführt werden, sofern diese dazu bereit sind und das Experiment ethisch vertretbar ist. Die experimentelle Hypnoseforschung soll einerseits gezielte Einblicke in das Wesen der Hypnose ermöglichen und andererseits der klinischen Behandlung neue Wege aufzeigen. Umgekehrt kann auch die klinische Hypnose spezielle Fragen an die experimentelle Hypnose stellen. Um die Resultate vergleichen zu können, sollten gleiche Hypnosemethoden angewandt und gleiche Untersuchungs-Kohorten, z. B. Patienten, herangezogen werden. Mit einer Beeinflussung durch zusätzliche (nicht faßbare) Faktoren muss gerechnet werden. Im folgenden sind einige ausgewählte physiologische bzw. neurophysiologische Befunde zusammengefaßt.

4. 1. Ausgewählte Ergebnisse der Neurophysiologie

Bick (1988) untersuchte mittels EEG-Mapping in einer Pilotstudie die elektrischen Aktivitäten der linken und rechten Gehirnhälfte, während des Lachens (im normalen Bewußseinszustand) und im Hypnosezustand. Gelacht wurde: aus Höflichkeit, auf Befehl, über einen lustigen Film und über einen Witz. In Hypnose sollte sich der Proband an den Witz bzw. Film erinnern und ihn wiedererleben. Die EEG-Maps erfolgten im normalen Bewußtseinszustand, sowohl bei geöffneten als auch bei geschlossenen Augen und im Hypnosezustand, „eine Minute nach Einleitung der Hypnose" und „20 Minuten nach Einleitung der Hypnose", bei geschlossenen Augen sowie nach Rückführung in den normalen Bewußtseinszustand.
Gemittelt wurden acht Patienten, mit je 16 Maps, zu je zweieinhalb Sekunden. Es zeigten sich folgende Resultate: Beim natürlichen Lachen, also dem Lachen „ohne Befehl", zeichnete sich sowohl im normalen als auch im hypnotischen Bewußtseinszustand eine Rechtstendenz ab. Die höchsten Amplituden zeigten sich in allen Frequenzbändern im Okzipitalbereich. Eine starke Powerverschiebung in beiden Bewußtseinszuständen, zur linken Hemisphäre, fand sich beim Lachen auf Befehl. Veränderungen im temporalen Betabereich waren von Lachartefakten nicht sicher zu unterscheiden.
Jovanović(1988) fand in der rechten Hemisphäre, bei hoch hypnotisierbaren Rechtshändern, eine stärkere Dominanz von Alphaaktivit, wenn konjugierte laterale Augenbewegungen gemessen wurden. Er vermutete, daß im hypnotischen Bewußtseinszustand kognitive Prozesse von der linken in die rechte Hemisphäre verlagert werden. Analytische Aufgaben produzieren eine verhältnismäßig niedrige Alphaaktivität in der linken Hemisphäre. Aufgaben, die mit einer räumlichen Imagination und Musik einhergingen, führten in der rechten Hemisphäre zu niedriger Alphaaktivität. Patienten mit hysterischen Syndromen (70 Prozent der Patienten mit psychosomatischen Beschwerden sowie manisch-depressive oder monopolar-depressive Patienten) zeigten eine Linksdominanz. Depressives Vertieftsein wird mit

einer linkshirnigen Dysfunktion in Verbindung gebracht. Miltner und seine Arbeitsgruppe (1988) führten mittels sensomotorisch evozierter Potentiale (SEP) Untersuchungen an 15 Probanden hinsichtlich der Schmerzempfindung in Hypnose durch. In ähnlichen Studien zeigte sich während der hypnotischen Suggestion eine SEP-Amplituden-Reduktion, d. h., es waren weniger Nervenfasern erregbar, und/oder weniger Schmerzreize wurden wahrgenommen. Die Reizung erfolgte an der nicht dominanten Hand intrakutan an der Fingerspitze durch Schwachstrom. Die Intensität gaben die Versuchspersonen anhand einer visuellen Analogskala an. Als Zusammenfassung des ersten Internationalen Kongresses für zerebrale Dominanzen (14. - 17. September 1988, in München) kann folgendes gelten: **Bei Hochhypnotisierten kommt es zur Umschaltung der Gehirnaktivitäten von der linken in die rechte Hemisphäre. Während des Posthypnosezustandes besteht der Hypnosezustand latent weiter.**

Personen, die aus einem guten und intakten Elternhaus kommen, weisen in EEG-Maps in Hypnose eine Rechtsdominanz auf. Bei Patienten mit Ängsten, Depressionen, Suizidversuchen bzw. nicht intaktem Elternhaus zeigt sich dagegen in Hypnose eine Linksdominanz, d. h., diese Patienten haben Schwierigkeiten, ihre rechte Hemisphäre zu aktivieren. Die Linksdominanz wird auch bei Immundysfunktion gefunden. Ein Grund dafür mag sein, daß wir durch unsere linkshirnlastige Erziehung Schwierigkeiten haben, rechtshirnige gefühlsmäßige Verhaltensweisen zu entwickeln. Rappelsberger und seine Mitarbeiter (1987) fanden in einer Untersuchung an Rechtshändern (22 Männer und 29 Frauen) heraus, daß sich im Ruhe-EEG (EEG-Maps) Männer und Frauen sowohl in Leistungs- als auch in Kohärenzparametern unterscheiden. Frauen zeigten durchwegs höhere Leistungen in den Betabändern und höhere interhemisphärische Kohärenzen. Unterschiede im EEG während kognitiver Studien sind höchstwahrscheinlich auf unterschiedliche Strategien bei der Durchführung zurückzuführen. Sie könnten aber auch zusätzlich durch anatomische Unterschiede bedingt sein.

Die Untersuchungen von Sperry und Mitarbeitern (1987) an Split-Brain-Patienten ergaben, daß jedes geistige System der rechten bzw. linken Hemisphäre jederzeit die unterschiedlichen emotionalen Zustände des anderen Systems registriert. Stimmen die Systeme auf emotional-affektiver Ebene nicht überein, so entsteht Angst. Jede Hemisphäre hat ihr eigenes Selbstbewußtsein und Bewertungssystem für interne und externe Ereignisse. Meyer (1988) untersuchte bei zwölf gesunden Männern, mittels der 133-Xenon-Methode die kortikale Durchblutung. Die Versuchspersonen praktizierten seit drei Monaten autogenes Training.

Bei einigen untergliederte sich der Untersuchungsverlauf in Ruhe, Hypnose, Ruhe sowie dem autogenen Training; bei den anderen in Ruhe, autogenes Training, Hypnose, Ruhe. Die Hypnose wurde mit Armlevitation durchgeführt. Es zeigte sich keine generelle rechtshemisphärische Durchblutungssteigerung durch Selbst- oder Fremdhypnose. Das Gelingen der Fremdhypnose wurde von einer absoluten rechtshemisphärischen Mehrdurchblutung begleitet. Hoch Hypnotisierbare aktivierten für beide hypnotischen Zustände stärker die rechte Hemisphäre. Durchschnittlich Hypnotisierbare dagegen

Ruhe	Nachbewußtes	Vorbewußtes
		Unbewußtes
Hypnose	Unbewußtes	Vorbewußtes
	Nachbewußtes	

Tabelle 6: SAEP (spätes akustisch evoziertes Potential): Hemisphären-Präferenz des Vor- (50-150 ms), Un- (1602-50 ms) und Nachbewußten (300-650 ms) in Ruhe und in Hypnose.

	Meßzeitpunkt rechts	Hemisphäre links
Ruhe	+ A	
Induktion		+ C, + D, + E
Hypnose	+ C, + D, + E, -F	
Desuggestion	+ B, + D	+ B, + F

Tabelle 7: Hirndominanzen und Aktivität (+/-) der einzelnen Frequenzbänder während der jeweiligen Meßzeitpunkte.

die linke. Diese Hemisphärenpräferenz war unabhänig von der Realisierung des hypnotischen Zustandes. Probanden mit lebhafter Vorstellungskraft benutzten stärker die rechte Hemisphäre. Als unmittelbar einleuchtende Ergebnisse kommt es unter Fremdhypnose zur Aktivierung der temporalen Zentren für akustische Aufmerksamkeit (vgl. Prohovnik et al. 1980) und unter autogenem Training zur Aktivierung der rolandischen Zentren für die Steuerung und Empfindung der Arme und Beine (vgl. Meyer et al. 1987). Im autogenen Training Erfahrene weisen außerdem kaum frontale Veränderungen auf (Areale für z. B. Aktivation, Aufregung, Gedankentätigkeit), dies spricht für die automatische emotional-affektive Resonanzdämpfung. Toneli und Krahne (1988) untersuchten mittels EEG zehn Personen (Durchschnittsalter von 22,5 Jahren) in Zuständen der transzendentalen Meditation (TM). Die Probanden hatten seit mehr als fünf Monaten Erfahrungen mit TM. Es zeigten sich hochamplitudige Alphawellen in der Okzipitalregion und niedrig-amplitudige in der Frontalregion. In der Mantraperiode zeigte sich eine absolute Powerzunahme, während in der Denkperiode eine Abnahme resultierte. Im Hemisphärenvergleich zeigte sich rechts okzipital eine Zunahme der Power von Alpha-, Theta- und Beta-1-Frequenz verglichen mit links okzipital. In der Prä-TM-Periode fand sich dieses Powerverhalten links frontal, verglichen mit rechts frontal.

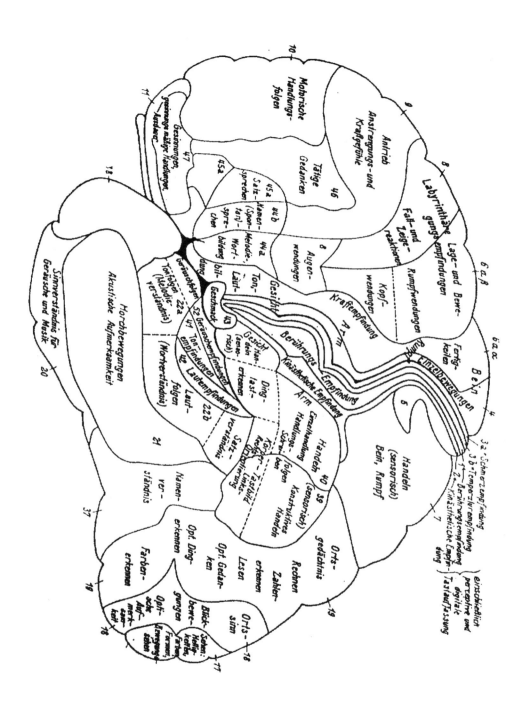

Abbildung 7: *Kortikale Areale und Meßebenen, oberhalb der Meato-Orbital-Linie (MOL). Seitenansicht der linken Hemisphäre nach Duus 1897. Mit freundlicher Genehmigung des Thieme Verlages.: Neurologisch-topische Diagnostik, 1987.*

Links			Rechts	
	F1 Thetaband p = 0,07 S vs H pro S		**F2**	
F7	**F3** Thetaband p = 0,09 R vs S pro S	**Fz**	**F4**	**F8** Thetaband p = 0,03 R vs H pro S
T3	**C3**	**Cz** Deltaband p = 0,05 R vs H pro H	**C4**	**T4** Thetaband p = 0,09 S vs H pro S
T5 Beta-1-band p = 0,09 S vs H pro S	**P3**	**Pz**	**P4** Deltaband p = 0,03 S vs H pro S	**T6**
	01		**02**	

Abbildung 8: *EEG-Kartographie, Pilotstudie mit neun Probanden, Verteilung der Signifikanz bei 95 Prozent Posthoc-Vergleiche, nach Frequenzband und Untersuchungs-situation unter den jeweiligen Skalpelektroden (10/20 System; Ohrelektroden = Referenz elektroden) (R = Ruhe, S = nichthypnotische Suggestion, H = Suggestion in Hypnose, vs = versus.*

4. 2. Eigene Ergebnisse

Die Atemfrequenz steht zur Pulsfrequenz in umgekehrt proportionalem Verhältnis. Die Pulsfrequenz kann als „emotional-affektiver" Resonanzboden gelten. Je tiefer der Entspannungszustand, desto mehr nimmt die grobe Kraft in der dominanten Hand ab. Bei Patienten mit Paresen nimmt infolge gezielter Suggestion („kräftig zusammendrücken") die Kraft im paretischen Arm in Hypnose zu. In Hypnose wird die Haut des Unterarms und der Fingerbeere besser durchblutet. Bei den meisten Normotonikern, aber auch bei Hypertonikern, sinkt der systolische und diastolische Blutdruck. Das Bereitschaftspotential (CNV-Welle) beim späten akustisch

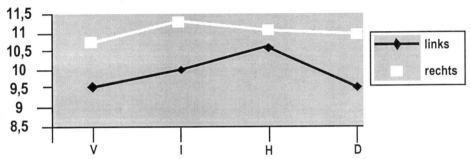

Abbildung 9: *Frequenzanalyse-EEG: Hauptfrequenz (Mittelwerte) der Alphawellen über der rechten bzw. linken Hemisphäre (Ableitpunkte: F2 - P4/F1 - P3). V = vor der Hypnose; 1 = Induktionsphase; H = während der Hypnose; D = Dessugestionsphase.*

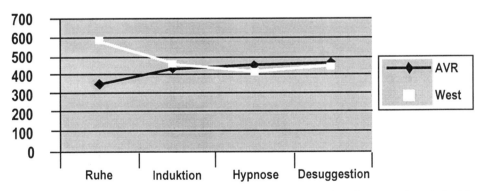

Abbildung 10: *Frequenzanalyse-EEG: Power der Frequenzbänder A - F (A = 0,5 - 32 Hz; B = 0,5 - 8 Hz; C = 8 - 16 Hz; D = 16 - 20 Hz; E = 14 -28 Hz; F = 28 - 32 Hz) in Ruhe, während der Induktion, Hypnose und Desuggestion über der linken (L) bzw. rechten (R) Hemisphäre (Ableitpunkte: F2 - P 4/ F1 - P3).*

evozierten Potential (SAEP) wird bei linksauraler Reizung (plus visueller Reizung), d. h. überwiegend rechtszerebraler Verarbeitung, in Hypnose schneller getriggert. Bei rechtsauraler Reizung mit linkszerebraler Verarbeitung sind in Hypnose die Latenzzeiten der P1- und N1-Welle kürzer. Die P1-Welle soll für die anfängliche Kurzspeicherung mit folgendem Filterungsprozeß der hereinkommenden Information gelten. Die N1-Welle gilt als Hinweis für assoziative, selektive Aufmerksamkeit. In Hypnose ist sie linkszerebral signifikant (p = 0,001) verkürzt.

Diese Befunde können mit der „fokussierten Aufmerksamkeit" in Einklang gebracht werden. In Ruhe und in Hypnose zeigt sich bei 30 Probanden beiderlei Geschlechts (Rechtshänder) folgende hemisphärische Präferenz: Die vorbewußte Verarbeitung eines Reizes ist während der beiden Meßzeiten eine Leistung der linken und die nachbewußte Verarbeitung eine der rechten Hemisphäre. Während in Ruhe die unbewußte Verarbeitung in der linken Hemisphäre erfolgt, geschieht dies in Hypnose in der rechten Hemisphäre (Tab. 6). In Hypnose bildet sich die N1-Welle linkshirnig signifikant (p = 0,001) schneller als rechtshirnig. In Hypnose nimmt die globale kortikale Perfusion zu (p = 0,03) (gemessen mit Single-Photon-Emissions-Computertomographie, SPECT), jedoch nicht in älteren Insultarealen bzw. bei Hirnrindenatrophie. In Hypnose erfolgt eine kortikale Frontalisation (p = 0,001), rechts stärker als links und in der höheren Etage, sieben Zentimeter oberhalb der Meato-Orbital-Linie, stärker als in der tieferen Ebene, die vier Zentimeter oberhalb der Meato-Orbital-Linie liegt.

Die Perfusion im linken Gyrns temporalis medius und interior (7 cm oberhalb der Meato-Orbital-Linie) ist in Hypnose signifikant (p = 0,001) vermindert (Abb. 7).Die Powerspektren der EEG-Kartographie sind im Delta- und Thetaband beidseits frontal am höchsten, mit rechtsfrontaler Präferenz. Im Alphaband sind die Amplituden eher temporo-parieto-okzipital betont. Im Vergleich zwischen Ruheableitung und der Ableitung während der hypnotischen Suggestion sind im Deltaband über dem Corpus callosum in Hypnose etwas höhere Amplituden festzustellen. Im Vergleich zwischen nicht hypnotischer und hypnotischer Suggestion sind im Deltaband die Amplituden in Hypnose rechts frontal etwas höher, im Thetaband im vorderen Abschnitt des Corpus callosum. Vermutlich werden mehr Informationen über den Balken transferiert (Abb. 8).

Mittels Frequenzanalyse-EEG erfolgte bei 18 Probanden beiderlei Geschlechts (Rechtshänder) die Ableitung in Ruhe (5. Minute), während der Induktion (8. Minute), in Hypnose (19. Minute) und während der Desuggestion (21. Minute). Bei geschlossenen Augen, liegend über den Ableitpunkten F1 - P3 (links) bzw. F2-P4 (rechts), gemäß dem 10/20 System. Die Hauptfrequenz (Alphawellen 8,5 - 12,5 Hz) ist über der rechten Hemisphäre zu den o. g. Meßzeitpunkten fast gleich um 11 Hz über der linken Hemisphäre beträgt sie in Ruhe etwa 9,5 Hz und steigt während der Induktion (10 Hz) bis zur Hypnose (10,5 Hz) an, um während der Desuggestion wieder auf etwa 9,5 Hz zu sinken (Abb. 9). Die Power der einzelnen Frequenzbänder zeigt Abbildung 10. Im wesentlichen zeigen sich folgende Verläufe: Band A (0,5 - 32 Hz): Über der linken bzw. rechten Hemis-

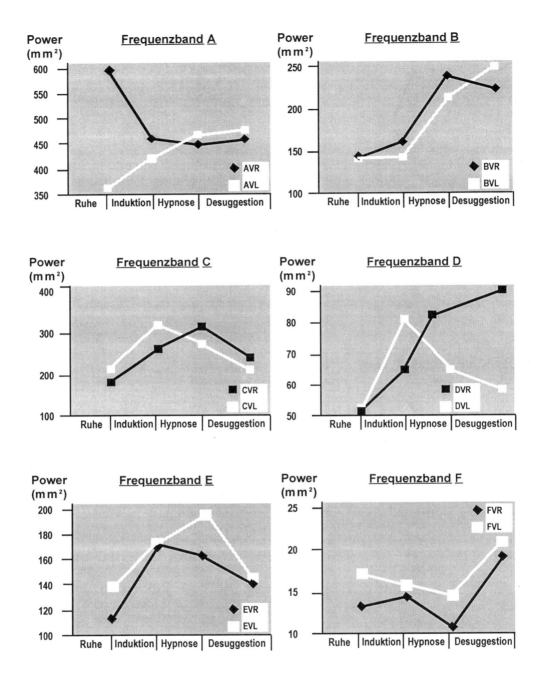

Abbildung 10: *Frequenzanalyse-EEG: Power der Frequenzbänder A-F (A: 0,5-32 Hz; B: 0,5-8 Hz; C: 8-16 Hz; D: 16-20 Hz; E: 14-28 Hz; F: 28-32 Hz) in Ruhe, während der Induktion, Hypnose und Desuggestion über der linken (L) bzw. rechten (R) Hemisphäre. (Ableitpunkte: F2-P4/F1-P3).*

phäre zeigt sich im gesamten Powerspektrum, bezüglich der Meßzeitpunkte, eine von Anfang an zunehmende Ausgleichstendenz, die rechts etwas schneller als links erfolgt, d. h., über der linken Hemisphäre steigt, über der rechten sinkt die Aktivität. Diese Anpassungsreaktion ist schon fast während der Induktionsphase abgeschlossen. Im Band B (0,5-8 Hz) ist die höhere Aktivität rechts signifikant betont ($p = 0,01$). Auch der Unterschied zwischen Ruhe und Induktion ist signifikant ($p = 0,01$). Im Band C (8-16 Hz) und Band E (14-28 Hz) ist die Aktivität links während der Induktion und rechts während der Hypnose am höchsten. Dieser Unterschied ist signifikant ($p = 0,001$). Die Induktionsphase scheint eher eine Funktion der linken Hemisphäre zu sein und die des hypnotischen Bewußtseinszustandes eine der rechten Hemisphäre. Während der Desuggestion sind beide Hemisphären mit teils unterschiedlichen Frequenzbändern vertreten.

4. 3. Zusammenfassung

Jeder Arzt, Diplom-Psychologe oder Zahnarzt kann, gemäß seinen Möglichkeiten, in der Praxis oder Klinik, auf dem Gebiet des Hypnotismus forschen. Dank der neueren technischen Möglichkeiten, wie z. B. evozierte Potentiale, SPECT, EEG-Mapping, Frequenzanalyse-EEG, PET, läßt sich der Bewußtseinszustand in Hypnose bzw. im posthypnotischen Zustand neurophysiologisch besser objektivieren und so auch die Therapiewirkung besser kontrollieren. Jede Hirnhälfte weist ihr eigenes Bewußtsein bzw. ihren Maßstab für die Bewertung der Ereignisse auf. Demnach müßte auch die Existenz eines links- bzw. rechtshemisphärischen „Unbewußten" diskutiert werden, bzw., ob dies mit den Frequenzbändern C, D und E korreliert. Weitere neurophysiologische Untersuchungen sind erforderlich, unter anderem um zu sehen, ob sich in Hypnose ein grundsätzliches kortikoareales Verteilungsmuster der Aktivitäten zeigt, das in anderen Trancezuständen in dieser Art nicht zu finden ist.

Nachtrag: Mittels der Jomazenil-SPECT-Methode konnte der Autor bei Patienten, die unter generalisierten Ängsten (ICD-10: F41.1) litten, folgendes nachweisen: Im Vergleich vor der Hypnose und nach einer zwölfwöchigen Hypnosetherapie, nahm die Bindungskapazität der frontalen Benzodiazepin-Rezeptoren signifikant (links frontal $p < 0.001$, rechts frontal $p < 0.0005$) zu. Die Reduktion des Angstpegels konnte auch mittels eines SDS-Test ($p < 0.003$) nachgewiesen werden. Die Forschungsergebnisse zu letzterem wurden noch nicht publiziert.

5. Kritische Anmerkungen, Vorschläge, Ausblicke

5. 1. Hypnosegesellschaften

J. H. Schultz gründete 1968 die *Deutsche Gesellschaft für Ärztliche Hypnose und Autogenes Training*. Sie fördert und lehrt die Wissenschaft und die Therapiemethoden der Hypnose und des autogenen Trainings in Klinik und Praxis, bei Ärzten und Kandidaten der Medizin. Publikationsorgan ist die „Praxis der Psychotherapie und Psychosomatik". Kontaktanschrift: Sekretariat, Postfach 5028, 32457 Porta-Westfalica.

Die *Milton-Erickson-Gesellschaft* (M. E. G.) wurde 1977 in München gegründet. Dieser Gesellschaft gehören aktive, assoziative sowie Ehren- und fördernde Mitglieder an. Aktives Mitglied können nur Diplom-Psychologen und Ärzte werden, die beruflich unmittelbar mit der Hypnose und Hypnosetherapie zu tun haben. Nach zwei Jahren assoziierter Mitgliedschaft wird über die aktive Mitgliedschaft entschieden. Publikationsorgan ist „Hypnose und Kognition". Kontaktanschrift: Konradstraße 16, 80801 München 40.

Die *Europäische Gesellschaft für Ärztliche Hypnose* (ESMH), gegründet 1979, Kontaktanschrift: Landwehrstraße 17, 80336 München. Die *Deutsche Gesellschaft für klinische und experimentelle Hypnose* (DGKEH), gegründet 1981, Gerikstraße 65, 70184 Stuttgart. Die *Deutsche Gesellschaft für Hypnose e. V.* (DGH), gegründet 1982, bildet Ärzte, Diplom-Psychologen und Zahnärzte aus. Die Gesellschaft setzt sich aus ordentlichen, außerordentlichen und Ehrenmitgliedern zusammen. Studierende der Psychologie (nach dem Vordiplom) sowie Studierende der Medizin und Zahnmedizin (nach dem Physikum) können ebenfalls außerordentliche Mitglieder werden. Publikationsorgan ist die „Experimentelle und klinische Hypnose" bzw. „Suggestionen", Kontaktanschrift: Druffelsweg 3, 48653 Coesfeld.

Die *Deutsche Gesellschaft für Zahnärztliche Hypnose* (DGZH), Esslinger Straße 40, 70182 Stuttgart.

Die *I.GTH*, gegründet 1981, Kaiserstraße 2a, 66955 Pirmasens. Die Ausbildungsrichtlinien einiger Gesellschaften finden sich im folgenden Abschnitt.

5. 2. Derzeitige Ausbildungsrichtlinien

Wichtig ist folgende Feststellung: In allen Weiterbildungsausschüssen für „Psychotherapie" in den Landesärztekammern bzw. in den analogen Ausschüssen der Bundesärztekammer oder der Kassenärztlichen Bundesvereinigung sitzen überproportional viele Psychoanalytiker oder Tiefenpsychologen - aber kaum Verhaltenstherapeuten - die über die Ausbildung in Hypnose bestimmen. Diese - und das zeigt der anschließende Vergleich der Ausbildungsrichtlinien - müssen kaum oder nur wenig Wissen über theoretische und praktische sowie experimentelle Hypnose besitzen. Vielleicht sind sie auch aus berufspolitischen Gründen angehalten, für eine derart minimale Ausbildung in Hypnose zu plädieren. Die Hypnose wird mit dem autogenen Training zur sogenannten „kleinen Psychotherapie" gezählt. Der Begriff „kleine Psychotherapie" wird jedoch weder dem autogenen Training noch der Hypnose gerecht. Der Weiterbildungsausschuß der Ärztekammer Hamburg empfiehlt für die Zusatzausbildung „Psychotherapie", im Juli 1990, 20 Doppelstunden Hypnose, die Bayerische Ärztekammer verlangt 64 Stunden. Die Kassenärztliche Bundesvereinigung (KBV) forderte im Sommer 1999 für die Hypnosetherapie zwei mal acht Doppelstunden, also 16 Doppelstunden, erfolgreich abgeschlossene Hypnosekurse. Eine Kombination mit der sogenannten „großen Psychotherapie" bzw. die Therapie in Form von Hypnosegruppen (vier bis sechs Personen mit gleicher Diagnose) wird, meines Erachtens, sinnwidrig (z. B. Hypnoanalyse, Erfolge Wetterstrands), ausgeschlossen. Die Deutsche Gesellschaft für Ärztliche Hypnose und Autogenes Training (DGÄHAT) bietet für die Therapeutenqualifikation die Ausbildung alternativ in 64 Stunden bzw. für die ärztliche Psychotherapieweiterbildung 25 Doppelstunden an. Die Weiterbildungsinhalte der DGÄHAT sind Richtlinien zur Weiterbildung in Hypnose (Basiscurriculum).

Vorbemerkungen: Die berufsbegleitende Weiterbildung im Bereich der Psychotherapie erfordert - einschließlich der „neuen" Facharztweiterbildungen „Psychiatrie und Psychotherapie", „Psychotherapeutische Medizin", „Kinder-, Jugendpsychiatrie und -psychotherapie" sowie im Bereich der psychosomatischen Grundversorgung - außer dem Aneignen gründlicher methodischer Kenntnisse in einzelnen Verfahren, auch Detailkenntnisse des jeweiligen Konzeptes, seiner theoretischen Grundlagen und seiner praktischen Durchführung und vor allem Selbsterfahrung. Damit ist auch für die Hypnose eine angemessene Eigenerfahrung im Sinne des Selbsterlebens und (unter Anleitung) selbständigen Durchführens unerläßlich. In diesem Sinne stellt der nachfolgende Weiterbildungskatalog eine Mindestanforderung dar und erhebt keinen Anspruch darauf, Richtlinie für eine Fort- und Weiterbildung in der umfassenderen „Hypnosetherapie" zu sein.

Folgende Inhalte müssen erarbeitet werden: Historische Grundlagen, Theorie der Hypnose, Induktionstechniken, Nutzung positiver Ressourcen, Indikation, Kontraindikation, Grenzen, Gefahren, Mißbrauch, Selbsthypnose, Hetero- bzw. Autosuggestion, direkte und indirekte Suggestionen, Unterschiede zum autogenen Training. Gemeinsamkeiten mit bzw. Unterschiede zu verwandten Psychotherapiemethoden, posthypnotische Aufträge, Psychologie und Physiologie der Hypnose, mit Demonstration von Hypnosephänomenen, z. B. Leviation, Katalepsie, Analgesie, Amnesie/Hypermnesie, Raum-/Zeit-Veränderungen, etc.. *Erstellung eines Therapieplanes* in der Psychotherapie/psychosomatischen Grundversorgung, Hinweise auf Ergänzungs- bzw. Kombinationsmöglichkeiten mit anderen psychotherapeutischen Verfahren. Supervision von eigenen Behandlungsverläufen.

Die Weiterbildung muß mindestens folgende Charakteristika aufweisen:
a) Hypnose als sogenanntes „weiteres wissenschaftlich anerkanntes Therapieverfahren" (Zweitverfahren), in der Weiterbildung zur Zusatzbezeichnung Psychotherapie. Voraussetzung dafür ist die Teilnahme an mindestens

25 Doppelstunden (50 Stunden) zur Einführung in die Grundlagen der Hypnosetechnik und -therapie, mit angemessener Eigenerfahrung (siehe oben). Dabei ist ein oder mehrere fortlaufende(s) Seminar(e) - auch in Blockform - denkbar (z. B. fünf Seminare zu je fünf Doppelstunden; drei Seminare zu je sechs Doppelstunden plus ein Seminar zu acht Doppelstunden etc.). Im Rahmen dieser Weiterbildung sind fünf Doppelstunden Supervision und mindestens drei Doppelstunden theoretische Weiterbildung über den Einsatz der Hypnose, im Rahmen der Therapierichtung des gewählten Hauptverfahrens (Hypnose im Rahmen tiefenpsychologischer/verhaltenstherapeutischer Psychotherapie), nachzuweisen. *Begründung:* Die therapeutische Wirksamkeit der Hypnose wurde bei einer Vielzahl von psychotherapeutisch behandelbarer Störungen empirisch, in kontrollierten und Katamnese-Studien, nachgewiesen (vgl. dazu Übersichten bei Grawe et al. 1994; Revenstorf 1994 und 2001). Eine Reihe dieser Arbeiten belegt, daß der konzeptbegleitete Einsatz der Hypnose, in verhaltenstherapeutischen (z. B. Revenstorf 1994) und tiefenpsychologischen (z. B. Stetter 1994) Behandlungsplänen, bei individueller auf das Krankheitsmodell, das Störungsbild und die Ressourcen des jeweiligen Patienten zugeschnittenen Vorgehensweise, möglich und effektiv ist.

Grawe, K., Donati, R., Bernauer, F (1994) Psychotherapie im Wandel. Von der Konfession zur Profession. Hogrefe, Göttingen Revenstorf, D. (1994) Kognitive Verhaltenstherapie und Hypnose. Verhaltenstherapie 4: 223-237.
Stetter, F (1994) Gestufte Aktivhypnose, autogenes Training und zweigleisige Psychotherapie. Historischer Hintergrund und aktuelle Bedeutung der Therapieansätze von Ernst Kretschmer. Fundamenta Psychiatrica 8, 14-20.

Therapeutenqualifikation DGÄHAT: Voraussetzung hierfür ist die Teilnahme an mindestens 32 Doppelstunden zur Einführung in die Grundlagen der Hypnosetechnik und Hypnosetherapie, mit angemessener Eigenerfahrung (vgl. oben). Im Rahmen dieser Weiterbildung sind fünf Doppelstunden Supervision nachzuweisen.

Psychotherapeutische Grundkenntnisse: Da Hypnose nur dann sinnvoll angewandt werden kann, wenn solide Grundlagenkenntnisse tiefenpsychologischer, verhaltenstherapeutischer, psychosomatischer und psychiatrischer Zusammenhänge vorhanden sind, ist deren Erwerb zusätzlich zu den o. g. Inhalten unerläßlich. Ihr Umfang orientiert sich - sofern nicht ohnehin die Zusatzbezeichnung Psychotherapie oder eine der einschlägigen Gebietsarztbezeichnungen (vgl. oben) angestrebt wird - mindestens an den für die „psychosomatische Grundversorgung" (in der gültigen Muster-Weiterbildungsordnung) geforderten Kenntnissen und Erfahrungen. Die Mindestanforderungen beinhalten derzeit ein Seminar zur biographischen Anamneseerhebung (unter neurosenpsychologischen Gesichtspunkten) oder alternativ hierzu ein Seminar zur Verhaltensanalyse, allgemeine Psychopathologie (fünf Doppelstunden), allgemeine Neurosenlehre (zehn Doppelstunden), eine Einführung in die psychosomatische Medizin (zehn Doppelstunden), Differentialdiagnostik psychischer Erkrankungen, insbesondere hinsichtlich psychotischer Zustände (fünf Doppelstunden) sowie die Teilnahme an einer Balintgruppe (25 Doppelstunden). ***Dozentenqualifikation DGÄHAT (Qualifikation für die Weiterbildungsbefugnis in Hypnose):*** Folgende Voraussetzungen müssen (nach den Richtlinien der DGÄHAT) für die Ermächtigung zur Weiterbildung in den Grundlagen der Hypnosetherapie nachgewiesen werden. Diese Richtlinien sollen auch von Inhalt und Umfang her den Ärztekammern und anderen einschlägigen Körperschaften und Verbänden eine Orientierung zur Beurteilung der Qualifikation von Weiterbildern sein, deren Veranstaltungen im Rahmen der psychotherapeutischen Weiterbildung in Hypnose anerkannt werden sollen und die eine entsprechende Ermächtigung der zuständigen Körperschaft beantragen. Die Grundlagen der Hypnose-Weiterbildung wurden entsprechend den vorhergehend beschriebenen Richtlinien (vgl. z. B. Therapeutenqualifikation) gestaltet und erfolgreich abgeschlossen (z. B. mindestens 32 Doppelstunden theoretischer und selbsterfahrungsbezogener Hypnoseweiterbildung). Die Therapeutenqualifikation (im Rahmen der DGÄHAT: „Hypnosetherapeut-DGÄHAT") wurde vor mindestens zwei Jahren erworben und das Verfahren wird im eigenen therapeutischen Vorgehen angewandt. Darüber hinaus wurden folgende Qualifikationen erworben, die Voraussetzung dafür sind, Weiterbildung in den Grundlagen der Hypnosetherapie selbstständig gestalten zu können. Nach Erreichen der Therapeutenqualifikation wurden zwölf Doppelstunden Supervision eigener, mit Hypnose behandelter Patienten, durchgeführt und nachgewiesen. Als Co-Leiter wurden mindestens zwei Hypnose-Weiterbildungsveranstaltungen (mindestens zwei mal fünf Doppelstunden), in Zusammenarbeit mit einem zur Hypnose-Weiterbildung ermächtigten Dozenten, gemeinsam durchgeführt. Mindestens eine der aufgeführten Zusatzbezeichnungen („Psychotherapie" oder „Psychoanalyse") bzw. Gebietsbezeichnungen („Psychotherapeutische Medizin", „Psychiatrie und Psychotherapie" oder „Kinder- und Jugendpsychiatrie und -psychotherapie") wurden erworben.

Nach meiner Erfahrung reicht diese Stundenzahl (32 Doppelstunden) nicht aus, um den theoretischen Stoff adäquat zu vermitteln und ausreichend zu üben. Dazu wären mindestens je 20 Doppelstunden Grund- und Fortgeschrittenenkurs sowie 35 Doppelstunden Supervision erforderlich. Der Dozent sollte wenigstens zwei qualifizierte Arbeiten über Hypnose publiziert sowie klinisch und experimentell gearbeitet haben. Der Zusatztitel „Psychotherapie" oder eine adäquate Ausbildung (s. DGH) sollte nachgewiesen werden. Jovanovic´ (1988) schlägt 144 Unterrichtsstunden und ca. 200 Hypnosen vor. Im Laufe der Weiterbildung soll der Studierende auf rund 600 - 660 Hypnoseübungen kommen (DGKEH). Für Ärzte erkennen die Ärztekammern bis jetzt nur die Ausbildung in der DGÄHAT an. Die Deutsche Gesellschaft für Hypnose (DGH) sieht für die Therapeutenausbildung 20 Doppelstunden Grundkurs, 20 Doppelstunden Fortgeschrittenenkurs, 32 Doppelstunden Therapiekurse und 40 Doppelstunden Supervision vor. Im Zusatzverfahren Psychotherapie für Ärzte werden 16 - 32 Doppelstunden angeboten. Die Zulassung zum Referenten in der DGH stellt unter anderem folgende Basisforderungen: Das Zertifikat der DGH sowie eine mindestens fünfjährige Berufserfahrung als Arzt, Diplom-Psychologe oder Zahnarzt. **Aus dem nachfolgenden Anforderungskatalog sind zusätzlich mindestens drei verschiedene Punkte nachzuweisen.** Mindestens vier Semester lang eine Tätigkeit als Dozent etc. an einer Hochschule im Fach Psychologie, Medizin oder Zahnmedizin, eine abgeschlossene Fachausbildung im Bereich der Psychologie, Medizin oder Zahnmedizin (z. B. Klinischer Fachpsychologe BDP, Facharzt etc.), mindestens zwei wissenschaftliche Publikationen zum Thema der experimentellen oder klinischen Hypnose oder zwei Veröffentlichungen in der Zeitschrift „Experimentelle und klinische Hypnose", der Nachweis von mindestens 50 Stunden Dozententätigkeit auf dem Gebiet der Psychologie, Medizin, oder Zahnmedizin, im außeruniversitären Bereich, mindestens zehn Falldarstellungen unterschiedlicher Problematik (unter Anwendung klinischer Hypnose), eine abgeschlossene Zusatzausbildung in einem Psychotherapieverfahren (z. B. Verhaltenstherapie). Unter den Mitgliedern der DGH sind relativ viele Zahnärzte. In Schweden sind etwa die Hälfte der Zahnärzte (in den USA ein Drittel) in Hypnose ausgebildet. Wohingegen - laut DHG intern (1989) - in Deutschland nur ca. zehn Prozent der Zahnärzte über eine Hypnoseausbildung verfügen.

Die vier Grundkurse behandeln Grundlagen, u. a. Phänomene der Hypnose, Arbeit, mit Hypnose und Imagination in der Therapie sowie Sprachformulierungen in der indirekten Hypnoseform. Außer der Vermittlung theoretischer Kenntnisse wird in Kleingruppen praktisch geübt.

Die drei Fortgeschrittenenkurse beinhalten u. a. Themen wie Schmerzbehandlung, Hypnose bei Krebs und chronisch Kranken, Hypnose bei Angstproblemen und bei Kindern. Zusätzlich erfolgt die Supervision. Die DGH bietet jetzt folgende Ausbildungsgänge an: Für Ärzte und Diplom-Psychologen 224 Stunden, für Zahnärzte 144 Stunden und für Hilfsberufe ca. 72 Stunden.

Die *Milton-Erickson-Gesellschaft* (M. E. G.) verlangt Kenntnisse in den drei Standardverfahren zur Entspannung - Muskelentspannung, autogenes Training und imaginative Verfahren. Will man das Zertifikat „Klinische Hypnose M. E. G." erhalten, wird neben einer abgeschlossenen Ausbildung als Arzt, Diplom-Psychologe, oder Zahnarzt, auch die Teilnahme an zwölf Seminaren, zu je 16 Stunden (192 Stunden) und 40 Stunden Supervision sowie eine abgeschlossene psychotherapeutische Grundausbildung, in einem anderen Verfahren, vorausgesetzt.

Von den zwölf Hypnoseminaren müssen mindestens sechs innerhalb des M.-E.-G.-Curriculums absolviert werden. Das heißt auch andere Seminare, insbesondere die der DGH, werden anerkannt. Zusätzlich müssen vier Seminare (C-Seminare) über Hypnose zur klinischen Anwendung (mit je 16 Stunden), im Abstand von zwei oder drei Monaten, nachgewiesen werden. Die sechs Grundkurse (B-Kurse) vermitteln nebst praktischer Übung folgende Themen. **Einführung:** Prinzipien Ericksonscher Hypnose und Therapie. **Rapport:** Verbale und nonverbale Kommunikationsmuster, indirekte Induktion und Kommunikation sowie Nutzung von Trancephänomenen, Dissoziation, therapheutische Geschichten und Metaphern. Die Beiträge Ericksons und seiner Schüler haben den Anwendungsbereich und die Effektivität von Psychotherapie und Hypnose entscheidend erweitert. Seine Ansätze sind besonders wirksam bei der Therapie sogenannter neurotischer Störungen und psychosomatischer Erkrankungen, der Modifikation schwerster seelischer Störungen, der Änderung von Gewohnheiten (z. B. essen, rauchen), der Veränderung des Schmerzerlebens und der Verbesserung des Umgangs mit Streß. Zu den C-Kursen werden international bekannte Referenten eingeladen, die z. B. über Themen wie die „neue Hypnose"; „Ericksonsche Hypnose und neurolinguistisches Programmieren"; „strategische Therapie und paradoxe Intervention"; „Hypnose und Psychosomatik"; „Hypnose und Gestalttherapie"; „klinische Hypnose und Focusing"; „Schmerzkontrolle und Habitcontrol" etc. referieren. Das Ausbildungsprogramm der I.G.TH. (Publikationsorgan: „Co´Med.") umfaßt acht Grund- 20 Pflicht- und fünf Wahlpflichtseminare (Gesamt: 720 Theorie- u. 120 Supervisionsstunden, eine schriftliche Prüfung und eine 60stündige Hypnose-Lehranalyse.

5. 3. Ausbildungsvergleiche mit anderen Ländern

Die nachfolgende Zusammenstellung basiert auf privaten Mitteilungen aus den Jahren 1988 und 1989. In Österreich und in der Schweiz sind noch keine Ausbildungskriterien zum Hypnotherapeuten festgesetzt. In England wird die Hypnoseausbildung in Wochenendkursen, mit täglich zweieinhalb Stunden praktischen Übungen angeboten. In Belgien umfaßt die Grundstufe 40 Doppelstunden, die Fortgeschrittenenstufe 64 Doppelstunden für Psychotherapeuten, 32 Doppelstunden für mehr somatisch orientierte Ärzte und Zahnärzte und zehn Doppelstunden für die Supervisionsstufe. In den Niederlanden ist die B-Ausbildung für Psychotherapeuten folgendermaßen geregelt (Stand 1989/1990): Das Ausbildungspaket besteht aus einer A-Ausbildung, einer B-Ausbildung und einer Supervision. In der A-Ausbildung wird in Gruppen zu 15 Teilnehmern geübt. Sie dauert 16 Tage und wird entweder in Form von Ein- bis Zwei-Tagesgruppen oder als Workshop, an Wochenenden, angeboten. Die Gesamtausbildung dauert zwei Jahre, d. .h., in der Praxis wird alle zwei Monate ein Wochenende lang geübt. Der B-Teil besteht aus einem Pflichtteil von 14 Tagen, die festgesetzten Themen vorbehalten sind und zwei Tagen mit freier Themenwahl. In Italien erfolgt die Ausbildung im Institut „H. Bernheim", mittels propädeutische Kurse, gefolgt von Basiskursen, die über zwei Jahre verteilt sind. Pro Jahr werden fünf Seminare, danach Fortgeschrittenenkurse (mit Diplom) besucht. In Israel umfaßt der Ausbildungsplan 36 Stunden Grundstufe, 38 Stunden Fortgeschrittenenstufe, 21 Stunden Biofeedback oder autogenes Training und 30 Stunden Supervision. Israel verfügt über ein „Hypnose-Gesetz", wonach nur Ärzte, Psychologen und Zahnärzte Hypnose ausüben dürfen. Um eine Hypnose-Niederlassungsgenehmigung vom Gesundheitsminister zu bekommen, muß der Hypnotherapeut eine anerkannte Ausbildung vorweisen können und eine Regierungsprüfung ablegen. In Deutschland und den meisten anderen Ländern besteht keine einheitliche qualifizierte Hypnotherapeutenausbildung. Es wäre auch sinnvoll, wenn die Bezeichnungen „ärztlicher Hypnotherapeut" bzw. „zahnärztlicher" oder „psychologischer" Hypnotherapeut gesetzlich geschützt werden würden. In unserem Land sollten die Hypnotherapeuten selbst über die Ausbildung in der Hypnosetherapie bestimmen, wie dies auch Psychoanalytiker, Tiefenpsychologen und zunehmend auch die Verhaltenstherapeuten für ihre eigene Ausbildung tun.

5. 4. Vorschläge für Ausbildungsrichtlinien

Einheitliche, allgemein akzeptierte, universitäre oder außeruniversitäre Richtlinien für die Ausbildung zum „hypnotherapeutisch Erfahrenem" bzw. „Hypnotherapeuten" gibt es weder national noch international. In der EG bleibt dies vorerst eine nationale Angelegenheit. Ziel und Zweck der fundierten Ausbildung soll ein erfahrener, im Denken flexibler Hypnotherapeut sein, der sich in vielen Fachgebieten der Medizin, Psychologie und fachübergreifenden Forschungsdisziplinen weiterbildet. Der Hypnotherapeut erscheint mir wegen der Materie und des dadurch notwendigen interdisziplinären Gedankenaustausches der flexibelste unter den Psychotherapeuten zu sein. Die Kommission, die für die Hypnoseausbildung zuständig ist, kann nur dann international koordinierend tätig werden, wenn nationales Recht und ein berechtigtes Interesse zur Debatte stehen.
Zunächst muß die Zulassung des „Ärztlichen Hypnotherapeuten", als medizinische Disziplin, in Deutschland erfolgen (Stauffenberg 1989). Die Ausbildung sollte schon an der Universität angeboten und dafür ein eigener Lehrstuhl eingerichtet werden. Die **AMA** (Council on Mental Health of the American Medical Association) empfahl bereits 1958 144 Stunden Ausbildung in Hypnose,während eines Zeitraumes von etwa einem Jahr. Die Studenten sollten in Gruppen zu je zwölf Kommilitonen praktisch üben. Den außeruniversitären Ausbildungsgang empfehle ich zu differenzieren: in **Curriculum A,** für diejenigen, die die Hypnoseausbildung nur als sogenannten Baustein für den Zusatztitel „Psychotherapie" erwerben wollen und später kaum Hypnotherapie anwenden wollen und werden. **Curriculum B** für diejenigen, die die Hypnose gezielt therapeutisch und/oder experimentell einsetzen wollen. **Zu Curriculum A:** Als Baustein für den Zusatztitel „Psychotherapie" mögen die zwei bis acht Doppelstunden der KBV bzw. alternativ die vier bis fünf Doppelstunden bzw. die 32 Doppelstunden der DGÄHAT noch ausreichen. Sieht man sich jedoch die Lehrinhalte der beiden Grundkurse eins und zwei und die der Fortgeschrittenenkurse drei und vier an, so muß sich der Dozent fragen, ob er dieses theoretische Wissen mit zusätzlichen praktischen Übungen in 16 respektive 32 Doppelstunden überhaupt unterbringen kann, zumal die DGÄHAT sinnvollerweise fordert, daß 50 Prozent der Kurszeit für praktische Übungen genutzt werden soll. Auch im Rahmen einer fünftägigen Kongreßwoche stellt die kompakte theoretische und praktische Vermittlung sowie die Supervision der Hypnose hohe Anforderungen an Dozenten und Übenden. Besonders gilt dies für die Teilnehmer des Grundkurses, wenn dem einen oder anderen psychotherapeutische Vorkenntnisse und Vorerfahrungen, z. B. mit autogenem Training

oder der Balint-Gruppe, fehlen. Denjenigen, der diesen Ausbildungsweg erfolgreich absolviert hat, nenne ich „hypnotherapeutisch erfahren". **Zu Curriculum B:** Wer den therapeutischen Wert der Hypnose in Praxis und Klinik kennengelernt und die Kurse eins bis vier absolviert hat, wird schnell erfahren, daß diese Ausbildung nicht ausreicht, so daß er Aufbau- und Sonderkurse bei den Hypnosegesellschaften absolvieren muß. Für die Ausbildung zum qualifizierten Hypnotherapeuten, der die Methoden der „traditionellen" und „neuen" Hypnose beherrschen soll, schlage ich folgende Ausbildung vor: Je drei Kurse zu sechs Doppelstunden: Grundkurs, Fortgeschrittenen- und Aufbaukurs und anschließend verschiedene Sonderkurse. Das Curriculum umfaßt so mindestens 54 Doppelstunden. Die Sonderkurse würden die Aus- und Weiterbildung auf ca. 100 - 125 Doppelstunden, z. B. für „Fachkunde für Hypnose", weiter aufstocken. Lerninhalte sollten beispielsweise geschichtliches Basiswissen, fundierte Vermittlung theoretischer Grundlagen der traditionellen und neuen Hypnose, experimentelle Befunde von klinischer Relevanz, praxisbezogene Demonstrationen, Einübung der wichtigsten Hypnosephänomene in Klein- bzw. Großgruppen, spezielle Anwendungsweisen bei bestimmten Erkrankungen oder Verhaltensstörungen, ausreichende Supervision, Berücksichtigung der jeweils aktuellsten (z. B. neurobiologischen Forschungsergebnisse) sowie Hinweise auf die wichtigste ältere und neuere Hypnosebibliographie sein. Nach den Grundkursen sollte der Übende selbständig die Indikation bzw. Kontraindikation zur Hypnotherapie stellen können und befähigt sein, Ruhe- und Leerhypnosen durchzuführen. Vorerfahrungen mit autogenem Training oder einer anderen Imaginationstechnik sollten vorhanden sein.

Spezielle Kursinhalte

1. Grundkurs: Grundlagen der Hypnose, z. B. geschichtliche Entwicklung der Hypnose und Tierhypnose, Definitionsversuch der Hypnose als biologische, holistische Psychotherapie, allgemeine Voraussetzungen für die Hypnotherapie (Raum, Zeit, Alter, Frequenz, Dauer), Wesen und Wirkung der Suggestion, Theorien der Hypnose, Psychologie der Hypnose, traditionelle und neue Hypnosemethoden, Wesen und Bedeutung der praktischen Übungen, Vorurteile gegenüber der Hypnose, Vorbereitungsgespräch vor der ersten Hypnose bzw. psychologische Voraussetzungen (Eignung, Bereitschaft, Suggestibilität), fehlende, wichtige somatische oder psychische differentialdiagnostische Abklärungen, Induktionsmethoden, Demonstration der Induktion, Induktionsübungen, Führung in Hypnose bei Ruhe- oder Leerhypnose, Relevanz der Desuggestion, Nachbesprechung, Indikation, Kontraindikation, Komplikationen der Hypnose sowie die juristische Aspekte. *Hausaufgabe:* z .B. zehn bis zwanzig Ruhehypnosen, mit Protokoll oder Tonband bzw. Video. **2. Grundkurs** *(nach ca. drei bis vier Monaten Erfahrung):* Phänomene der Hypnose, z. B. Kurzwiederholung des Wichtigsten aus dem ersten Grundkurs und Besprechung offen gebliebener Fragen bzw. aufgetretener Schwierigkeiten, Probleme in der Beziehung

Therapeut-Patient, relevante objektive und subjektive psychologische und phyiologische Phänomene der Hypnose, z. B. Autohyonose, Rapport, Altersregression oder -progression, Katalepsie, Armlevitation, Dissoziation, Amnesie, Hypermnesie, Raum- und Zeitverzerrung, ideomotorische Aktivitäten, automatisches Schreiben, posthypnotischer Auftrag, experimentelle (neuro-) physiologische Befunde und klinische Bedeutung mit Kasuistik-Demonstration (z. B. Armlevitation, Handschuhanästhesie), Übungen dieser Phänomene und Supervision. *Hausaufgabe:* zehn bis zwanzig Hypnosen, z. B. mit Armlevitation.

3. Grundkurs *(nach drei bis vier Monaten):* Arbeit mit Hypnose und Imagination in der Therapie, z. B. Ruhe-Imagination/strukturierte Imagination, Sprachformulierungen in der indirekten (neuen) Hypnoseform, Darstellung imaginativer Verfahren, Stellung der Hypnose im Rahmen der übrigen psychotherapeutischen Konzepte, Unterschiede, z. B. zum AT oder dem katathymen Bilderleben, zum Yoga, zur progressiven Muskelrelaxation, transzendentalen Meditation, Verhaltenstherapie, Tiefenpsychologie/Psychoanalyse, Theorien der Hypnose, gezielte Übungen, gegebenenfalls mit Meßinstrumenten (z. B. Temperaturmesser, Pulsrezeptor, Blutdruckmesser, EKG, EEG, Frequenzanalyse-EEG), Supervision von insgesamt 30 Hypnosen pro Teilnehmer bis zum dritten Grundkurs. *Hausaufgabe*: 20 bis 40 Hypnosen.

1. Fortgeschrittenenkurs *(nach ca. drei bis vier Monaten):* Arbeit mit Hypnose und Imagination in der Therapie (Fortsetzung), Auswahl der Input-Kanäle (z. B. visuell, auditiv, kinästhetisch, Umgang mit Widerständen im Sinne Ericksons, Probehandeln, Selbstwahrnehmung, Regietechniken, Blick in die Vergangenheit, Gegenwart und Zukunft, lerntheoretische Faktoren, Anleitung zur Selbsthypnose (z. B. fraktionierte Methode nach Vogt), Behandlung der Depression, des Schmerzes, Herstellung des psychophysischen Gleichgewichts, Auffinden von Alternativlösungen, Kotherapie zur Tumortherapie, Suchttherapie, Aufstellen von Therapieplänen, Formulierungen der Suggestionsformeln bei den einzelnen Fachgebieten bzw. Krankheiten, Kasuistiken, Übungen und Supervision. *Hausaufgabe:* 20 bis 40 spezielle Hypnosen.

2. Fortgeschrittenenkurs *(nach drei bis vier Monaten):* Hypnose bei Kindern und Jugendlichen bzw. bei älteren Menschen, Ausschluß-Induktionstechnik, nonverbale Techniken, Geschichten erzählen, Metaphern, Zielsymptome (beispielsweise Angst, Phobie, Schmerz, Asthma, Sprachstörungen, Enuresis, Tic, Lernprobleme, Delinquenz, Selbstakzeptanz, Zufriedenheit, Diabetes mellitus, M. Parkinson, Tinnitus, Insult, Trauerarbeit, Sterben und Tod), Erarbeitung persönlichkeitsgerechter Suggestionsformeln für die Selbsthilfe, für Demonstrationen, Übungen und Supervision. *Hausaufgabe:* 20 bis 40 Hypnosen, davon mindestens je zehn Hypnosen bei Kindern und Älteren.

3. Fortgeschrittenenkurs *(nach drei bis vier Monaten):* Angst, Phobie, Süchte, Techniken (z. B. Konfrontationsverfahren), verdecktes Konditionieren, kognitive Umstrukturierung, Anleitung zur Gruppenhypnose, Kombination mit anderen psychotherapeutischen Verfahren, Demonstrationen, Übungen und Supervision. *Hausaufgabe:* 20 bis 40 Hypnosen, mit diesen Techniken. Außeruniversitär bisher 100 bis 200 Hypnosen (mit Supervision, in 15 bis 20 Monaten). Nach jedem erfolgreich absolvierten Grund und Fortgeschrittenenkurs erhalten die Teilnehmer ein Zertifikat.

1. Aufbaukurs: Methoden der traditionellen und neuen Hypnose, z. B. Hypnokatharsis, Hypnoanalyse, Phrenohypnose, fraktionierte Methode, gestufte Aktivhypnose, prolongierte Hypnose, Einführung in die Prinzipien Ericksonscher Hypnotherapie und Trancetherapie, strategische Therapie und paradoxe Intervention, Hypnose und Partner-, Familien- und Sexualtherapie, Demonstrationen, Übungen und Supervision.

2. Aufbaukurs: neurolinguistisches Programmieren (NLP), Metasprache und Kommunikation, therapeutische Metaphern, Demonstrationen, Übungen und Supervision.

3. Aufbaukurs: Spezielle Fragestellungen und Kasuistiken, Hypnose und kognitive Therapie, Verhaltenstherapie, Tiefenpsychologie, Psychosomatik.

Verschiedene Sonderkurse (variable Zeit, z. B. zwei bis drei Doppelstunden), beispielsweise mit folgenden Themen: Entwicklungen in der Neurobiologie, Hirndominanzen, Einführung in die Neuropsychologie, Psychiatrische Genetik (beeinflußt Hypnose die zelluläre Ebene?), biomagnetische Untersuchungen (SQUID), das Problem der „Duldung" im Strafrecht, was ist Trance?, alltägliche Trancephänomene, Unterschiede Trance und Hypnose, Immunpsychophysiologie oder Struktur des Gedächtnisses. Nach erfolgreicher Beendigung der Fortgeschrittenenkurse können die Aufbau- und Sonderkurse parallel belegt werden. Obige Vorlage betrachte ich als Diskussionsbeitrag. Es müßte geklärt werden, bei welchen Dozenten in der DGÄHAT, DGH, MEG etc., welche Kurse gegenseitig anerkannt werden können.

5. 5. Ausblicke

In den letzten zwei bis drei Jahrzehnten wurde eine qualifizierte Hypnoseforschung betrieben (vgl. ausführliche Literaturhinweise in Jovanovic' 1988), auch zahlreiche Dissertationen befassen sich mit dem Gebiet des Hypnotismus (vgl. Clark et al. 1984). Die Hypnosetherapie wird in der Verhaltenstherapie (vgl. Clarke und Jackson 1983) und in der neurolinguistischen Programmierung (NLP) in zunehmendem Umfang angewandt (vgl. Grinder und Bandler 1988). Einzelne flexible Psychoanalytiker und Tiefenpsychologen stehen der Hypnotherapie nicht mehr so ablehnend gegenüber (z. B. Stokvis 1955a und b) und suchen auch das Gespräch mit den Verhaltenstherapeuten (vgl. Wachtel 1981). Der Integration der Hypnoanalyse und der klassischen Psychoanalyse stehen eher subjektive und kaum objektive Meinungen im Wege. Die holistische Betrachtungsweise ist natürlicher und effektiver. Der Stellenwert der experimentell-wissenschaftlichen und klinischen Hypnose (z. B. Psychoimmunologie, Biochemie, therapeutische Nutzung phylogenetischer Verhaltensmuster, Psychobiologie, Psychoneurophysiologie, Hirndominanzen) muß (außer)-europäisch und insbesondere national herausgestellt werden, da keine andere Psychotherapiemethode so rasch wirken und so wirksam sein kann. So könnte beispielsweise bei bestimmten Tumoren, die ein gering ausgebildetes Gefäßsystem haben, Wärmesuggestion (40 - 45 ° C) in Hypnose angewandt werden, um sie, wie es schon mit Hilfe von Geräten gemacht wird, „einzuschmelzen". Die wissenschaftlichen Untersuchungen auf dem Gebiet der Suggestion schließen auch das Tier und eventuell auch die Pflanze ein. Die Hypnose ist eine transkulturelle, multimodale, biologische, psychische, physische und mentale Therapie. Es gibt Berichte (vgl. Jones 1989) über aufgezeichnete, wiederholbare Reaktionen von Pflanzen als Reaktion auf menschliche Handlungen. Falls spezifischere Meßinstrumente dafür entwickelt werden, könnte ein sogenannter „pflanzlicher Pawlowscher Versuch" unternommen werden. Künftig wird die Hypnotherapie von vielen Faktoren abhängig sein, besonders von der Qualität und Quantität künftiger Forschungsergebnisse, praktischer Erfahrungen sowie alternativer und besserer Hypnosemethoden. Aufgrund der weitreichenden therapeutischen, prophylaktischen und rehabilitativen Potenz stellt sich die Frage, ja sogar die Forderung, nach einer angemessenen Akzeptanz der Hynotherapie in der Psycho- und Somatotherapie. Metaanalytische Untersuchungen werden dies beweisen können (vgl. Bongartz et al., derzeit noch im Druck, soll demnächst in der Zeitschrift „Psychotherapie" erscheinen). **Die Hypnose ist und bleibt ein faszinierendes Phänomen, das ein Recht hat, konstant weiter erforscht zu werden. Sie ist keinesfalls eine „kleine" Psychotherapie und sollte sich von keiner anderen Psychotherapiemethode oder -schule unterdrücken lassen.** Was wir unter dem Phänomen „Hypnose" verstehen, sollte besser „Hypnuse" („unter Umgehung des Bewußten") genannt werden. Hypnose dient auch der Sinnfindung. Der Autor leitet seit zehn Jahren „Metahypnunoia"-Seminare. Es ist unbedingt erforderlich, daß auch die Krankenkassen dem Rechnung tragen und die Leistungen der Hypnotherapie - und das gilt auch für das autogene Training - deutlich besser bezahlen!

Nachtrag: **Hypnose beim klinisch-ärztlichen Exorzismus in Brasilien**

Die Hypnosetherapie wird neben der üblichen psychologischen Betreuung immer häufiger eingesetzt. In Hypnose melden sich oft spontan verschiedene „Fremdpersönlichkeiten", wie z. B. Verstorbene, mit deren individuellen Stimmen und Eigenheiten. Eine wesentliche Rolle spielt die Hypnose auch beim klinisch-ärztlichen Exorzismus. Von den Hilfspersonen wird eine bewußt in hypnotische Trance versetzt. Letztere beantwortet nun, anstelle der besessenen Person, deren Dämongeist in sie überwechselt, die Fragen des Arztes an den Dämongeist und reagiert auf Befehle und Ermahnungen des Hypnotiseurs. Nach dem Exorzismus, einer seit Jahrzehnten erfolgreich angewandten Methode, fühlt sich der/die Besessene ruhig und entlastet.

Hypnose-Dokumentationsbogen A-E (HDB)

© Dr. med. Peter Halama
1992 - Qualitätskontrolle Psychotherapie

A   **Angaben zum Hypnosetherapeuten / zur Hypnosetherapeutin**

1.   Alter:_____.Jahre   2. Geschlecht: männlich ☐ weiblich☐,

3.   Ausübung der Hypnosetherapie: Anfänger ☐ 1 - 3 Jahre ☐ 4 - 10 Jahre
☐ über 10 Jahre

4.   Frequenz   ☐ unregelmäßig ☐ regelmäßig (min. 5 Hypnosen pro Woche
☐ mehr als 250 Hypnosen pro,Jahr

5.   Beruf
☐ Arzt   ☐ Facharzt
☐ Diplompsychologe   ☐ Zahnarzt
☐ Heilpraktiker   ☐ sogenanntes Hilfspersonal

6.   **Ausbildungsgang zur Hypnosetherapie**

a) Ausbildung in Hypnose durch....

☐ Deutsche Gesellschaft für Ärztliche Hypnose und AT (DGÄHAT)
☐ Deutsche Gesellschaft für Klinische und Experimentelle Hypnose
(DGKEH)
☐ Deutsche Gesellschaft für Hypnose (DGH)
☐ Europäische Akademie für Ärztliche Fortbildung in Hypnose und AT
☐ Milton Erikson Gesellschaft (M.E.G.)
☐ andere Gesellschaft
☐ autodidaktisch gelernt
☐ über Ärztekammern (Fortbildungsakademien) gelernt

b) Ausbildungsstunden (á 45 Minuten) insgesamt: **Stunden**

c) Berufserfahrung: **Jahre**

d) Psychotherapierfahrung   **Jahre**

7.   **Ausübung anderer Psychotherapien**

☐ Psychoanalyse   ☐ Tiefenpsychologische Methoden
☐ Verhaltenstherapie   ☐ Suggestivmethoden
☐ Gesprächstherapie   ☐ andere

Hypnose-Dokumentationsbogen A-E (HDB)

© Dr. med. Peter Halama
1992 - Qualitätskontrolle Psychotherapie

B   **Angaben zur Klientin / zum Klienten (bzw. Patientin / Patienten)**

1.   **Alter:**_____ **Jahre**
2.   **Geschlecht**: m ☐   w ☐
3.   **Diese Hypnose ist eine.....** ☐ erste Hypnose   ☐ Folgehypnose

4.   **Wie häufig wurde der/die Patient/-in vorher hypnotisiert**
         ☐ noch nie   ☐ ein- bis zweimal ☐ häufiger als zweimal

5.   **Hypnoseart**
         ☐ Heilhypnose   ☐ Showhypnose   ☐ Laienhypnose
6.   **besteht noch Kontakt zu anderen Hypnosetherapeuten** ☐ ja   ☐ nein

7.   **Diagnose (nach DSM oder ICD):** _____

8.   **Systemstörungen**
         ☐ Zentrales Nerven- und Sinnessystem
         ☐ vegetatives Nervensystem
         ☐ Kognition
         ☐ Motorik
         ☐ Emotion/Psyche
         ☐ Verhalten
         ☐ anderes
         ☐ Proband/Versuchsperson gesund

9.   **Medikation vor bzw. während der Therapie**
    ☐ keine   ☐ ja, nämlich ..... (Medikament und Dosis) _____

10.   **Haupt-Input-System:**
         ☐ visuell   ☐ auditiv   ☐ kinästhetisch
         ☐ olfaktorisch   ☐ gustatorisch   ☐ labyrinthär

11.   **Suggestibilitätsgrad (SHSS):**
    ☐ Rückwärtsfall ☐ Lidschluß ☐ Senken der Hände ☐ Unbeweglichkeit d. Arme
    ☐ Händefalten ☐ Armsteifheit   ☐ Sprechhemmung   ☐ Augenkatalepsie
    ☐ akustische Halluzinationen   ☐ posthypnotischer Auftrag
    ☐ Amnesie   ☐ Pendel

12.   **Suggestibilitäts-Hypnotisierbarkeits- Test:**

    ☐ Armlevitation   ☐ Sensibilitätstest ☐ Augenrolltest

Hypnose-Dokumentationsbogen A-E (HDB)

© Dr. med. Peter Halama
1992 - Qualitätskontrolle Psychotherapie

C   **Angaben über Methode: Induktion, Suggestion, Führung in Hypnose, Desuggestion**

1.   **Induktionsmethode**
☐ Fixation ☐ Zählmethode ☐ Farbtafel ☐ verbal
☐ indirekt, nämlich _____
☐ andere_____

2.   **Augenschluß**   ☐ vorhanden   ☐ nicht vorhanden

3.   **Therapieform**   ☐ Einzeltherapie   ☐ Gruppentherapie
                      ☐ Paartherapie   ☐ Familientherapie

4.   **Führung in der Hypnose**
☐ direkt   ☐ indirekt   ☐ fraktioniert   ☐ gestufte Aktivhypnose
☐ posthypnotischer Auftrag ☐ zudeckend   ☐ Hypnoanalyse
☐ Psychopädagogik   ☐ Verhaltenstherapie ☐ Anleitung zur Selbsthypnose
☐ aufdeckend   ☐ anders, nämlich _____

5.   **Suggestionen**
☐ optisch   ☐ Zeitveränderungen   ☐ Selbstwahrnehmung
☐ Regeltechniken (z. B. Amnesie)   ☐ Probehandeln   ☐ Umdeuten ☐ Galeere
☐ Raum mit vielen Türen   ☐ symbolisieren ☐ emotionale Feuerwehrübung
☐ heilende/hemmende Personen ☐ Entspannung ☐ Freude ☐ ankern
☐ Eingebung auf bestimmten Termin ☐ Geschichte/Metapher ☐innere Oase
☐ Indifferenz, Vertrauen, Zuversicht, Hoffnung ☐ Stärkung des Imunsystems
☐ Analgesie/Anästhesie   ☐ Anti-Sucht ☐ Altersregression ☐ _____

6.   **erreichte Hypnose-Stadien**
☐ Somnolenz   ☐ Hypotaxie <u>ohne</u> Amnesie☐ Hypotaxie <u>mit</u> Amnesie
☐ Somnambulismus   ☐ reagiert nicht

7.   **Desuggestionsmethode**
☐ direkt (z. B. Zählmethode).   ☐ indirekt

8.   **Komplikationen während / nach der Hypnose**
☐ Rapportverlust ☐ Simulation   ☐ psychische Symptomatik
☐ körperliche Symptomatik ☐ Sonstiges: _____

9.   **Dauer der Hypnosesitzung**
☐ bis 15 Minuten ☐ bis 30 Minuten ☐ bis 45 Minuten ☐ bis 60 Minuten
☐ über 60 Minuten

10.   **a) Psychotherapiefrequenz**
☐ seltener als einmal pro Woche ☐ einmal pro Woche ☐ mehrmals wöchentlich
☐ einmal täglich   ☐ mehrmals täglich
b) davon Hypnosesitzungen
☐ seltener als einmal pro Woche ☐ einmal pro Woche ☐ mehrmals wöchentlich
☐ einmal täglich   ☐ mehrmals täglich

11.   **Dauer der Behandlung**
☐ bis zu 4 Wochen   ☐ bis zu 8 Wochen   ☐ bis zu 12 Wochen
☐ 4 - 6 Monate   ☐ länger als sechs Monate

12.   **Ort der Behandlung**
☐ Praxis ☐ Klinik ☐ anderswo, nämlich _____

Hypnose-Dokumentationsbogen A-E (HDB)

© Dr. med. Peter Halama
1992 - Qualitätskontrolle Psychotherapie

D   **Angaben über das Ergebnis der Hypnosetherapie**

1.   **Beginn des Wirkeintritts:**
☐ sofort ☐ nach 2 Hypnosen ☐ nach 3 - 4 Hypnosen ☐ nach 5 - 6 Hypnosen
☐ nach _____ Hypnosen

2.   **Schlußbeurteilung durch den Therapeuten/die Therapeutin:**
☐ Verschlechterung   ☐ keine Besserung ☐ befriedigender Erfolg
☐ guter Erfolg   ☐ sehr guter Erfolg

3.   **Schlußbeurteilung durch den Patienten/die Patientin:**
☐ Verschlechterung   ☐ keine Besserung ☐ befriedigender Erfolg
☐ guter Erfolg   ☐ sehr guter Erfolg

4.   **Wirkdauer der Verbesserung bzw. Verschlechterung:**
_____ (Wochen / Monate / Jahre)

5.   **Nachuntersuchung:**
☐ ja, nach _____   ☐ nein
Ergebnis der Nachuntersuchung (subjektive Einschätzung):

Beurteilung durch den Therapeuten / dieTherapeutin:
☐ Verschlechterung   ☐ keine Besserung ☐ befriedigender Erfolg
☐ guter Erfolg   ☐ sehr guter Erfolg

Schlußbeurteilung durch den **Patienten/Patientin:**
☐ Verschlechterung   ☐ keine Besserung ☐ befriedigender Erfolg
☐ guter Erfolg   ☐ sehr guter Erfolg

6.   **Besondere Ereignisse im Katamnesezeitraum:**
_____
_____

7.   **Kombination mit anderen Psychotherapie notwendig:** ☐ ja ☐ nein
8.   **Empfohlene Psychotherapie nach Ende der Hypnosetherapie:**
☐ weitere Hypnose ☐ autogenes Training ☐ Psychoanalyse
☐ andere tiefenpsycholgische Therapie ☐ Verhaltenstherapie
☐ Gesprächstherapie ☐ andere: _____

9.   **Zusatzmedikation nach dem Ende der Hypnosetherapie**
☐ nein   ☐ ja, nämlich (Medikamente/Dosis): _____

Hypnose-Dokumentationsbogen A-E (HDB)

© *Dr. med. Peter Halama*
1992 - Qualitätskontrolle Psychotherapie

E **Verfahren zur Überprüfung des Therapieverlaufs**

1. vor Beginn der Hypnosetherapie verwendete Testverfahren, Fragebögen, Persönlichkeitstests, etc.:
   ☐ keine ☐ _____ ☐ _____ ☐ _____

2. Während der Hypnosetherapie verwendete Testverfahren, Fragebögen, Persönlichkeitstests, etc.:

   ☐ keine ☐ _____ ☐ _____ ☐ _____

3. nach Abschluß der Hypnosetherapie verwendete Testverfahren, Fragebögen, Persönlichkeitstests, etc.:
   ☐ keine ☐ _____ ☐ _____ ☐ _____

4. Zur Katamnese verwendete Testverfahren, Fragebögen, Persönlichkeitstests, etc.:
   ☐ keine ☐ _____ ☐ _____ ☐ _____

5. Zusammenfassung der erhobenen Daten:

	Zeitpunkt			

Testverfahren / Skala

Personenregister

A

Akstein, D.	67
Anderson, J. R.	73
Ashburner	12

B

Bachet	77
Baer, G.	66
Bandler, R.	97f
Barber, T. X.	78
Baudouin, Ch.	31, 63, 67ff
Beaunis	19, 23
Brenman	78
Bergson, H.	21
Bernheim, H.	13, 19f, 22f, 26, 28, 32, 44, 62, 68
Bick, C. H.	104, 114
Biermann, B.	77
Binder, H. I	1, 2
Binet, A.	26
Binswanger, O.	19
Birbaumer, N.	78
Bleuler, E.	70
Du Bois, P.	68
Bonello, F. J.	50
Bourgois, Abbé	8
Braid, J.	8, 13f, 17ff, 24, 26, 48, 50f, 58, 61, 68, 108
Breuer	13, 31f
Brodmann	97
Brown, J.	73, 76
Byrjukow	77
Bykow, K. M.	77

C

Charcot, J. M.	8, 19, 23, 26f, 32, 64, 68
Carpenter, W. B.	16
Chazarain	26f
Christian, P.	71
Clarke, B. D.	133
Coclenius	7

Coe, W. C.	78
Coué, E.	29, 31f, 68, 70
Creutzfeld, O. D	74
Czermak, J. N.	7, 61

D

David-Neel, A.	14
Dècle	26
Donceel, J. E.	72
Dywan, J.	87

E

Eeden, van	27f
Elepfandt, A.	51
Elliotson	12
Erickson, M. H.	34, 50, 52, 54f, 57, 61, 65, 98, 100, 108
Ewald	27

F

Faria, Abbé	14, 23, 26, 68
Fezler, W. D.	92
Ferenczi,, S.	77, 86
Flavell, J. H.	76
Fludd, R.	7, 62
Franklin, B.	9
Forel, A.	19, 26f, 34f
Fontan	27
Freud, S.	13, 27, 31ff, 50, 63
Fromm, E.	78

G

Gard, B.	50
Gassner	7f
Gheorghiu, V. A.	78
Gill, M. M.	78f
Gmelin	12
Gould	77
Gravitz, M. A.	68
Grinder, J.	97f
Gros de, D.	26

H

Haas, R.	71
Halama, P.	72
Hammerschlag, H. E.	47, 65, 77f
Hansen	19
Haupt, J.	34f
Helmont, van	7
Heyer	100
Hilgard, E. R.	72, 75, 78, 80, 85f
Hufeland, C. W.	12
Hull, C. L.	86
Huson	14, 16

J

Janet, P.	20, 78, 80, 85, 87
Jaspers, K.	2, 77
Jovanović, U. J.	63, 71, 75, 79, 115, 133

K

Kerner, J.	12
Kircher, A.	7, 61f
Klan, R.	85
Klein, M.	78
Kleinsorge, H.	47f
Klimesch, W.	73
Klumbies, G.	45ff, 48ff, 65
Kossak, H. - Ch.	1, 90, 96, 99
Krafft-Ebing, von	19
Krahne, W.	117
Kraus, K.	34
Kretschmer, E.	44, 47, 65, 71
Kroger, W. S.	80, 92

L

Lafontaine	12, 17
Lambert, F.	29
Langen, D.	33, 47f, 94
Laudien, H.	74

Lavater, J. K.	9
Lenoble	7, 62
Leuba, C.	50
Levy-Suhl, M.	34, 65
Liébeault, A.	19f, 26f, 33, 63, 70
Loftzus, E. F.	75
Ludwig, A. M.	66, 88

M

MacLean, P. D.	78
Mailth, Graf	12
Markowitsch	74
Maxwell, J. C.	7
Mayberg, M. R.	51
Mesmer, A.	8f, 13, 63
Metalnikow	47
Meyer, H.	116f
Mohr, F.	52
Moll, A.	12, 84
Morris, F.	50
Moskowitz	51

O

Ochorowitz	20
Orne, M. T.	72, 78, 86

P

Paracelsus	7, 63
Pawlow, I. P.	42, 46, 48, 77, 79
Payot	70
Perkins, E.	9
Perry, C. W.	78
Petersohn, F.	85
Petetin,	14
Pflanz, M.	71
Pinkerton, S.	43
Platonow	77
Pöppel	74
Prengowski	52
Preyer, W.	8, 12, 14, 17, 18f, 51, 62, 72
Propping	82

Polzien, P. 97
Power, E. 50
Puységur, Ch. 12, 14, 63

R

Rado, S. 78
Raginski, B. B. 50, 85
Rahmann U. und M. 73
Rappelsberger, P. 116
Reichenbach von Frh., 18, 77
Renterghem van, 27f
Rexrodt, R. F. 74
Rhine, J. B. 14
Ringier 27
Rossi, E. 34, 54

S

Salter, A. 48, 77
Sarbin, T. R. 78
Scharfer, D. W. 50
Schmitz, K. 14, 46f, 77
Schneider, A. 27, 50
Schneider, W. 76
Schultz, I. H. 44f, 49ff,
52, 60, 63,
65, 68, 71,
83f, 94
Schwenter, D. 61
Ségard 27
Sheehan, P. W. 78, 87
Skinner, B. F. 43, 65
Skoog, G. 45
Spanos, N. P. 78
Speransky 77
Sperry, R. W. 116
Stalnaker, J. M. 87
Stocksmeier, M. 97
Stokvis, B. 49, 65, 70f,
84, 86

Straus, E. 70
Sullivan, H. S. 78
Szpary, Graf 12

T

Tariot, P. N. 75
Tart, C. T. 67, 78
Theophrastus, A. 7
Thorsen 47
Toneli, B. 117
Tourette de la, G. 14

U

Udolf, R. 75f

V

Vaihinger, H. 29, 63
Vernon, P. H. 75
Vogt, O. 19, 34ff, 61,
65, 68, 82,
93, 97, 108
Völgyesi, F. A. 33, 48f, 61f,
65, 77

W

Wagner-Jauregg 34
Watkins, M. J. 73, 87
Weingärtner, H. 75
Weitzenhoffer, A. M. 49, 72
Welch, L. 86
Wetterstrand, O. G. 27f, 33, 45,
61, 63
Wilson, L. 78, 87
Wolpe, J. 43, 65, 80

Z

Zwangwill, O. L. 78
Zweig, S. 13, 17, 34

Sachregister

A

Ablationshypnose — 45f, 65
Absence — 100
Affektepilepsie — 100
Akinese — 62
„Als-Ob-Charakter" — 29
alternatives Sehsystem — 51f
Amnesie — 21f, 76, 80, 82, 84, 88
Analgesie — 22, 44, 53, 80, 84, 88, 91, 95
Anästhesie — 23, 37, 49, 80, 91
Ängste — 37, 95f, 104, 111
Äskulap — 6
autogenes Training — 45, 49, 109, 113, 116
automat. Bewegung — 21ff
Autohypnose — 17, 48, 70
autoritatives Konzept — 54
Autosuggestion — 13, 29, 31, 34, 49, 68, 71

B

Baquet — 9
bedingt-reflektorische Selbsthypnose — 46
Belian-Zeremonie — 7
Bewußtseinszustand, veränderter *Definition* — 38, 84, 88
- Kriterien — 84
Bick-Klinik — 115
Bipersonalität — 71
Borderline-Syndrom — 96
Braidismus — 13, 19
Brain-Mapping — 115ff

C

Clairvoyance — 13
Conversazioni — 17
Coués Grundgedanke — 29

D

demotischer Papyrus — 6
Desorientierung — 35
Deutsche Gesellschaft für Ärztliche Hypnose und Autogenes Training (DGÄHAT) — 1, 49, 124f
Deutsche Gesellschaft für Hypnose (DGH) — 1, 124ff — 1, 124
Desuggestion — 46, 99f, 107, 114, 120
Dressur — 27
Duldung — 86, 96
Durchblutung, kortikale — 98, 116

E

Epopten — 14
Erickson, M. H. — 2, 34, 50, 52, 54, 57, 61, 65, 98, 100, 108
- affektlogische Bezugssysteme — 55
- Brutkasten-Situation — 54
- dominante Hemisphäre — 52, 81
- Gemeinplätze — 52ff
- Glaubenssysteme — 54f
- Induktionsformel — 56
- Landkarte — 55
- Leading — 52, 57
- Kontextbedeutung — 55
- Metapher — 52
- Pacing — 57
- Reframing — 54, 57, 108
- Suggestion, indirekte — 55
- Unbewußtes — 32, 55f, 91, 97
- Utilisation — 52
- Widerstand — 50, 56
- Zustandstheorie — 54
Ersthypnose — 97, 99, 101

Exorzismus 8,
experimentelle
Hypnose 49, 113, 115

Extinktion 42f

F

Faradohypnose 45
farbige Figuren 46
Fixationsmethode 7, 45
Fluidum 9, 13f, 18
Flüstertechnik 30, 102
Fokussierung 89, 97, 121
fokussierende
Aufmerksamkeit 53
fraktionierte Hypnose 35
Frontalisation 121

G

Gedächtnis 16, 47, 50,
73, 74ff,
87ff

- Arbeitsgedächtnis 75
- Kurzzeitgedächtnis 74ff
- Langzeitgedächtnis 74ff
- neurobiol. Aspekte 76
- primäres Gedächtnis 75
- sekundäres " 75
- sensorisches " 75
- tertiäres " 75
Gedächtnistheorie und
Freudsche Hypothese 33,
Gedächtnispsychologie 73, 88
Gegenkonditionierung 43
Geisterseher 13
gestufte Aktivhypnose 45, 65
Glasharmonika 9
grand hypnotisme 23
große hypnotische
Neurose 23
Grundlagenwissen 83

H

Halluzination, polyglotte 85
Handauflegung 6, 9
Handkreisen 35
Heterosuggestion 68
Hirnwellensynchronisator 50
Hologramm 74
Hirndominanz 133f, 163
Huson's Thesen 15
Hypermnesie 42, 76,
88

Hypnose 1, 2, 4, 6,
8, 12 -50,
52, 54,
56, 60,
62, 64,
66, 68,
72, 74 -
100, 102,
104, 106,
108 - 118

- Angst 107
- Ausbildung 124ff
- Ausbildungsvergleiche
mit anderen Ländern 129f
- Begriff 13, 79
- Behavioristen 86
- Dauer 7, 28, 50
- Definition 20, 44f,
48f, 98
- Dosierung 50
- etymolog. Bedeutung 66
- Fachdisziplin 52
Freud, Sigmund 13, 27,
31ff, 51,
63, 65,
71, 86

- Grenzen der Hypnose 87, 96f
- Geschichte " 6f
- Hypnotisierbarkeit 27, 67,
72, 76,
88
- juristische Aspekte 83ff
- Stadien nach Bernheim 22f

- nach Liébeault 21f
- nach Wetterstrand 27f
- Führung 96f
- Indikation 92f
- Kinder 7, 27
- Kombination mit
(Psycho)-pharmaka 112
- mit anderen
Psychotherapien 112
- simultan/sequntiell 114
- Kontraindikation 94f
- Kontrollfunktionen 85f
- Mißbrauch 46, 85, 112
- Nebenwirkungen 114
- Pseudoereignisse
und -erinnerungen 88
- Psychologie 12, 34, 36, 51, 83
- Sonderzustand 54
- sozialpsychol.Sicht 78
- Theorien 79, 88
- therapeutische
Wirkungen 22, 51
Wachzustand, parti-
eller 37, 42
Hypnose-Gesetz 77, 88
Hypnose/Katalepsie 21ff, 28, 62, 84
Hypnose-Theorien 76f
hypnotische
Automatie 12
Hypnotherapeut 46, 89, 94, 99, 111, 113f
„Hypnotherapeut"
Titel 130
Hypnoskop 44
Hypotaxie 21, 46

I

Ideodynamische
Signale 98
Infoaufnahme 73f
- gefühlsstarke 74
Infoblätter für
Patienten 101
Interferenztheorien 73

Interferenzen 73
Intuition 31f, 65

J

Jaspersche „Weltbilder" 77

K

Katalepsie
- suggestive Kataplexie 62f
klassische Konditionierung 92
Kontext 55
-psychische Dekompensa-
tion 54
Körpersprache 93, 98
Krise 9

L

Lachen 115
Lebascha 7
Leerhypnose 96f
Lethargie 23, 26
Levitation 50

M

magnetische Kur 7
magnetische Striche 7
Magnetismus 7ff, 10, 12f
Massenhypnose 27, 63
Mesmerismus 9f, 12ff, 14, 18f
Metagedächtnis 76f
Metakognition 76
metakognitive Fähigkeiten 76
Milton Erickson
Gesellschaft (M. E. G.) 124
Mischpulttechnik 111
Monoideismus 19
Montanisten 6
multiple Persönlichkeiten 75, 102

N

Nackenhand 34f, 64
Nancy, Alte Schule von 20ff
Nancy, Neue Schule von 29ff
Negativismus, koketter 52
Neurohypnologie 18
Neurohypnotismus 18
Neurolinguistik 98f
neurophysiologische
Aspekte 78f
Normalpsychologie (Vogt) 35
- assoziativer Wettbewerb 41
- Aufmerksamkeit 20, 32, 36f, 38f
- Bewußtseinsbeleuchtung 36, 38
- bewußtseinsfähig 36
- bewußtseinsunfähig 36
- Bewußtseinsvorgang 36
- dunkelbewußt 36ff, 39, 40
- Erinnerungsbilder 36, 38, 40
- emotionale Färbung 37
- Fokussierung 89, 97
- Gefühle, Einteilung 36
- Gefühlstöne 38, 40f
- Halluzinationen 21f, 36, 42
- negative 37
- positive 37
- Hemmungsvorstellung 37
- Illusion 37
- Indifferenzpunkt 37
- Innovationsveränderung
- sekundäre 38
- intellektuelle Erscheinung 37, 40
- " Gefühlssubstrat 38
- klarbewußt 35f, 39
- Kontrast-Assoziationen 35
- Kontrastdarstellungen 41
- Konzentrationsfähigkeit 38
- Lust/Unlust 36
- materieller Parallelvor-
gang 37f
- Partialzielvorstellungen 40

- Schlafzustände 41
- Süchte 37
- *Suggestion* 1f, 8, 12f, 15f, 18, 20ff, 23f, 26, 28ff, 31ff, 35, 37, 40, 44, 46ff, 52, 54ff, 62
- " -Erscheinungen 40
- systematisches partielles
Wachsein 42
- Totalgefühl 39
- Trauminhalt 38
- Triebhandlung 40
- Unbeachtetsein 36
- *Vorstellungen* 9, 26, 36, 40f, 43, 47, 70
- Wendepunkt 39
- Willenshandlung 40
- Willkürhandlung 40
- nozizeptive Reize 43

O

Od 12, 18
Okkultismus 83
Omphalopsychiker 7
Ontogenese 63
operantes Lernen 43
13

P

Pantostat 45, 58
Paradoxie 48
Parapsychologie 13

Passes 13
Patientenaufklärung 101
Perestrojka psychoemtio-
nalnja 48
Perkinismus 9
Phrenohypnotismus 19
Phrenomagnetismus 9
Phylogenese 63
Placebo-Tests 72
posthypnotische Amnesie 76
posthypnotischer Auftrag 99, 111
Potier-Syndrom 23
psychisches Korrelat 36
Psychoanalyse 13, 31, 34, 46f, 49, 65, 68, 77, 83, 104, 112, 114

Psychotherapie 7, 12, 28, 48ff, 67, 77, 81, 83, 95, 102, 106, 108, 110ff, 113
Psychotiker 102
Pulsfrequenz 17, 96, 120
Punktreiz 62

R

Rapportverlust 98
Reflex, bedingter 46, 49
Regeltrance 5, 55
Regression, atavistisch 67
Reptilien-Komplex 78
Reiz-Reaktion-Verbindung 42
relevante Grundeinheit 54
Repudiation 72
Resonanzbereitschaft, ver-
borgene 86
respondentes Lernen 42

Retrieval-Fehler 73
Retrieval 73
reziproke Hemmung 43

S

Salpêtrière 26
Schamane 7, 66
Scharlatan 15
Schizophrenie, latente 82
schnelle Leitung 76
Schreckhypnose 79
Seance-Ritual 13
seelisches Mikroskop 35, 65
Simulation 23, 137
Selbsthypnose 6, 17f, 46, 61, 80, 98, 106, 110
Simultankontrast 34, 65
Showhypnose 136
Skeptiker 97
Somatisierung des
Bewußtseinsfeldes 44, 50
Somnambulismus 12, 15, 19, 21, 23, 26, 63
Somnambul-Stadien 20f, 64
Sparbrennwirkung 44
Spät-akustisch-evozierte-
Potentiale 76
SPECT 82
Speichergedächtnissystem 75
Spiritismus 13f, 83
Split-Brain-Patient 116,
standardisiertes Konzept 52
Stirnhand 34f
Sperrsuggestion 46
Spontan-Hypnose 46
Suggerierbarkeit 20, 22f
Suggestion 12f, 15f,
Gegenteil bewirkenden 18f, 20ff,
Anstrengung 23f, 26, 28ff, 31ff, 33, 35, 37

147

Suggestion	41, 44, 46ff, 52, 54, 62, 66f, 68ff, 70ff, 75f, 83, 86, 88, 90, 92, 97, 99, 102
- *Gesetz der*	
- gesam. Aufmerksamkeit	69
- unterstützenden Erregung	69
- das Gegenteil bewirken den Anstrengung	70
- unbew. Zielstrebigkeit	70
- Stadien	41, 46
- therapeutische Verwertung	68
- beabsichtigte Reaktion	68
- unwillkürliche Reaktion	68
- Suggestionsbegriffe	67ff
Suggestionsbereiche des Vorstellens	71
Suggestibilität	15, 18, 41, 49, 50, 67f, 75, 79, 86, 88
Hypersuggestibilität	67
Suggestibilitätstests	72
suggestive Individualität	22, 63
Suggestivtherapie	13, 28, 63
Suszeptibilität	50
Systemwissenschaften	54

T

Taskodrugiten	6
Teilhypnosen	97
Telefon-Hypnosen	46
Telepathie	12, 14
Tempelschlaf	6
Terpsichoretrancetherapie	67

Therapeut-Patient-Beziehung	54
Tiefenpsychologie	49, 83, 113f
Tierhypnose	61f, 84
Tierversuche	47
Trance	7, 13, 34, 50, 55f, 63f, 66ff, 90, 93, 96, 100
- etymologischer Begriff	66
- Induktion	34
- Cover story	92
- kinetische Zählmethode	91
- Zustände	6, 57, 67, 79, 86ff, 90, 93, 96, 98f, 114
transzendentale Meditation	117
trigemino-vasculäre-Kopfschmerzpathogenese	51
Trockentraining	44f

U

Übertragung	9, 13f, 20, 69
Ultraparadoxie	48
unbewußte Hirntätigkeit	23f
Vorstellungen des Unterbewußtseins	69, 74
Urphänomen	2f, 63

V

Verbalsuggestion	26, 46, 63, 92, 100
verhaltenstherapeutische Behandlungsweise	89

W

Wecksuggestion	46
Widerstand	28, 50
	56f, 61,
	75, 85,
	97
„Wir-Bildung"	51f, 70,
Wirkung-Ursachen-Folge-	
Wirkung	54

X

133-Xenon-Methode	116

Y

Yogi	14

Z

Zahnextraktion	93
Zeitgeist-Hypnose	77
zerebrale Erregungstheorie	74
Zerfallstheorien	73f, 88
Zimmerphänomen	35

Literatur zu 1. Geschichte und Literatur der Hypnose

1. Baudouin, C.: Suggestion und Autosuggestion. Sibyllen, Dresden 1924.
2. Bernheim, H.: Die Suggestion und ihre Heilwirkung, übersetzt von Sigmund Freud. Deuticke, Leipzig 1888.
3. Bongartz, B., W. Bongartz: Nyangkap Semengat (Die Seele fangen): Trance bei den Schamanen der Iban in Nordborneo. Experimentelle und klinische Hypnose 3, 1 (1987), S. 43 - 47.
4. Bongartz, B., W. Bongartz: Hypnose. Wie sie wirkt und wann sie hilft. Kreuzverlag, Zürich 1988.
5. Braid, J.: Satanic agency and Mesmerism reviewed in a letter to the Rev. H. Mc. Neile, A. M. of Liverpool, in reply to a sermon preached by him in St. Jude's church, Liverpool, on sunday April 10th 1842. Simms and Dinham, Galt and Anderson, Manchester; Willmer and Smith, Liverpool 1842.
6. Braid, J.: Neurohypnology; or the rationale of nervous sleep, considered in relation with animal magnetism. London - Edinburgh 1843.
7. Braid, J.: Die Macht des Geistes über den Körper. Eine experimentelle Untersuchung der Natur und Ursache der von dem Baron Reichenbach und Anderen einem neuen Imponderabile zugeschriebenen Erscheinungen. John Churchill, London; A. u. C. Black, Edinburgh 1846.
8. Braid, J.: Abstract of a lecture on electrobiology, delivered at the Royal Institution, Manchester, on the 26th March 1851. The monthly literary and scientific lecture 2,5 (1851).
9. Braid, J.: The physiology of fascination. Grant & Co., Manchester 1855
10. Braid, J.: Über die Unterschiede des nervösen und des gewöhnlichen Schlafes 1845. In: Der Hypnotismus. Preyer, W. (Hrsg.). Urban & Schwarzenberg, Wien - Leipzig 1890.
11. Butler, B.: The use of hypnosis in the care of the cancer patient. Cancer 7 (1954), S. 1 - 14.
12. Claus, D.: Die transkranielle motorische Stimulation. Gustav Fischer, Stuttgart 1989.
13. Czermak, J. N.: Nachweis echter „hypnotischer" Erscheinungen bei Tieren, 1872.
14. Dittrich, A., C. Scharfetter (Hrsg.): Ethnopsychotherapie. Enke, Stuttgart 1987.
15. Elepfandt, A.: Sehen trotz Blindheit. Objektive und subjektive Sehphysiologie im Widerstreit und die Existenz mehrerer visueller Systeme. Aus Forschung und Medizin 2 (1988),S. 42 - 48 (Sonderdruck).
16. Erhard, H.: Hypnose bei Tieren. Töpelmann, Gießen 1924.
17. Erickson, M. H., E. L. Rossi: Hypnotherapie. Pfeiffer, München 1981.
18. Filiatre, J.: Hypnotisme et Magnetisme. Libraire Fischbacher, Paris.
19. Flowers Kollektion. Psychologischer Verlag, Berlin.
20. Forel, A.: Der Hypnotismus, seine Bedeutung und seine Handhabung. Enke, Stuttgart 1889.
21. Freud, A. et al. (Hrsg.): Sigmund Freud, Gesammelte Werke in Einzelbänden, Bd. 1. S. Fischer, Frankfurt.

22. Freud, A. et al. (Hrsg.): Sigmund Freud, Gesammelte Werke in Einzelbänden, Bd. 13. S. Fischer, Frankfurt.

23. Freud, A. et al. (Hrsg.): Sigmund Freud, Gesammelte Werke in Einzelbänden, Bd. 14. S. Fischer, Frankfurt.

24. Freud, E., L. Freud (Hrsg.): Sigmund Freud, sein Leben in Bildern und Texten, S. Fischer, Frankfurt 1976

25. Freud, S.: Zur Auffassung der Aphasien. Deuticke, Leipzig - Wien 1891

26. Garver, R. B.: Eight steps to self-hypnosis. Am. J. Clin. Hypn. 26, 4 (1984), 232 - 235.

27. Gassner, J. J.: Weise, gesund und fromm zu leben, auch ruhig und gottselig zu sterben oder nützlicher Unterricht wider den Teufel zu streiten; durch Beantwortung der Fragen: I. Kann der Teufel dem Leibe des Menschen schaden? II. Welchen am mehrsten? III. Wie ist zu helfen? 8. verbesserte Auflage und vermehrt vom Herrn Verfasser selbsten. Augsburg 1775.

28. Grüsser, O.-J.: Justinus Kerner (1786-1862) - Arzt - Poet - Geisterseher. Springer, Heidelberg 1987.

29. Halama, P.: Die traditionelle Hypnose. psycho 7 (1990), S. 535 - 540

29 a. Halama, P.: Hypnose. Ein Überblick von 1889 bis zur Neuzeit. psycho 8 (1990), S. 615 - 625.

30. Hammerschlag, H. E.: Schlußwort zu der Diskussion über das Thema: „Hypnose und Psychoanalyse". Die Heilkunst 70, (1957), S. 28.

31. Hammerschlag, H. E.: Technik der Hypnose. Classen Zürich 1958.

32. Haupt, J.: Psychologische Untersuchung bei der hypnotisch-suggestiven Behandlung alkoholkranker Mediziner, Klin. 42 (1922.

33. Haupt, J.: Zur Frage nach dem Wesen der Hypnose. Deutsche Medizinische Wochenschrift (1923), S. 1510

34. Haupt, J.: Untersuchungen über Hypnose und Suggestion. Psychiatrische Neurologische Wochenschrift 9/10 (1923/1924), S. 44 - 59.

35. Haupt, J.: Eine Beobachtung bei Handkreisen, Psychiatrische Neurologische Wochenschrift 4 (1934), S. 46.

35 a. Hautkappe, H.-J., W. Bongartz: Herzfrequenzvariabilität als psychologischer Indikator der posthypnostischen Amnesie. Exp. Klin. Hypn. 6, 2 (1990), S. 115 - 135.

36. Holländer, E.: Die Karikatur und Satire in der Medizin. Stuttgart 1921

37. Jones, E.: Siegmund Freud. Huber, Bern 1960.

38. Jovanović, U. J.: Methodik und Theorie der Hypnose. Gustav Fischer, Stuttgart 1988.

39. Kerner, J.: Die Seherin von Prevorst. Eröffnungen über das innere Leben des Menschen und über das Hereinragen einer Geisterwelt in die unsere. Cotta, Stuttgart - Tübingen 1829.

40. Kihn, B.: Über Hypnose. Allg. Z. Psychiatr. 115, (1940), S. 309.

41. Kihn, B.: Über Hypnose In: 2. Lindauer Psychotherapiewoche, 1950. Speer E. (Hrsg.). Hippokrates, Stuttgart 1951.

42. Kircher, A.: Experimentum mirabile de imaginatione gallinae. Öffentliches Experiment in Rom, 1646.

43. Kleinsorge, H.: Die Behandlung des Cardiospasmus mit Hypnose, Ärzt-

liche Wochenschrift 39/40, (1948), S. 634.

44. Kleinsorge, H.: Die Hypnose als Dauerbehandlung bei schweren Schmerzzuständen (Vortrag auf der 11. Lindauer Psychotherapiewoche). Praxis Psychotherapie 6 (1961), S. 262 - 270.

45. Kleinsorge, H., G. Klumbies: Herz und Seele - Hypnose und EKG. Deutsche Medizinische Wochenschr. 1/2, (1949), S. 37 - 72.

46. Klumbies, G.: Ablationshypnose. Psychother. Med. Psychol. 6, (1952), S. 221 - 229.

47. Kraus, K.: Unbefugte Psychologie, 1913. In: Karl Kraus. Werke, Bd. 8. Fischer, H. (Hrsg.). Kösel, München 1960.

48. Kretschmer, E.: Medizinische Psychologie, 7. Auflage Thieme, Leipzig 1943.

49. Kretschmer, E.: Über gestufte aktive Hypnoseübungen und den Umbau der Hypnosetechnik. Dtsch. Med. Wochenschr. 29-32 (1946), S. 281 - 283

50. Lambert, F.: Autosuggestive Krankheitsbekämpfung, Allgemeinverständliche Darstellung der Suggestion als Waffe im Lebenskampfe, Verlag des Lambert-Coué-Institutes, Raudebeul - Dresden 1936/1937.

51. Langen, D.: Gruppentherapeutische Indikationsbereiche. Z. Psychother. (1957), S. 116 - 125.

52. Langen, D.: Der Unterschied zwischen der fraktionierten Hypnose und der gestuften Aktivhypnose. Z. Psychother. Med. Psychol. 11, 2 (1961), S. 41 - 45.

53. Langen, D.: Anleitung zur gestuften Aktivhypnose. Thieme, Stuttgart 1961.

54. Lebzeltern, G.: S. Freud als Hypnotiseur. Experimentelle und klinische Hypnose 3, 2 (1987), S. 85 - 100.

55. Levy-Suhl, M.: Über ein leicht anwendbares Hilfsmittel bei der Einleitung der Hypnose. J. Psychol. Neurol. 7, 1 (1908), S. 9 - 12.

56. Lichtenthaeler, C.: Geschichte der Medizin. Deutscher Ärzte-Verlag, Köln 1982.

57. Luthe, W.: Oskar Vogt als Vorbereiter des autogenen Trai-nings und der Psychosomatik. In: Hypnose und psychosomatische Medizin, S. 258. Langen, D. (Hrsg.). Hippokrates, Stuttgart 1972.

58. Mangold, E.: Methodik der Versuche über tierische Hypnose. In: Handbuch biologische Arbeitsmethoden, Sect. VI C, S. 369 - 378. Abderhalden, E. (Hrsg.). Urban & Schwarzenberg, Berlin 1928.

59. Mangold, E.: Schlaf und schlafähnliche Zustände bei Menschen und Tieren. Paul Parey, Berlin 1929.

60. Mayberg, M. R. et al.: Trigeminal projections to supratentorialpial and dural blood vessels in cats demonstrated by horseradish peroxidase histochemistry. J. Comp. Neurol. 223 (1984), S. 46 - 56.

61. Mesmer, F. A.: De planetarum inflexu in hominem. Dissertation, Wien 1766.

62. Miltner, W. et al.: Verhaltensmedizin. Springer, Berlin - Heidelberg - New York - Tokyo 1987.

63. Mitscherlich, A., A. Richards, J. Strachey, (Hrsg.): Sigmund Freud. Studienausgabe in 10 Bänden, Bd. 6: Hysterie und Angst, S. 181f, S. Fischer,

Frankfurt 1982a.

64. Mitscherlich, A., A. Richards, J. Strachey, (Hrsg.): Sigmund Freud. Studienausgabe in 10 Bänden, Ergänzungsband: Schriften zur Behandlungstechnik. S. Fischer, Frankfurt 1982b.

65. Moll, A.: Der Hypnotismus mit Einschluß der Psychotherapie und der Hauptpunkte des Occultismus. Kornfeld, Berlin 1924.

66. Moskowitz, M. A.: The neurobiology of vascular head pain. Ann. Neurol. 16 (1984), S. 157 - 168.

67. Pawlow, I. P.: Lectures on conditional reflexes. International Publishers, New York 1941

68. Peter, B.: Hypnose und Hypnotherapie nach Milton H. Erickson. Pfeiffer, München 1985.

69. Pinkerton, S. et al.: Behavioral medicine. Clinical applications. Wiley & Sons, New York 1982.

70. Preyer, W.: Zur Entdeckung des Hypnotismus. In: Biologische Zeitfragen, 2. Aufl. Preyer, W. (Hrsg.). Allgemeiner Verein für Deutsche Literatur, Berlin 1889.

71. Preyer, W.: Der Hypnotismus. Urban & Schwarzenberg, Wien 1890

72. Puységur, A. M. J. de: Mémoires pour servir à l'histoire et à l'établissement du magnétisme animal, Maison, Paris 1784.

73. Rhine, J. B.: Extrasensory perception. Boston Society for Psychic Research, Boston 1934.

74. Rhine, J. B.: New frontiers of the mind, Faber and Faber, London 1938

75. Rhine, J. B.: Neuland der Seele, übersetzt von H. Driesch. Deutsche Verlagsanstalt, Stuttgart 1938.

76. Schlemper, M. S. H., B. Stokvis: Gedächtnis, Zeit und Hypnose. Psyche 14 (1960-1961), 895 - 899.

77. Schmitz, K.: Was ist - was kann - was nützt Hypnose? J. F. Lehmanns, München 1951.

78. Schmitz, K.: Hypnose und Psychoanalyse (Freud und Pawlow). Die Heilkunst 12 (1956), S. 418 - 423.

79. Schmitz, K.: Neue experimentelle Untersuchungen über das Wesen der Hypnose-Suggestion und ihre Wirkung auf die Organfunktionen. München, Medizinische Wochenschrift 37 (1957), S. 1323 - 1326; 38 (1957), S. 1362 - 1365.

80. Schott, H.: Katalog zur Ausstellung Franz Anton Mesmer und die Geschichte des „Tierischen Magnetismus", Universität Konstanz 1986.

81. Schultz, J. H.: Das Autogene Training, 7. Aufl. Thieme, Stuttgart 1952

82. Schultz, J. H.: Gesundheitsschädigungen nach Hypnose. Carl Mangold Verlagsbuchhandlung, Berlin 1954.

83. Schultz, J. H.: „Tiefenpsychologie" und Hypnose. Med. Klin. 38 (1958), S. 1662.

84. Schultz, J. H.: Hypnose-Technik. Gustav Fischer, Stuttgart 1959.

85. Schultz, J. H.: Der heutige Stand der ärztlichen Hypnose. Praxis der Psychotherapie 6, 5 (1961), S. 193 - 198.

86. Skinner, B. F.: The behavior of organism: An experimental analysis. Appleton-Century-Crofts, New York 1938.

87. Skinner, B. F.: Verbal behavior. Appleton-Century-Crofts, New York 1957.
88. Skoog, G.: Erfahrungen mit hypnoider Entspannungstheorie („Faradohypnose"). Sv. Läkartidn. (1951), S. 1761 - 1776.
89. Stokvis, B.: Der heutige Stand der Indikationen der Hypnose. Schweiz. Medizinische Wochenschrift 46 (1938), S. 1252 - 1255.
90. Stokvis, B.: Graphologische Untersuchung als Mittel zur Nachprüfung der Theorie der Hypnose. Schweiz. Z. Psychol. 2 (1934), S. 64.
91. Stokvis, B., A. Sondheim: Spannung und Entspannung als psychologische Begriffe. Z. Nervenheilk. 2 (1949), S. 508.
92. Stokvis, B.: Wandlungen der Hypnose-Theorien im Lichte weltanschaulicher Ansichten, Die Heilkunst 12 (1956), S. 427.
93. Stokvis, B.: Positive Übertragung als Widerstand in der Hypnosetherapie. Z. Psychother. Med. Psychol. 11 (1961), S. 10f.
94. Stokvis, B.: Die Hypnose bei psychosomatischen Erkrankungen. Z. Psychother. Med. Psychol. 11 (1961), S. 174 - 176.
95. Trömner, E.: Hypnotismus und Suggestion. Teubner, Leipzig 1919.
96. Vogt, O.: Zur Kenntnis des Wesens und der psychologischen Bedeutung des Hypnotismus. Z. Hypnotismus 3 (1895), S. 277 - 340.
97. Völgyesi, F. A.: Einige Grundbegriffe und Konklusionen auf-grund einer fast 50jährigen hypnotherapeutischen Praxis. Psychiatr. Neurol. Med. Psychol. 14 (1962), S. 18 - 23.
98. Völgyesi, F. A.: Mensch und Tierhypnose. Orell Füssli, Zürich 1963.
99. Völgyesi, F. A.: Hypnose bei Mensch und Tier. VEB Hirzel, Leipzig 1967.
100. Wetterstrand, O. G.: Der Hypnotismus und seine Anwendung in der praktischen Medizin. Urban & Schwarzenberg, Wien 1891.
101. Wolpe, J.: Psychotherapy by reciprocal inhibition. Stanford Universitary Press, Stanford 1958.
102. Zeig, J. K.: Therapeutische Muster der Ericksonschen Kommunikation der Beeinflussung. Hypnose und Kognition 5, 2 (1988), S. 5 - 18.
103. Universität Konstanz, philosophische Fakultät: Ausstellung: Franz Anton Mesmer und die Geschichte des „Tierischen Magentismus", 6. - 26. 11. 1986.)
104. Zweig, S.: Balzac - Eine Biographie. Fischer Taschenbuch, Frankfurt 1989.

Literatur zu 2. Theoretische Aspekte der Hypnose

1. Akstein, D.: Bewegungstrance. Terpsichoretrancetherapie, eine neue Dimension der nonverbalen Psychotherapie. In: Psychotherapie und Körperdynamik, Verfahren psychophysischer Bewegungs- und Körpertherapie. Petzold, H. (Hrsg). Junfermann, Paderborn 1977.
2. Akstein, D.: Reizüberflutung als Therapieform: Die Terpsichoretrancetherapie (TTT). In: Forum der Psychiatrie - Ethnopsychotherapie. Dittrich, A., C. Scharfetter (Hrsg.). Enke, Stuttgart 1987.
3. Alexander, F.: Psychological aspects of medicine. Psychosom. Med. 1 (1939), 7.
4. Anderson, J. R.: Cognitive psychology and its implications. Freemann, New York 1985.
5. Baer, G.: Peruanische ayahuasca-Sitzungen, -Schamanen und -Heilbehandlungen. In: Forum der Psychiatrie - Ethnospsychotherapie. Dittrich, A., C. Scharfetter (Hrsg.). Enke, Stuttgart 1987.
6. Barber, T. X., S. C. Wilson: Hypnosis, suggestions, and altered states of consciousness: Experimental evaluation of the new cognitive-behavioral theory and the traditional trance-state theory of „hypnosis". Ann. NY Acad. Sci. 296 (1977),S. 34 - 47.
7. Baudouin, C.: Suggestion und Autosuggestion. Sibyllen, Dresden 1924
8. Baumgarten, R. J. von: Zur Physiologie des Bewußtseins und der Bewußtseinsstörungen. ZFA 57, 31 (1981), S. 2099 -2111.
9. Beck-Texte: StGB. dtv, München 1975.
10. Bernheim, H.: Die Suggestion und ihre Heilwirkung, übersetzt von S. Freud. Deuticke, Leipzig 1888.
11. Biermann, B.: Der Hypnotismus im Lichte der Lehre von den bedingten Reflexen. J. Psychol. Neurol. 28 (1929), S. 265.
12. Birbaumer, N.: Physiologische Psychologie. Springer, Berlin 1975.
13. Bleuler, E.: Die negative Suggestibilität ein physiologischer Prototyp des Negativismus der konträren Autosuggestibilität und gewisser Zwangsideen. Psychiatrische Neurologische Wochenschrift 28/29 (1904), S. 249 -269.
14. Bleuler, E.: Affektivität, Suggestibilität, Paranoia. Marhold, Halle 1925.
15. Brown, A. L. et al.: The effects of experience on the selection of suitable retrieval cues for studying texts. Child. Dev. 49 (1978), S. 829 - 835.
16. Brown, J.: Some tests of the decay theory of immediate memory. Q. J. Exp. Psychol. 10 (1958), S. 12.
17. Bykow, K. M.: Großhirnrinde und innere Organe. Volk und Gesundheit, Berlin 1853.
18. Christian, P., R. Haas: Wesen und Formen der Bipersonalität. Enke, Stuttgart 1949.
19. Coe, W. C.: The concept of role skills: hypnotic behavior. Paper presented at the Annual Meeting of the American Psychological Association, Montreal August 1973.
20. Crasilneck, H. B., J. A. Hall: Clinical hypnosis, 2nd ed. Grune & Stratton, Orlando 1985.
21. Creutzfeld, O. D.: Gedächtnis-Moleküle - Eine Legende. Max-Planck-

Gesellschaft-Spiegel 26 (1980).
22. Donceel, J. E. et al.: Influence of prestige suggestion on the answers of a personality inventory. J. Appl. Psychol. 33 (1949), S. 352.
23. Du Bois, P.: Education of self. Funk & Wagnalls, New York 1911.
24. Dywan, J. et al.: The use of hypnosis to enhance recall. Science 222 (1983), S. 184 - 185.
25. Ferenczi, S.: Introjektion und Übertragung. Eine psychoanalytische Studie. Deuticke, Wien 1910.
26. Flavell, J. H.: First discussant's comments: What is memory development the development of? Hum. Dev. 14 (1971), S. 272 - 278.
27. Flavell, J. H.: Annahmen zum Begriff Metakognition sowie zur Entwicklung von Metakognition. In: Metakognition und Lernen, S. 223 - 331. Weinert, F. E., R. H. Kluwe (Hrsg.). Kohlhammer, Stuttgart 1984.
28. Forel, A.: Der Hypnotismus, seine Bedeutung und seine Handhabung. Enke, Stuttgart 1889.
29. Fourie, D. P.: Relationship aspects of hypnotic susceptibility. Percept. Mot. Skills 51, 3 (1980), S. 1032 - 1034.
30. Fromm, E.: An ego-psychological theory of altered states of consciouness. Int. J. Clin. Exp. Hypn. 25, 4 (1977), 372-387.
31. Gheorighiu, V. A.: Beziehung zwischen Suggestion und Hypnose. Experimentelle und Klinische Hypnose 1, 2 (1985), S. 167 - 179.
31a. Gheorghiu, V. A.: Die Domäne der Suggestionalität: Versuch der Konzeptualisierung suggestionaler Phänomene. I. Merkmale der Suggestion, Experimentelle und Klinische Hypnose, Bd. XVI, Heft 1/2000. S. 55ff.
31b. Gheorghiu, V. A.: Hypnotische vs. non hypnotische Suggestionierbarkeit: Kritische Bemerkungen. Experimetelle und Klinische Hypnose, Bd. XVI, Heft 2/2000, S. 169f.
32. Gill, M. M.: Hypnosis as an altered state. Int. J. Clin. Exp. Hypn. 20, 4 (1972), S. 224 - 237.
33. Gill, M. M., M. Brenman: Hypnosis and related states. International University Press, New York 1959
34. Gravitz, M. A.: Bibliographic sources of nineteenth century hypnosis literature. Am. J. Clin. Hypn. 23 (1981), S. 217 - 219.
35. Greenberg, I. M.: A general system theory of trance state. Zitiert in: Spiegel, H., D. Spiegel: Trance and treatment - clinical uses of hypnosis. Basis Books Publishers, New York 1978.
36. Halama, P.: Cranio-Corpo-Graphie-(CCG-)Parameter unauffälliger Probanden. Medizinische Welt 39 (1988), 434 - 438.
37. Halama, P.: Hirnorganisches Psychosyndrom bei peripherer und zentraler Vertigo im Alter. Therapiewoche 38 (1988), S. 2184 - 2189
38. Halama, P.: Hypnose: Eine biologische Psychotherapie. Spectrum 2 (1989), S. 74 - 78
39. Hammerschlag, H. E.: Technik der Hypnose. Classen, Zürich 1958
40. Heyer, G.: Hypnose und Hypnotherapie. In: K. Birnbaum's Psychische Heilmethoden, S. 73-135. Thieme, Leipzig 1927.
41. Hilgard, E. R.: Hypnotic susceptibility. Harcourt, Brace and World, New

York 1965.

42. Hilgard, E. R.: Toward a neodissociation theory: multiple cognitive controls in human functioning. Perspect. Biol. Med. 17 (1974), S. 301 - 316.

43. Hilgard, E. R.: Pain perception in man. In: Handbook of sensory physiology, vol. 8. Hled, R. M. et al. (eds.), Springer, New York 1976.

44. Hilgard, E. R., E. F. Loftus: Effective interrogation of the eyewitness. Int. J. Clin. Exp. Hypn. 27 (1979), S. 342 - 357.

45. Höpler, E., P. Schilder: Suggestion und Strafrechtswissen-schaft. Abh. Jur. Med. Grenzgeb. 3/4. Hölder, Pichler, Tempsky, Wien 1926.

46. Hull, C. L.: Hypnosis and suggestibility. The century psychology series. Appleton, New York 1933..

47. Hutchins, D.: The value of suggestion given under anesthesia. Am. J. Clin. Hypn. 4 (1961), S. 26 - 29.

48. Janet, P.: L'automatisme psychologique; essai de psychologie expérimentale sur les formes inférieures de l'activité humain. Alcan, Paris 1889.

49. Janet, P.: Psychological healing, vol. 1. Macmillan, New York 1925.

50. Janssen GmbH: Ärztebrief Neurologen und Psychiater, 2/1988, S. 1. Neuss 1988.

51. Jilek, W. G.: Veränderte Wachbewußtseinszustände in Heiltanzritualen nordamerikanischer Indianer. In: Forum der Psychiatrie - Ethnopsychotherapie. Dittrich, A., C. Scharfetter (Hrsg.). Enke, Stuttgart 1987.

52. Jovanovic´, U. J.: Methodik und Theorie der Hypnose. Gustav Fischer, Stuttgart 1988.

53. Jovanovic´, U. J.: Angewandte und klinische Hypnose. Gustav Fischer, Stuttgart (im Druck).

54. Klan, R.: Der Mißbrauch der Hypnose. Med. Dissertation, Mainz 1980

55. Klein, M. H. et al.: Behavior therapy: observations and reflections. J. Consult. Clin. Psychol. 33 (1969), S. 259 - 266.

56. Klimesch, W.: Vergessen: Interferenz oder Zufall? Über neuere Entwicklungen der Gedächtnispsychologie. Psychologische Rundschau 30, 2 (1979), S. 100 - 131.

57. Klimesch, W.: Struktur und Aktivierung des Gedächtnisses. Huber, Bern 1988.

58. Kossak, H.-C.: Hypnose. Psychologie Verlags Union, Weinheim 1989

59. Kretschmer, E.: Psychotherapeutische Studien. Thieme, Sutt-gart 1949

60. Kroger, W. S.: Clinical and experimental hypnosis. Lippincott, Philadelphia 1977.

61. Kruse, P.: Hypnose und Suggestion aus radikal konstruktivistischer Sicht. Vortrag auf der 9. Tagung der Deutschen Gesellschaft für Hypnose, Bad Lippspringe 1987.

62. Laudien, H.: Wie funktioniert das Gedächtnis? Umschau in Wissenschaft und Technik 10 (1977), S. 310 - 311.

63. Ludwig, A. M.: Altered states of consciousness. Arch. Gen. Psychiatry 15 (1966), S. 225 - 234.

64. Ludwig, A. M.: Altered states of consciousness. In: Trance and possession states, p. 69-96. Prince, R. (ed.). R.M. Bucke Memorial Society, Mc Gill University, Montreal 1968.

65. Mac Lean, P. D.: On the evolution of three mentalities. In: New dimensions in psychiatry, vol.2. Arieti, S. (ed.). Wiley and Sons, New York 1977.

65a. Markowitsch, H. J.: Gedächtnisstörungen, Hrsg. T. Brandt, R. Cohen, H. Helmchen und R. Schmidt, Medien + Wissen, Kohlkammer, ISBN 3-17-014993-8, 1999.

65b. Markowitsch, H. J.: Das mnestische Blockadesyndrom.Bericht über den 41. Kongreß der Deutschen Gesellschaft für Psychologie, in Dresden 1998, Pabst Science Publishers, Lengrich 1999, ISBN 3-933151-90-2, S. 393 - 404.

65c. Markowitsch, H. J.: Einwirkung von Stress auf die Gedächtnisleistung, in: Determinanten menschlichen Verhaltens: Seele und Gehirn, Arbeitsbericht der Tagung vom Februar 2000, Hrsg. Hanse-Wissenschaftskolleg, Delmenhorst, 2000.

66. Mitscherlich, A., A. Richards, J. Strachey (Hrsg.): Sigmund Freud. Studienausgabe in 10 Bänden, Bd. 9, S. 61. S. Fischer, Frankfurt 1982.

67. Mole, A.: Der Hypnotismus mit Einschluß der Psychotherapie und der Hauptmerkmale des Occultismus. Kornfeld, Berlin 1924.

68. Moser, F.: Der Occultismus. Reinhardt, München 1935.

69. Orne, M. T.: The nature of hypnosis: artifact and essence. J. Abnorm. Soc. Psychol. 58, 3 (1959) S. 277 - 299.

70. Orne, M. T.: Can a hypnotized subject be compelled to carry out otherwise unacceptable behavior? A discussion. Int. J. Clin. Exp. Hypn. 20, 2 (1972), S. 101.

71. Orne, M. T.: The construct of hypnosis: implications of the definition for research and practice. Ann. NY Acad. Sci. 296 (1977), S. 14 - 33.

72. Orne, M. T., P. W. Sheehan: Occurrence of posthypnotic behavior outside the experimental setting. J. Pers. Soc. Psychol. 9, 2 (1968), S. 189 - 196

73. Petersohn, F.: Parapsychologie und Okkultismus. Kriminologische Schriftenreihe 72 (1972), S. 1 - 31.

74. Petersohn, F.: Das Hypnoseverbrechen. Eine Betrachtung zur Frage der Widerstandsfähig-keit im Sinne des § 179 StGB. Z. Rechtsmedizin 95 (1985), S. 75 - 84.

75. Pfeifer, R. et al.: Neuronale Netzwerke. Neue Zürcher Zeitung, Fernausgabe 89 (19.04.1989), 53 75a. Pöppel, E.: Eine neuropsychologische Definition des Zustandes „bewußt". In: Gehirn und Bewußtsein, S. 17-32. Pöpel, E. (Hrsg.). VCH Verlagsgesellschaft, Weinheim 1989.

76. Preyer, W.: Die Entdeckung des Hypnotismus. In: Biologische Zeitfragen, 2. Aufl., S. 333. Preyer, W. (Hrsg.). Allgemeiner Verein für Deutsche Literatur, Berlin 1889.

77. Pribram, K.: The neurobehavioral analysis of limbic forebrain mechanisms - revision and progress report. In: Advances in the study of behavior, vol. 2, p. 297-332. Academic Press, New York 1969.

78. Propping, P.: Psychiatrische Genetik. Springer, Berlin 1989.

79. Rads, S., G. E. Daniels: Changing concepts of psychoanalytic medicine. Grune & Stratton, New York 1956

80. Rahmann, H., M. Rahmann: Das Gedächtnis - Neurobiologische Grundlagen. Bergmann, München 1988.

81. Reinhold, K.: Polyglotte Halluzinationen. Monatsschr. Neurol. Psychiatr. 1, 2 (1921), 65-98

82. Reistrup, H.: Hypnose und Kriminalität. Acta Psychiatr. Neurol. Scand. Suppl. 47 (1947), S. 638

83. Rexrodt, R. F.: Gehirn und Psyche. Hippokrates, Stuttgart 1981

84. Salter, A.: Three techniques of autohypnosis. J. Gen. Psychol. 24 (1941), S. 423

85. Sarbin, T. R., W. C. Coe: Hypnosis: a social psychological analysis of influence communication. Rinehart and Winston, New York 1972

86. Schmidt, R. F.: Integrative Funktion des Zentralnervensystems. In: Physiologie des Menschen. Schmidt, R. F., G. Thews (Hrsg.). Springer, Berlin 1985.

87. Schmitz, K.: Was ist - was kann - was nützt Hypnose? J. F. Lehmanns, München 1951.

88. Schneider, W.: Zur Entwicklung des Meta-Gedächtnisses bei Kindern. Huber, Bern 1989.

89. Schrenck-Notzing, A.: Wachsuggestion auf der öffentlichen Schaubühne. Arch. Kriminol. 72 (1920), S. 81.

90. Schultz, J. H.: Gesundheitsschädigungen nach Hypnose. Marhold, Berlin 1954.

91. Schultz, J. H.: Grundfragen der Neurosenlehre. Thieme, Stuttgart 1955

92. Schultz, J. H.: Der heutige Stand der ärztlichen Hypnose. Prax. Psychother. 6, 5 (1961), S. 193 - 198.

93. Schultze, E.: Das Verbot hypnotischer Schaustellungen. Berliner Klinische Wochenschrift 47 (1919), S. 1105 - 1108.

94. Sharma, S.: L' Abbé de Faria - His life and contribution. In: Hypnosis. Burrows, G. D. et al. (eds.). Elsevier (Biomedical Press), Amsterdam 1979.

95. Sheehan, P. W. et al.: Effects of suggestibility and hypnosis on accurate and distorted retrieval from memory. J. Exp. Psychol. [Learn. Mem. Cogn.] 9 (1983), S. 283 - 293.

96. Sheehan, P. W., C. W. Perry: Methodologies of hypnosis: a critical appraisal of contemporary paradigms of hypnosis. Eldbaum, Hillsdale, New York 1976.

97. Spanos, N. P.: Hypnotic behavior: a cognitive, social, psychological perspective. Res. Commun. Psychol. Psychiatry Behav. 7, 2 (1982), S. 199 - 213.

98. Spanos, N. P.: The hidden observer as an experimental creation. J. Pers. Soc. Psychol. 44, 1 (1983), S. 170 - 176.

99. Spanos, N. P., T. X. Barber: Toward a convergence in hypnotic research. Am. Psychol. 29 (1974), 500-511.

100. Stalnaker, J. M. et al.: The effect of hypnosis on long-delayed recall. J. Gen. Psychol. 6 (1932), S. 429 - 440.

101. Stokvis, B.: Der heutige Stand der Indikationsbreite der Hypnose. Schweiz. Med. Wochenschr. 68 (1938), S. 1252.

102. Stokvis, B.: Hypnose in der ärztlichen Praxis. Karger, Basel 1955.

103. Stokvis, B., D. Langen: Lehrbuch der Hypnose. Karger, Basel 1965.

104. Stokvis, B., M. Pflanz: Suggestion. Hippokrates, Stuttgart 1961.

105. Straus, E.: Wesen und Vorgang der Suggestion. Karger, Berlin 1925.

106. Sullivan, H. S.: The theory of anxiety and the nature of psychotherapy. Am. J. Psychiatry 12 (1949), S. 3 - 12.

107. Tariot, P. N., H. Weingärtner: Psychobiologic analysis of cognitive failures. Arch. Gen. Psychiatry 43 (1986), S. 1183 - 1187.

108. Tart, C. T. (ed.): Altered states of consciousness. Wiley and Sons, New York 1969.

109. Tart, C. T.: Quick and convenient assessment of hypnotic depth: self-report scales. Am. J. Clin. Hypn. 21, 2/3 (1978/1979), S. 186 - 207.

110. Trömner, E.: Hypnotismus und Suggestion. Teubner, Leipzig 1919.

111. , R.: Forensic hypnosis - psychological and legal as-pects. Lexington Books, D. C. Heath Co., Lexington 1983.

112. Udolf, R.: Handbook of hypnosis for professionals, 2nd ed. van Nostrand Reinhold Company, New York 1987.

113. Vernon, P. A.: Speed of information processing and general intelligence. Intelligence 7 (1983a), S. 53 - 70

114. Vernon, P. A.: Recent findings on the nature of general intelligence. Journal of Special Education 17 (1983b), S. 389 - 400.

115. Vogt, O.: Zur Kenntnis des Wesens und der psychologischen Bedeutung des Hypnotismus. Z. Hypnotismus 3 (1895), S. 277 - 340.

116. Vogt, O.: Die direkte psychologische Experimentalmethode in hypnotischen Bewußtseinszuständen. Barth, Leipzig 1897.

117. Völgyesi, F. A.: Menschen- und Tierhypnose. Orell Füssli, Zürich 1963

118. Wahl, R.- J.: Neuropsychologische und kognitive Veränderungsmuster Depressiver im Rahmen kognitiver Therapie. In: Psychiatrie des rechten und linken Gehirns. Oepen, G. (Hrsg.). Deutscher Ärzte-Verlag, Köln 1988.

119. Watkins, J. G.: Antisocial behavior under hypnosis: possible or impossible? Int. J. Clin. Exp. Hypn. 20 (1972), S. 95 - 100.

120. Watkins, M. J. et al.: Effect of non verbal distraction on short term storage. J. Exp. Psychol. 101 (1974), S. 296 - 300.

121. Weitzenhoffer, A. M., E. R. Hilgard: Stanford hypnotic susceptibility scale, form A and B. Consulting Psychologist Press, Palo Alto 1959.

122. Welch, L.: A behaviouristic explanation of the mechanisms of suggestion and hypnosis. J. Abn. Soc. Psychol. 42 (1947), S. 359 - 364.

123. Wendiggensen, W.: Strafbare Handlungen unter hypnotischem Einfluß und ihre Aufklärung. Rechtswissenschaftliche Dissertation, Köln 1935.

124. Wilson, L. et al.: Beliefs about forensic hypnosis. Int. J. Clin. Exp. Hypn. 34, 2 (1986), S. 110 - 121.

125. Wolpe, J.: The systematic desensitization treatment of neurosis. J. Ment. Dis. 132 (1961), S. 189 - 203.

Literatur zu 3. Praktische Anwendungen der Hypnose

1. Bandler, R., J. Grinder: Neue Wege der Kurzzeittherapie, Neurolinguistische Programme, Teil 1 und 2. Verlag und Studio für Hörbuchproduktionen, Beltershausen 1986.
2. Bernstein, D. A. et al.: Entspannungs-Training - Handbuch der progressiven Muskelentspannung. Pfeiffer, München 1987.
3. Bick, C. H.: Neurohypnose. Ullstein Sachbuch, Frankfurt 1983.
4. Bongartz, B., W. Bongartz: Hypnose. Wie sie wirkt und wann sie hilft. Kreuz, Zürich 1988.
5. Brinkhaus, H.: Psychodrama und Hypnose: Das Hypnodrama. Exp. Klin. Hypn. 1 (1983), S. 34 - 36.
6. Brodmann, K.: Zur Methodik der hypnotischen Behandlung. Z. Hypnotismus Bd. 6 (1897), S. 1 - 10 u. S. 193 - 214; Bd. 7 (1898), S. 1 - 35, S. 228 - 246 u. S. 266 - 284; Bd. 10 (1902), S. 314 - 379.
7. DDR 2 (TV), AHA wissenschaftliches Magazin: Hypnose - Magie oder Medizin, 16. 5. 1989.
8. Dengrove, E.: The use of hypnosis in behavior therapy. Int. J. Clin. Exp. Hypn. 21 (1973), S. 13
9. Diekstra, R. F. W. et al.: Rational-Emotive-Therapie. Swets & Zeitlinger, B. V., Lisse 1982.
10. Ellis, A., R. Grieger (Hrsg.): Praxis der rational-emotiven Therapie. Urban & Schwarzenberg, München 1979.
11. Eschenröder, C. T.: Hier irrte Freud - Zur Kritik der psychoanalytischen Therapie und Praxis, 2. Aufl. Urban & Schwarzenberg, München 1986.
12. Grinder, J., R. Bandler: Therapie in Trance. Klett-Cotta, Stuttgart 1988.
13. Halama, P.: Ratschläge für Patienten, die an einem depressiven Zustand leiden, und deren Angehörige, 2. Aufl. 1986. Zu beziehen über Rhone-Poulenc Pharma GmbH, Köln (Dr. Winkler, Bochum, in Vorbereitung).
14. Halama, P.: Ratschläge für Patienten, die an einer Schizophrenie leiden, und deren Angehörige, 2. Aufl. Eigendruck, Hamburg 1987.
15. Halama, P.: Hypnose - eine bisher von uns Nervenärzten vernachlässigte interessante therapeutische Alternative, Neurodate aktuell 7/1988, S. 34 - 35.
16. Halama, P.: Ärztliche Hypnose in der Praxis. KV-Journal 13,1988, S. 21f.
17. Halama, P.: Replik an Kollegen Ehebald. KV-Journal 14, 1988, S. 32f
18. Halama, P.: Hypnose in der Praxis - Humbug oder echte Therapie? Der Allgemeinarzt 4 (1988), S. 275f.
19. Halama, P.: Depot-Neuroleptika in der Hausarztpraxis. Der Allgemeinarzt 4 (1988), S. 256 - 267.
20. Halama, P.: Neurologische Befunde bei Patienten, die mit neurotoxischen Stoffen, z. B. Dioxin, Lindan, PER, Tetrachloräthylen, Lacken, Holzschutzmitteln, Formaldehyd u. a. beruflich in Kontakt kamen. (unveröffentlicht).
21. Halama, P.: Hypnose: Eine biologische Psychotherapie. Spectrum 2 (1989), S. 74 - 78.

22. Hemminger, H., V. Becker: Wenn Therapien schaden. Rowohlt, Reinbek 1985.

23. Heyer, G.: Hypnose und Hypnotherapie. In: K. Birnbaum's psychische Heilmethoden, S. 73 - 135. Thieme, Leipzig 1927.

24. Jovanovi'c, U. J.: Methodik und Therapie der Hypnose. Gustav Fischer, Stuttgart 1988.

25. Kassenärztliche Bundesvereinigung: Vereinbarung über die Anwendung von Psychotherapie in der vertragsärztlichen Versorgung. Deutsches Ärzteblatt 85, 23 (1988), A-1727 - 1740.

26. Kossak, H.-C.: Integration der Hypnose in das Konzept der Verhaltenstherapie. Exp. Klin. Hypn. 1 (1983), S. 45 - 56.

27. Kossak, H.-C.: Verhaltenstherapie unter Hypnose - Selbstrkontrolltraining mit dem „hypnotischen Begleiter". Exp. Klin. Hypn. 1, 2 (1985), S. 113 -142.

28. Kossak, H.-C.: Gefahren, Kontraindikationen und Grenzen der Hypnose, Teil 1 und 2. Exp. Klin. Hypn. 2, 1 (1986), S. 17 - 31; 2, 2 (1986), S. 109 - 123.

29. Kossak, H.-C.: Hypnose. Psychologie Verlags Union, Weinheim 1989

30. Kroger, W. S., W. D. Fezler: Hypnosis and behavior modification: imagery conditioning. Lippincott, Philadelphia 1976.

31. Langern, D.: Psychotherapie, 2. Aufl. Thieme, Stuttgart 1971.

32. Lazarus, A. A.: Innenbilder. Imagination in der Therapie als Selbsthilfe. Pfeiffer, München 1980.

33. Maultsby, M. C.: Rational behavior therapy. Prentice-Hall Inc., Englewood Cliffs 1984.

34. Nervenarzt-Studie: Bestandsaufnahme und Situationsanalyse ambulanter nervenärztlicher Tätigkeit. Zentralinstitut für die kassenärztliche Versorgung in der Bundesrepublik Deutschland, Köln 1988.

35. Polzien, P.: Über die Physiologie des hypnotischen Zustandes als eine exakte Grundlage für die Neurosenlehre. Karger, Basel 1959

36. Rom, D. von et al.: Kombination von Hypnose und Autogenemzu Training. Exp. Klin. Hypn. 2, 1 (1986), S. 93 - 96.

37. Schulz, J. H.: Das Autogene Training. Thieme, Stuttgart 1952.

38. Schultz, J. H.: Hypnose-Technik, 8. Aufl. Gustav Fischer, Stuttgart 1983

39. Stocksmeier, U.: Lehrbuch der Hypnose. Karger, Basel 1984.

40. Timerman, J.: Wir brüllten nach innen - Folter in der Diktatur heute. S. Fischer, Frankfurt 1982.

41. Walen, S. R. et al.: RET-Training - Einführung in die Praxis der rational-emotiven Therapie. Pfeiffer, München 1982 ,11. 11. 92.

Literatur zu 4. Auswahl zur experimentellen Hypnose

1. Bick, C. H.: „Lachen" - eine EEG-Mapping-Studie zur Kohärenz mit den Gehirndominanzen. 1. Internationaler Kongreß über zerebrale Dominanzen, München, 14. - 17. September 1988.

2. Braid, J.: Über die Unterschiede des nervösen und des gewöhnlichen Schlafes. In: Der Hypnotismus. Preyer, W. (Hrsg.). Urban & Schwarzenberg, Leipzig 1890 2a. Duns, P.: Neurologischtopische Diagnostik, S. 355, Thieme, Stuttgart 1987.

3. Fabig, R., E.-U. Bieler, J. Berger: Regionale cerebrale Durchblutungsstörungen bei Personen nach Exposition mit Holzschutzmitteln und industriellen neurotoxischen Substanzen. Hamburg 1988.

4. Gray, A. L., K. S. Bowers, W. D. Fenz: Heartrate in anticipation of and during a negative visual halluzination. Intern. J. Clin. Exp. Hypn. 18 (1970), S. 41 - 51.

5. Grüsser, O.-J.: Die phylogenetische Hirnentwicklung und die funktionelle Lateralisation der menschlichen Großhirnrinde. In: Psychiatrie des rechten und linken Gehirns. Oepen, G. (Hrsg.). Deutscher Ärzte-Verlag, Köln 1988.

6. Halama, P.: Hirnorganisches Psychosyndrom bei peripherer und zentraler Vertigo im Alter. Therapiewoche 38 (1988), S. 2184 - 2189.

7. Halama, P.: Craniocorpographic (CCG) parameters in normal subjects - possibility of an objective control of therapeutic measures. Proceedings of the XVth scientific meeting of the NES: Vertigo, nausea, tinnitus and hypoacusia in metabolic disorders, Bad Kissingen, 18 - 20 March 1988, p.47-52. Elsevier (Biomedical Press), Amsterdam 1988.

8. Halama, P.: Neurophysiologische Untersuchungen vor und in Hypnose am menschlichen Cortex mittels SPECT-Untersuchung. Exp. Klin. Hypn. 6, 1 (1990), S. 65 - 73.

9. Halama, P.: Hypnose: Eine biologische Psychotherapie, Spectrum 2 (1989), S. 74 - 78.

10. Halama, P.: Die Veränderung der corticalen Durchblutung vor und in Hypnose. Exp. Klin. Hypn. 5, 1 (1989), S. 19 - 26.

11. Halama, P.: Die Messung Spät-Akustisch-Evozierter-Potentiale (SAEP) vor und in sowie in und nach Hypnose (in Vorbereitung).

12. Halama, P.: Neurologische Befunde bei Patienten, die mit neurotoxischen Stoffen, z. B. Dioxin, Lindan, PER, Tetrachloräthylen, Lacken, Holzschutzmitteln, Formaldehyd u. a. beruflich in Kontakt kamen (in Vorbereitung).

12a. Halama, P.: Zusammenfassende Beurteilung der wichtigsten Befunde von: Spät- Akustisch-Evozierten-Potentialen (SAEP), Brain Mapping, Frequenzanalyse-EEG und Single-Photon-Emmission-Computer-Tomography (SPECT) hinsichtlich der Hirndominanz im hypnotischen, bzw. perihypnotischen Bewußtseinszustand. Vortrag auf der 12. Tagung der Deutschen Gesellschaft für Hypnose e.V., Bad Lippspringe, 15. bis 18. November 1990.

13. Heiss, W.- D., et al.: Atlas der Positronen-Emissions-Tomographie des

Gehirns. Springer, Berlin 1985.

14. Herrmann, W. M., E. Schärer: Pharmako-EEG. eco med, Landsberg 1987.

15. Jovanović, U. J.: Lateralisation of the brain function and psychophysiology of hypnosis. 1. Internationaler Kongreß über zerebrale Dominanzen, München, 14. - 17. September 1988.

16. Kleinsorge, H., G. Klumbies: Herz und Seele - Hypnose und EKG. Dtsch. Med. Wochenschr. 2 (1949), S. 37 - 42.

17. Maurer, K., et al.: Brain Mapping des EEG und der EP in der Psychiatrie. 32. Jahrestagung der Deutschen EEG-Gesellschaft, Ludwigshafen 8. -10. Oktober 1987.

18. Meyer, H. K.: Gehirnforschung und Psychotherapie. Internationaler Kongreß für Hypnose, autogenes Training, Biofeedback, Zürich, 19. März 1988.

19. Meyer, H. K., et al.: Kurz- und langfristige Änderungen der kortikalen Durchblutung bei autogenem Training. Z. Psychosom. Med. 33 (1987), S. 52 - 62 .

20. Miltner, W., et al.: Event related nociceptive evoked potentials and hypnosis. 1. Internationaler Kongreß über zerebrale Dominanzen, München, 14. - 17. September 1988

21. Oepen, G. (Hrsg.): Psychiatrie des rechten und linken Gehirns. Deutscher Ärzte-Verlag, Köln 1988.

22. Pfannenstiel, P. et al.: Einige Zukunftsperspektiven der klinischen Nuklearmedizin. Deutsches Ärzteblatt 85, 41 (1989), A-2838 - 2846

23. Pfurtscheller, G., F. H. Lopes da Silva (Hrsg.): Functional brain imaging. Huber, Bern 1988.

24. Posner, M. I.: Orientating of attention. Q. J. Exp. Psychol. 32 (1980), S. 3 - 25 .

25. Posner, M. I., S. J. Boies: Components of attention. Psychol. Rev. 78 (1971), S. 391 - 408.

26. Posner, M. I., R. D. Rafal: Cognitive theories of attention and the rehabilitation of attentional deficits. In: Neurologic rehabilitation. Meier, R. J., A. C. Benton, L. Diller (eds.). Churchill Livingstone, London 1987.

27. Prohovnik, I., et al.: Observations on the functional significance of regional cerebral blood flow in „resting" normal subjects. Neuropsychologia 18 (1980), S. 203 - 217.

28. Rappelsberger, P., et al.: EEG-Mapping und Geschlechtsunterschiede. 32. Jahrestagung der Deutschen EEG-Gesellschaft, Ludwigshafen, 8. - 10. Oktober 1987.

29. Schultz, J. H.: Das Autogene Training. Thieme, Stuttgart 1952.

30. Sokoloff, L.: Relationship among local functional activity, energy metabolism and blood flow in the central nervous system. Fed. Proc. 40 : 2311 In: Single-Photon-Emissions-Computer-Tomographie in der quantitativen Messung der regionalen Hirndurchblutung. Hirndiagnostik mit bildgebenden Verfahren, S. 98 -1 07. Helmchen, H., J. P. Hedde, A. Pietzcker (Hrsg.). MMV Medizin Verlag, München 1981.

31. Sperry, R. W., et al.: Self recognition and social awareness in the disconnected minor hemisphere. Neuropsychologia 17 (1979), S. 153 - 1166.
32. Toneli, B. W. Krahne: Cerebral activity changes during transcendental meditation, 1. Internationaler Kongreß über zerebrale Dominanzen, München, 14. - 17. September 1988.
33. Winkler, K., et al.: Positronenemissionstomographie (PET) und Single Photon Emission Computed Tomographie (SPECT) bei psychiatrischen Erkrankungen. Nervenheilkunde 7 (1988), S. 84 - 189 Zimmermann, P.: Zur Untersuchung von Aufmerksamkeitsstörungen. In: Psychiatrie des rechten und linken Gehirns, S. 231 - 237. Oepen G. (Hrsg.). Deutscher Ärzte-Verlag, Köln 1988.

Literatur zu 5. Kritische Anmerkungen, Vorschläge

1. Clark, B. D. et al.: Doctoral dissertations on hypnosis: 1923 - 1980. Psychol. Rep. 54, 1 (1984), S. 203 - 209.
2. Clarke, J., J. Jackson: Hypnosis and behavior therapy. Springer, New York 1983.
3. DGH intern, S. 10. Bobingen, März 1989.
4. Ehebald, K.: Stellungnahme zum Schreiben von P. Halama. KV-Journal 14 (1988), S. 32.
5. Grinder, J., R. Bandler: Therapie in Trance. Klett-Cotta, Stuttgart 1988.
6. Halama, P.: Ärztliche Hypnose in der Praxis. KV-Journal 14 (1988), S. 21f.
7. Halama, P.: Replik an Kollegen Ehebald. KV-Journal 14, 1988, S. 32f.
8. Halama, P.: Für Verhaltenstherapie unbedingt Zusatztitel „Psychotherapie" notwendig? Neurodate aktuell 6 (1988), S. 40.
9. Halama, P.: Hypnose: Eine biologische Psychotherapie. Spectrum 2 (1989), S. 74 - 78.
10. Jones, H.: Listening to trees in need of a drink. Grower (1989), S. 41
11. Jovanović, K. J.: Methodik und Theorie der Hypnose. Gustav Fischer, Stuttgart 1988.
12. Kassenärztliche Bundesvereinigung: Richtlinien des Bundesausschusses der Ärzte und Krankenkassen über die Durchführung der Psychotherapie in der kassenärztlichen Versorgung (Psychotherapie-Richtlinien) in der Neufassung vom 3. Juli 1987. Deutsches Ärzteblatt 84, 37 (1987), A - 2398
13. M. E. G.: M. E. G. a Phon 9 (1989), Beilage.
14. Nervenarztstudie: Bestandsaufnahme und Situationsanalyse ambulanter nervenärztlicher Tätigkeit. Zentralinstitut für die kassenärztliche Versorgung in der Bundesrepublik Deutschland, Köln 1988.
15. Schuster, G.: Mais wie er singt und klagt - Forscher sind dem Gefühlsleben von Pflanzen auf der Spur. Stern 12 (1989), S. 261.
16. Stauffenberg, Graf, F. L.: Persönliche Mitteilung 1989.
17. Stokvis, B.: Hypnose in der ärztlichen Praxis. Karger, Basel 1955a
18. Stokvis, B.: Hypnosis and psychoanalytic methods. J. Clin. Exp. Hypn. 3 (1955b), S. 253.
19. Udolf, R.: Handbook of hypnosis for professionals. van Nostrand Reinhold Company, New York 1987.
20. Wachtel, P.: Psychoanalyse und Verhaltenstherapie. Pfeiffer, München 1981.

Weiterführende Literatur

Neuere Fachliteratur in deutscher Sprache

1. Dittrich, A., C. Scharfetter (Hrsg.): Forum der Psychiatrie - Ethnopsycho-therapie. Enke, Stuttgart 1987.
2. Jovanović, U. J.: Methodik und Theorie der Hypnose. Gustav Fischer, Stuttgart 1988.
3. Kossak, H. - C.: Lehrbuch der Hypnose. Psychologie Verlags Union, Weinheim 1989.
4. Langen, D.: Hypnose und autogenes Training in der psychosomatischen Medizin. Hippokrates, Stuttgart 1971.
5. Langen, D.: Kompendium der medizinischen Hypnose - Einführung in die ärztliche Praxis. Karger, Basel 1972
6. Naegeli-Osjord, H.: Besessenheit und Exorzismus, Otto Reichl Verlag, Remagen 1983.
7. Rodewyk, A.: Dämonische Besessenheit, Christiana-Verlag, Stein am Rhein.
8. Stocksmeier, K.: Lehrbuch der Hypnose. Karger, Basel 1984.
9. Svoboda, T.: Das Hypnosebuch. Kösel, München 1984.
10. Wallnöfer, H.: Seele ohne Angst. Hypnose, Autogenes Training, Entspannung. Hoffmann und Campe, Hamburg 1969.

Englischsprachige Werke in deutscher Übersetzung

11. Erickson, M. H., E. L. Rossi: Hypnotherapie - Aufbau - Beispiele - Forschungen. Pfeiffer, München 1981.
12. Grinder, J., R. Bandler: Therapie in Trance, Konzepte der Humanwis-senschaften. Klett-Cotta, Stuttgart 1988.
13. Revenstorf, D. (Hrsg.): Klinische Hypnose. Springer, Berlin 1990.

Englischsprachige Originalliteratur

14. Araoz, D.: The new hypnosis. Brunner-Mazel, New York 1985.
15. Gibson, J.: Life and times of an Irish hypnotherapist. The Mercier Press, Cork-Dublin 1989.
16. Sheehan, P. W. (ed.): The function and nature of imagery. Academic Press, New York 1972.
17. Sheehan, P. W., K. M. McConkey: Hypnosis and experience - the explo-ration of phenomene and process. Erlbaum, Hillsdale, New York 1982.
18. Udolf, R.: Handbook of hypnosis for professionals. van Nostrand Reinhold Company, New York 1987.

Weitere Literaturhinweise (auch in anderen Sprachen) finden sich - nach Sachgebieten geordnet - bei Jovanović 1988).

Hypnose-Zeitschriften

1. Experimentelle und klinische Hypnose - Zeitschrift der Deutschen Gesellschaft für Hypnose. dgvt- Verlag, Tübingen.
2. hypnos - Swedish Journal of Hypnosis in Psychotherapy and Psychosomatic Medicine and Journal of European Society of Hypnosis in Psychotherapy and Psychosomatic Medicine. Wikström, P.-O. (eds.). Degerfors, Sweden
3. Hypnose und Kognition - Zeitschrift für die Grundlagen und klinische Anwendung von Hypnose und kognitiver Therapie. Peter, B., C. Kraiker (Hrsg.). Milton-Erickson-Gesellschaft für klinische Hypnose e.V., München
4. Suggestionen - Forum der Deutschen Gesellschaft für Hypnose e. V. (Hrsg.: DGH).

Neuere Literatur (Auswahl)

1. Bongartz, W. und B.: Hypnosetherapie. Hogrefe, Göttingen, (1998).
2. Halama, P.: Der Weg zur spirituellen Selbstfindung. Eigenverlag, Hamburg, (1997).
3. Halama, P. Hypnose - Trance - Suggestion, 2. überarbeitete und aktualisierte Auflage, silo-media, Neumarkt, 2001, ISBN 3-00-007437-6.
4. Kaiser-Rekkas, A.: Klinische Hypnose und Hypnotherapie. Carl-Auer-Systeme Verlag, 1998.
5. Kossak, H. - Ch. : Hypnose. Ein Lehrbuch. zweite überarbeitete und erweiterte Auflage. Beltz Psychologie Verlags Union, Weinheim, (1993).
6. Meinhold, W. J.: Das große Handbuch der Hypnose. Ariston Verlag, Kreuzlingen, 1997.
7. Revensdorf, D./Peter, B. (Hrsg.): Hypnose in Psychotherapie, Psychomatik und Medizin, Manual für die Praxis, Springer, Berlin 2001.
8. Rossi, E. L. (Hrsg.) Gesammelte Schriften von Milton Erickson. 6. Bd. Carl-Auer-Systeme Verlag, (1995-1998).
9. Schultz, J. H.: Hypnosetechnik. 9. Aufl. Fischer Verlag, Stuttgart, 1994.
10. Staats, J., Krause,W. - R.: Hypnotherapie in der zahnärztlichen Praxis. Hüthig, Heidelberg, 1995.
10. Weber, M. M.: Psychotechniken - die neuen Verführer. Christiana,CH-Stein/Rhein, 1998.

Hypnose Kliniken

Hypnose-Klinik Dr. Blohm, Kaiserhof, Gmelinstraße 40, 25938 Wyk/Föhr, Tel.: 04681/74740, Fax: 04681/747413.

Internationale Hypnose-Kongresse

I.	8. bis 12. August	1889, Paris
II.	12. bis 16. August	1900, Paris
III.	28. bis 30. April	1965, Paris
IV.	12. bis 14. Juli,	1967, Kyoto
V.	20. bis 22. Mai	1970, Mainz
VI.	1. bis 4. Juli	1973, Uppsala
VII.	1. bis 3. Juli,	1973, Philadelphia
VIII.	19. bis 24. August	1979, Melbourne
IX.	22. bis 27. August	1982, Glasgow
X.	10. bis 16. August	1985, Toronto
XI.	13. bis 19. August	1988, Den Haag
XII.	25. bis 31. Juli	1992, Jerusalem
XIII.	6. bis 12. August	1995, Melbourne
XIV.	21. bis 27. Juni	1997, San Diego
XV.	2. bis 7. Oktober	2000, München
XVI.	2. bis 8. August	2003, Singapur

Hypnose- Institute

Erickson- Institut Hamburg, Ortwin Meiss, Eppendorfer Landstraße 56, 20249 Hamburg, Tel.: 040/4803730, Fax: 040/4803735

Oskar Vogt-Hypnose Institut Hamburg, leitender Arzt: Dr. med. Peter Halama, Rahlstedter Bahnhofstraße 20, 22143 Hamburg, Tel.: 040/6430844, Fax: 040/6439991.